城镇化与社会变革丛书
URBANIZATION AND SOCIAL TRANSFORMATION SERIES

丛书主编 ▸ 李 铁

# 我所理解的城市

## URBANIZATION: MY PERSONAL PERSPECTIVE

李 铁◎著

中国发展出版社
CHINA DEVELOPMENT PRESS

图书在版编目（CIP）数据

我所理解的城市 / 李铁著. —北京：中国发展出版社，2013. 2

ISBN 978-7-80234-901-8

Ⅰ. 我… Ⅱ. 李… Ⅲ. 城镇-发展-研究-中国 Ⅳ. F299.21

中国版本图书馆CIP数据核字（2013）第028229号

书　　名：我所理解的城市
著作责任者：李　铁
出 版 发 行：中国发展出版社
（北京市西城区百万庄大街16号8层　100037）
标 准 书 号：ISBN 978-7-80234-901-8
经　销　者：各地新华书店
印　刷　者：北京科信印刷有限公司
开　　本：700×1000mm　1/16
印　　张：20
字　　数：300千字
版　　次：2013 年 3 月第 1 版
印　　次：2013 年 3 月第 1 次印刷
定　　价：50.00元

联 系 电 话：（010）68990646　68990692
购 书 热 线：（010）68990682　68990686
网 络 订 购：http：//zgfzcbs.tmall.com/
订 购 电 话：（010）88333349　68990639
网　　址：http：//www. develpress. com. cn
电 子 邮 件：cheerfulreading@sina. com

---

# “城镇化与社会变革”丛书

## 编委会名单

# 总　序

中央政府又一次把城镇化作为拉动内需和带动经济增长的引擎，使得城镇化问题再次成为社会关注的热点。巧合的是，两次提出城镇化问题都和国际金融危机有关，上一次是亚洲金融危机，而这一次是全球金融危机。作为长期从事城镇化政策研究的团队，我们的研究积累对于中国的城镇化问题应该有着清醒的认识，但是对于社会，对于各级政府、企业家、学者和媒体人来说，如何去理解城镇化问题，就涉及将来可能出台什么样的政策，以及相关政策如何落实。因此，我们决定把多年的研究成果公诸于世，以“城镇化与社会变革”系列丛书的形式出版。丛书之所以以改革为主题，就是要清楚地表明，未来推进城镇化最大的难点在于制度障碍，只有通过改革，才能破除传统体制对城乡和城镇间要素流动的约束和限制，城镇化带动内需增长的潜力才能得到真正释放。

丛书出版之际，出版社邀请我作序，一方面希望从宏观的角度来评价十八大以来的城镇化政策要点，另一方面希望对国家发改委城市和小城镇改革发展中心（以下简称“中心”）从事城镇化政策研究的历程做一个简要的回顾。毕竟我全程参与了中心的组建和发展，也基本上经历了从城镇化政策研究到一系列政策文件出台的过程。其实，我内心的想法，无论目前把城镇化政策提到怎样的高度，毕竟与可操作的政策出台以及贯彻落实都还有很长的距离。我能更多地体会到，这项研究，凝聚着许多长期从事农村政策研究和城镇化研究的领导和专家的心血，也汇集了一些地方基层政府的长期实践。我们只是作为一个团队集中了所有的智慧，利用我们的平台优势把这些成果和资料积累下来。

1992 年，我在国家体改委农村司工作，有一次参加国土经济学会在新华社举办的关于小城镇问题的研讨会，原中央农研室的老领导杜润生先生发言，提到小城镇对于农村乡镇企业发展和农村资源整合的重要意义，回来后感受颇深。在年底农村司提出 1993 年度研究课题重点时，把小城镇和城镇化问题作为六个重点研究课题的选题之一，报告给了时任国家体改委副主任马凯同志。我记得其他选题还有农村税费改革、城乡商品流通和土地问题等等。马凯副主任只是在小城镇这个课题上画了一个圈，要求我们重点进行研究。这一个圈就决定了我后半生的命运，至今已经20年了。当时马凯同志分管农村司工作，他之所以要求我们从事小城镇和城镇化问题的研究，他的基本论断是“减少农民，才能富裕农民”。

在后来的城镇化研究中，很多人不理解，为什么当时中央提出“小城镇，大战略”？特别是一些经济和规划工作者，他们认为城镇化政策重点不应该是积极发展小城镇，而应该是发展大城市，可是谁也不去追问。当时城镇化的提法还是禁忌，户籍问题更是没人敢提。几千年来确保农产品供给问题似乎成为一种现实的担忧；已经形成的城乡福利上的二元差距，更是各级城市政府不愿意推进户籍管理制度改革的借口。只有在小城镇，因为福利差距没有那么大，基础设施和公共服务条件没有那么好，与农村有着天然的接壤和联系，而且许多乡镇企业又直接办在小城镇，在这里实现有关城镇化的一系列体制上的突破，应该引起的社会波动比较小。1993～1995年，在马凯同志的直接领导下，我们开始了小城镇和城镇化的研究。马凯同志亲自带队到各部委征求意见，1995年4月，协调国务院十一个有关部、委、局制定并印发了《全国小城镇综合改革试点指导意见》，这是第一个从全方位改革政策入手，以小城镇作为突破口，全面实行综合改革试点的指导性意见。其中涉及的内容包括户籍管理制度、土地流转制度、小城镇的行政管理体制、地方财税管理体制、机构改革和乡镇行政区划调整、基础设施的投融资改革、统计制度等多方面。

1998年国务院机构改革，国家体改委和国务院特区办合并为国务院经济体制改革办公室，原来的16个司局缩编成6个司局，涉及大量的司局级干部重组和自寻出路。为了坚持小城镇和城镇化的政策研究，把试点工作持续下去，在各方面的支持下，我放弃了留在机关内工作的机会。1998年6月，经中编委批准，以原国家体改委农村司为主体成立了小城镇改革发展中心。从此我开始了漫长而又寂寞的城镇化政策研究之路。

1997年的亚洲金融危机，我国的外向型经济受挫，很多专家提出扩大内需的思路，城镇化和小城镇终于第一次走上了政府宏观政策的台面。

1998年十五届三中全会开始提出“小城镇，大战略”。1999年，时任国务院副秘书长的马凯同志和中农办主任段应碧同志，把起草向中央政治局常委汇报的“小城镇发展和城镇化问题”的任务交给了国务院体改办。之后，我们又在国务院体改办副主任邵秉仁同志的领导下，直接参与起草了2000年6月中共中央、国务院颁布的《关于促进小城镇健康发展的若干指导意见》。这个文件下达之后，户籍管理制度原则上在全国县级市以下的城镇基本放开，农村进城务工人员只要在城里有了住所和稳定的就业条件，就可以办理落户手续，而其在农村的承包地和宅基地仍可保留。根据中央有关文件精神，2000年第五次全国人口普查后，我国把进城务工的农民第一次统计为城镇人口，我国的城镇化率一下子从原来的29%提高到36%。

2002年，党的十六大报告第一次写进了有关城镇化的内容，其中把“繁荣农村经济，加快城镇化进程”写到一起，这充分说明了城镇化对于“三农”问题的重要性。值得特别提出的是，我们的城镇化研究也从小城镇开始深入到进城的农民工，中心全体研究人员就农民工问题进行了大量的调查研究。2002年，根据马凯副秘书长和段应碧主任的安排，由中心组织人员起草了2003年国务院办公厅1号文件《关于做好农民进城务工就业管理和服务工作的通知》。

2003年，中心被并入了国家发改委，城镇化的研究工作转向了深入积累阶段。原来曾经全方位开展的改革试点工作虽然还在进行，但是实质性内容越来越少。在这一阶段反思城镇化，站在农村的角度去推进城市的各项相关改革，看来是越来越难了。中国的体制，城市实际上是行政管理等级的一个层面，而不是西方国家那种独立自治的城市。中国城市管理农村的体制，使得从农村的角度提出任何问题都是带有补贴和扶助的性质。而实际上，由于利益格局的确立，城市仍然没有摆脱依赖于从农村剥夺资源，来维持城市公共福利的积累和企业成本降低的局面。原来简单明了的城乡二元结构，已经被行政区的公共福利利益格局多元化了，因此要改革的内容已经远远超出了20世纪90年代凸显的城乡二元结构的范畴。原来长期研究农村改革、试图解决农村问题，现在成为城镇化出发点的思路，肯定也要相应地转型，使我们的研究团队站在城市的决策角度考虑问题。2009年，我们开始把中心研究的重点彻底地转向城市，单位的名称也同时作出了调整，改为“城市和小城镇改革发展中心”。这种转型的最大效果就是可以更多地偏重于决策者的思维，了解决策阶层所更关注的城市角度，有利于提出更好的政策咨询建议。

中心成立15年来，我和同事们到20多个省（直辖市、自治区）的数千个不同类型、不同规模的城镇调研，积累了大量的材料，并为一批城镇特别制定了发展规划。

我们所理解的城镇化政策是改革，这也是我们长期和社会上的一些学者，甚至包括政府决策系统的部分研究人员在观点上的一些重要分歧。因为城镇化要解决的是几亿进城农民的公共服务均等化问题，关系到利益结构的调整，所以必须通过改革来解决有关制度层面的问题。仅靠投资是无法带动城镇化的，否则只会固化当地居民和外来人口的福利格局。只有在改革的基础上，打破户籍、土地和行政管理体制上的障碍，提高城镇化质量，改善外来人口的公共服务，提升投资效率才能变为可能。

幸运的是，从2012年起，中央领导同志对于城镇化的重视达到了前所未有的高度。在国家发改委副主任徐宪平同志的支持下，我们终于把多年的研究积累作为基础性咨询，提供给政策研究和制定的部门。虽然关于城镇化所涉及的改革政策的全面铺开还需要时日，还需要观点上进一步的统一，但无论怎样，问题提到了台面，总会有解决的办法，任何事情都不能一蹴而就，但毕竟有一个非常好的开始。

同事们提议，是不是可以把这些年我们团队有关城镇化的研究成果出版成书？我同意了。2013年是全国深入贯彻落实十八大精神的开局之年，是一个好时候，全社会都在关注城镇化进程。此举可以把我们的观点奉献给社会，以求有一个更充分的讨论环境，寻求共识，推进城镇化改革政策的持续出台。

国家发改委城市和小城镇改革发展中心主任

李铁

2013年3月

# 目录 >>> CONTENTS

## 代序：我所理解的城市

## 第一篇　关于中小城市规划的思路

## 第二篇 中小城市发展思路之漫谈

## 第三篇 城市发展与城乡统筹

# 代序：我所理解的城市

这篇文章是国家发改委城市和小城镇改革发展中心主任李铁作为上海世博会中国馆咨询专家，给中央领导同志写的一封信，信中对主展馆设计方案和思路提出了修改建议。幸运的是，中国馆接受了他的意见，对主展馆的设计思路进行了充分调整，采纳了他提出的关于使用“清明上河图”的建议。

2009年6月底，有幸参观了2010年上海世博会的场馆建设工地。在这个以城市为主题的国际博览会上，中国的城市发展究竟以什么样的姿态出现？中国馆展出的中国发展的历史、现在和未来，是不是能真正地体现出中国要素的线索和清晰的脉络，并能很好地以现代艺术的表现形式展示出来，引起了我深深的好奇。在参观了中国馆的模型并到现场体验了这个庞大的倒金字塔式的建筑之后，我被强烈地震撼了。震撼的原因是，建筑本身以及所表达的符号，不仅仅展现的是中国的元素，而更多的是中国古老的文明，中国城市的发展脉络。几千年来集权和皇权对中国城市所产生的影响，无一不在这个建筑中留下让人刻骨铭心的痕迹。虽然建筑设计师似乎没有考虑这么多，他可能考虑的是中国的宫殿式建筑如何以现代的方式表现出来，但是建筑形态中无形的元素、无形的文化和文明的根基，中国城市中最典型的帝国行政分支的节点，纷纷地在这个建筑中被无限地张扬甚至放大，以至于其他国家所有现代的飘逸的场馆设计，在这里全都被无情地压制了。古老的帝国，在现代的今天，当处于世界经济发展独领风骚的位置时，其深厚的文化、文明居然仍然表现着她的统治力。而这个统治力恰恰在一个貌似无意的设计中，或者在经典的建筑文化内涵中，被刻意地表现出来。震撼之余，如何要达到表里如一，如何使中国的城市以另一种厚重的形态，进入到中国馆的内部设计中，可能是组织者、管理者面临的一个更加艰难的考验。在交流之后，我感觉到有必要对于城市的理解谈谈自己个人的看法，以供参考。

## 一、城市名词的含义

城市，按照经济学的理解，是一定规模的要素在开放的空间形成的集聚。通俗地来理解，要素是指产业、人口、资本等。一定规模当然是要达到一定的量。在美国，申请成立一个城市，至少要3000人以上。开放的空间，说明城市一定不是封闭的，这里人口和资本是自由流动的，产业的所有权也是开放性的，不能限于成员内部所有。有些村庄和合作社组织，人口也很多，但是内部的资本不能自由流动，严格限制在社区成员内部流转，社区人员的进入也受到诸多的条例和规则的限制，因此我们只能认为这是一个村庄或社区等。从历史上看，欧洲的封建领主所建立的城堡，虽然里面居住的人口也不少，也进行了严格的社会分工，由于产权的封闭，社区成员内部的阶级关系，我们很难把城堡界定为城市。而现代社会如西班牙的蒙特拉贡合作社，江苏的华西大队、北京郊区的冯村等，我们只能把这些定义为社区或者村庄。

如果从中文的字面上理解，城市的概念可能更为明确，可能会在你的大脑中形成一个自然的影像。“城”显然是指被城墙所包围的空间，无论是在现实的古城，大的有西安，小的有平遥、凤凰古城等。在北京、南京等重要的古都，虽然城墙绝大部分被拆了，但是城门还部分地保留，依稀能够看到古老的城墙的影子。“市”就更好理解了，一个很多人在这里进行交易的市场。虽然现在市场已经发育到无形，可是传统的市场仍然广泛地分布在各类城市的内部和广大的乡村地区。两个字的结合，无疑地告诉了我们，过去的城市是什么样子，给人留下了什么样的印象。城市的起源也清楚地被这两个字的含义所包容。

更深一步地理解，在城市发展的初期，城和市两者之间也一定有必然的联系。有城必有市，因为在城内居住的人口，已经脱离了农业、游牧业和采集业，必须要通过交换来获得生活的必需品。因此在城里有许多市场和满足市场行为的店铺。而有市必有城，就是当人们在一个固定的交易地点长期交易，形成一定的规模之后，必然会建立城墙来保护自己通过交易产生的剩余物或者财产。面对贪婪的人类，掠夺在文明初期以至后来很长的时间内，已经成为文明的一个习性，所以由城来保护市，也是历史发展的必然。

进入到现代社会以后，特别是人类社会从冷兵器时代过渡到热兵器时代以后，城市的概念可能要得到重新的认识，在这个意义上，经济学和社会学的含义要远大于字面的理解。因为城墙在导弹和各种现代兵器下没有任何意义，它只是作为一个历史的印迹或者文明的遗迹保留在人们的脑海、记忆中，或者作为参观旅游的景点。虽然市场还广泛地存在，但是广义的市场更是通过现代的技术和手段大隐于无形之中，我们再也不能根据传统上对市场的理解来判断城市的大小和是否存在。因此从城市的发展脉络上我们可以看到两种解释，可能还会更多，但是只有从字面延伸到经济学和社会学领域，对城市定义的理解才更为简洁、明确。

## 二、城市的起源和发展

我认为，第一点中的城市起源和农业是有着密切联系的，其余两点不太理解。

听取中国馆负责同志的介绍之后，我对现有的几个设计方案产生了疑问。一是关于农业和城市的关系。简单地用水稻来表示所谓的城乡一体化和城市起源，肯定是牵强附会了。二是以砖窑和小桥作为城市起源的重要象征性元素，显然也比较肤浅。三是对以“天人合一”的哲学理念来构筑整个中国城市发展历史的基本理论框架，更是不能理解，因为城市的发展，在世界城市史上更代表着人的自由价值的体现。而在中国，皇权下的帝国行政分支，也远非是一个“天人合一”的哲学观能够涵盖的历史内容。

首先，城市的发展和农业社会不一定有必然的联系。因为人类的历史从满足基本生存需求的角度来讲，农业不是唯一的内容。欧洲的游牧业、采集业、捕鱼业等，非洲的园艺业和采集业，古代中国的历史中除了农业，也有游牧业和采集业。所谓农业的发展只是满足人类的基本生存最稳定和重要的保证之一，而不是全部。但是城市的形成更有复杂深刻的历史文化和文明的背景，也有很重要的社会因素。民族、种族和氏族对于地域领土的扩张和权力的膨胀，是导致文明冲突的重要原因。而文明冲突的结果就是战争导致了防御性设施的出现，这里防御不仅仅是保护财产和农业的剩余物，更多的是精神和权力象征的占有和丧失。从另一方面看，游牧民族和农业民族发生的冲突，也是防御性设施出现的重要产物。所有的冲突基于权力、种族和氏族以及财产的掠夺所导致的扩张，最终导致了王权的产生。而中国城市发展的起源，也正和王权的历史紧密地结合在一起。当秦统一六国之后，普天之下莫非王土，而城市在中国正是王权统治的最重要的控制网络的不同的节点和分支。

其次，城市的发展和贸易有直接的关系。在欧洲，城市的发展有两个重要的时期，基本上起源于贸易。古希腊前后的地中海贸易和中世纪后期的地中海贸易。古代腓尼基人开辟的地中海贸易，把古代埃及的粮食运送到地中海北岸的希腊等地，交换橄榄油和葡萄酒，其重要的港口和交易地点也就是欧洲古代城市的发源地。后来在这里产生了城市文明高度发达的古希腊、古罗马，奠定了欧洲文明的起源。在古罗马帝国崩溃之后，经历了近1000年的黑暗时代，地中海基督教控制地区和阿拉伯伊斯兰文明控制地区，经历了战争、封锁，导致了地中海两岸文明的衰落。而战争状态的停滞，贸易的恢复，由威尼斯人开辟的地中海贸易，使得中世纪城市率先在意大利兴起。正是由于中世纪城市的兴起，导致了城市文明影响到的文艺复兴、宗教改革、资本主义工业革命在后来的几个世纪中相继出现，奠定了西方现代文明的基础。在中国，也不乏商业城市的产生，特别是宋明以后，扬州、广州等商业城市的出现，与沿海的贸易也有着直接的关系，但是由于中国皇权力量过于强大，这些商业城市最终也演变成为帝国行政管理的重要分支。

再次，城市的产生也受到复杂的地理因素和社会因素的影响。古代商业城市的产生一般都集中在河道和沿海的港口、交通要道的枢纽等，传统的集市贸易也可以酝酿着城市的雏形。我们注意到古代腓尼基人所建立的城市，基本都在地中海沿岸适合建港口的地方。古代两河流域文明的重要城市巴比伦建立在中东著名的商路上，古代埃及建立在尼罗河边。中国的城市产生也不外于这几个方面的原因。另外一个重要的地理因素是，一些城市所选择的位置要有利于防御。例如，北京就是一座具有最有利于防御地形的城市。我们很难发现，农业本身和城市形成的直接联系。当然，要保证城市的粮食供应，依托粮食重要产区会影响到城市的选址。例如，古代的长安和咸阳分别作为秦汉的首都，关中粮食的供给是 重要原因，但不是决定性的原因。因为良好的交通条件可以解决粮食的运输问题，运河和交通干道的修建，足以弥补这一缺陷。而在欧洲，例如古希腊，并不产粮食，但是地中海的贸易，使得商品交换提供了粮食供给的保证。

从以上因素考虑，在中国馆的艺术加工上，完全可以忽视所谓水稻的因素。实际上，直接表现城市的元素，可以更明了地让参观者进入角色。而从商品交易和防御的功能上讲，有很多具象的内容可以表达城市的历史。而小桥往往是出现在农村的典型特征性建筑物，根本和复杂的城市没有必然的因果关系，砖窑既可以提供农村房屋的材料，也可以提供城市房屋的材料，在建筑历史上可以任意发挥，但是作为城市历史的基础元素，可能还是很单薄。中国古代绘画《清明上河图》描述的古代汴京（今河南开封）商业繁荣的景象，已经充分展示了中国古代城市的特征。宋代著名词人柳永的《望海潮》，形象地展现了宋代杭州的繁华场面。从这些诗词、画面中，我们怎么也找不到城市发展的天人合一的哲学理念。城市起源中的两个最根本的内容，城与市，很难用天人合一来涵盖所谓的中国城市起源和发展的哲学联系。

## 三、中国城市和西方城市的差异

规划角度的比较侧重点在城市形态和建筑风格上，而本文的比较侧重点在管理意义上。

城和市两个不同的元素，代表着两种城市文明发育的历史。在中国，城的重要性远远大于市，而在欧洲，市的内容要远远大于城。因此在欧洲产生的城市文明，可以作为目前整个西方文明的重要基础。而在中国，附属于集权体制下带有强烈行政符号的城市，勾勒出别具一格的城市发展途径。在表象上看，虽然同样有规模的人口、市场的交易、城市的建筑、街道和景观。但是这种差异在几千年的发展历史上，已经形成的人文和制度上的差别，已经深深地渗入到所有的内在制度细节中。

中国的城市是非自治的，是中央集权管理体制下的行政分支的中心，是普天之下，莫非王土的地域行政管理中心。历史上攻城略地，占领了一个城市等于侵蚀了原来王朝国土的这一地域的管辖权和统治权。欧洲的城市在历史上绝大部分享有自治的权力，此制度源于古希腊的城邦制国家。虽然到了古罗马时期以后，共和制被专制取代，城市的自治传统被彻底的打碎，并一直延续到中世纪末期，但是，当中世纪意大利自治城市的兴起，无数个自治城市的涌现，意味着持续了十多个世纪之久的封建专制王朝的统治地位遇到了严峻的挑战。正是这些城市，成为资本主义革命的载体，孕育了现代城市制度。我们看到的西方所有城市均沿袭着自治制度的传统，这一点和中国的城市形成了鲜明的反差。

中国的城市是有等级的，按照不同等级来划分城市的类型。所以我们看到可能一些城市的人口很多，但是等级不一定高，除了北京、上海之外，直辖市的经济发展水平，可能还赶不上传统的地级城市。而一些小城镇，人口规模和经济总量要大于一些地级城市，但是在行政等级和管理权限上，仍然处在行政等级体系的最底层，这就是中国的城市。西方的城市是没有等级的，无论城市规模大小人口多少，互相之间没有行政级别的限制。我们只是主观上根据城市发展的客观事实来认定城市的重要性与否，但是城市之间，没有等级界限之分。其实这很清楚地表达了城市发展的不同历史和不同的功能。中国的城市是中央集权下的行政分支，等级下的行政管理体制沿袭着传统的行政分支的功能。而在西方，从自治城市产生那天起，城市就独立于封建王朝的管辖之外，因此无从谈起所谓的行政等级。在等级制度下，城市可以管理城市，城市有上下级之分，城市的资源分配和管理权限严格地服从于等级制度的要求。而在非等级的城市体系中，一切服从于市场的发育。资源的流向受市场影响，城市的管理权限取决于城市自身。

中国的城市是限制国内人口自由进入定居的。西方的城市是完全允许国内人口自由进入的，所以说中国的城市在开放性上和国外相比有较大的差距。中国的历史上，由于城市是政治中心，中央集权的管理通过城市向农村和基层辐射，为了确保管理的效率，实行严格的户籍管理制度，保甲、连坐制度等，所以城市的进入受到了严格的限制。即使是一些重要的人物在城市当了官，有了自己的府邸，退休后也要回到故里，不能长期地在城市定居。虽然在清以后，城市的管理制度有了较大的松动，在民国时期完全放开，但是在20世纪50年代以后，户籍管理制度的强化，使得进入城市定居的难度大大增加。而在西方中世纪末期，封建领主的农奴一旦进入城市，就可以宣布自己为自由民，所以城市的开放性有非常悠久的历史传统。正是由于开放城市人口不断更新，从而增加了活力和竞争性。这是中西方现代城市发展史上非常大的制度差异。

中国的城市是管理农村的，而西方的城市只是管理城市的人口，农村有社区自治。因为在中国馆展出的内容中要体现城乡统筹和城乡一体化，这可能会给世界的参观者带来一个好奇的问题：城市主题为什么要提到农村？因为中国的城市管理是地域性的管理，符合中国集权体制下的行政管理分支的特点，因此理解中国的城市，要了解中国的城市涵盖着农村。虽然我们看到的是直观的城市表象，但是在管理体制上，农村仍然在城市的管理范畴之内，统计上虽然各有特点，但是实质上是在一个管理框架之下。正是因为如此，城乡一体化的命题是对城市的管理者提出的，就是在现代化的今天，城市的发展依赖于农村的支持，但是不能在城市发展的同时忽视了农村的发展。而这一问题在西方的管理体系中是一个不成立的问题。

中国的城市在实质内容和管理体制上与国外的城市差别甚大，诸如选举体制、土地所有权等。但这并不是城市独有的特点，虽然所有这些特点都影响到了城市发展的速度和发展模式。我们可以从城市发展的形态和景观中，清晰地看到体制特点留下的鲜明印记。

## 四、如何正确地通过视觉的展示把握城市历史的脉搏

城市是具象的实体，直观的城市形象应该是展示的主要内容。但是要根据特定的历史脉络，清晰地理出一条线索，给予一个城市过去、现

在以及未来全方位的景观，确实需要站在历史的高度，来描述中国城市发展的进程。问题是，展示城市到底是艺术家的任务，还是城市学家的历史使命，或者建筑师的杰作？可能并没有想象的那样简单。

我们首先要考虑到我们能看到什么，现在的可以很容易清楚地看到，但是对于过去，对于深入到城市文明的细节，我们怎样去发现，怎样用视觉的方式表达出来，是摆在设计者面前的一个难题。但是有一点是毋庸置疑的，那就是站在城市的实体历史基础上进行再创作，而不是超越了城市之外或者在不了解城市发展历史进程的情况下空洞地构思和想象。因此，艺术家的责任首先是需要学习，了解城市可能留下的历史，现代的城市发展的轨迹，现代城市的内容以及未来城市的塑造。

如果我们运用历史的方法把城市发展的脉络展现出来，去寻找视觉的线索和轨迹，我们首先要考虑到对历史、对城市包罗万象内容的分类。那么是否可以考虑到以下几个方面的问题：城市历史中仍保留的景观形态；在城市中所发生的重大历史事件；城市发展进程中的著名人物；城市遗留下的标志性建筑（宫廷、寺院、府邸、城墙、市场等）；描述城市文明和文化的历史作品和艺术作品（书画、诗歌、文学等）；带有城市民俗特征的传统艺术；城市的产业；城市和自然和谐的结合，等等。

对历史的分类，可以有助于从现存的资料中去把握很多可视的实质性内容，然后制作出能够代表中国城市独特的历史长河的展示性内容。

对现实城市的发展，可能更需要进行细致的分类。虽然资料可以信手拈来，但是要从浩瀚的资料中去找出代表性的内容，更需要从宏观的高度去把握。艺术家更多的是看中某一个点，试图用某一种艺术方式和线索，把这些点连贯起来。但是展示本身的要求确是告知世界，中国的城市发展更实质更具震撼力的内容，这就需要多学科的努力和探索。因为经济学家和社会学家以至于社会大众看到的城市更为直观。毕竟中国城市在改革开放三十年以来所取得的巨大的成就为世人所瞩目。

我们可以把城市所取得的成就分为以下几个类型：产业的发展，无论是工业还是服务业以至于都市农业，中国城市的产业为城市的经济发展、城市的基础设施建设提供了重要的经济基础，中国城市产业的发展预示着中国城市的未来。产业的发展也是有历史的，传统产业向高科技产业的过渡，传统服务业向金融、股票、证券以及地产、物流方面的过渡和转型。农业的发展由传统的单一粮食作物向丰富多彩的都市农业过渡。我们不能否定，20世纪80年代的中国农村实行的家庭联产承包责任制对于农业的发展，城市的粮食消费起到了巨大的支撑作用。我们也不能不看到，80年代乡镇企业的发展，奠定了我国工业经济体制改革发展的重要基础。随着城市改革步伐的加快，国有企业的改革和民营企业的发展，都为我国成为世界工厂奠定了重要的基础。而工业的发展，带来了税收的增长，造成了就业的大幅度增加，活跃了国民经济，促进了城镇化的高速发展。因此，在展示城市的时候，我们不能不把城市和其依赖的产业联系在一起，无论是工业文明，还是都市农业或是现代服务业的发展，都可以展示城市框架结构的一个重要组成部分。而现代工业、服务业和农业的发展也有无数可供我们展示的视觉内容，关键是如何通过艺术的形式把产业的发展和城市的现在以及未来有机地联系在一起。

城市视觉的重要展现当然也离不开城市的实体。在城市和小城镇迅速发展的今天，我们可以找出无数个中国现代化城市发展的模型，无论是建筑，还是CBD核心区的景观，现代的街区，城市典型的景观设计，以及和城市联系十分密切的铁路、高速公路和机场还有港口等。在这些方面的展示，可能有大量的素材，这些，不需要专业人员的介绍，作为艺术家本身也可以直接地进入到角色。只不过在展示过程中，我们是按照行政等级来分类还是按照城市发展的规模或者经济上的重要性来分类，要有所取舍，防止和地方馆的重复，又要抓住重点，还要前后一致，体现出一致的风格和艺术特色。要求艺术家在了解城市的历史和未来的过程中，对城市进行宏观的把握，进行艺术上的创新和构思，的确是一个艰难的考验。

展现城市的发展，我们是更多地注重实体性内容，还是把人作为我们设计目标的主体，也是城市展示中一个艰难的选择。城市的发展是由人来创造的，特别是现代城市取得的伟大成就，离不开中国人在改革开放以后进行的艰辛卓绝的努力。如何展现城市中的人，或者对于城市发展有着重大贡献的历史人物，可能我们需要深入细致地分析。这不仅仅是艺术家的创作，更重要的是站在政治学和社会学的基础上，站在一个更高的高度来把握。共产党在改革开放中的作用是举世瞩目的，如何刻画党在改革进程中的伟大作用，我们要了解30年改革开放的历史，甚至也要把新中国成立以来我国城市的发展状况和建国前有一个对比。这是我们无法摆脱的历史必然的要求，是中国现代城市发展的中国特色，是艺术家必须要担负的政治责任，也是中国馆必须提出的政治要求。在满足了这个要求之后，我们对城市的社会、不同类型人群的群体分析、著名的典型人物，例如，梁思成等伟大的建筑规划大师等，甚至包括我们对当代城市的农民工都应该有一个积极的展示。

要找出中国城市发展脉络的详尽特点，要区别中国城市发展进程和其他国家的不同，我们不仅仅要展现城市的现代特征，现代的基础设施和现代的产业，也要善于去发现植根于中国城市的文明文化特点，众多的人口，服务于这些人口的各种文化、体育、教育、公共卫生等公共服务内容，还要包括城市的社区建设。在这里，民族和文化的包容性，民俗和传统延续性，一定不要被现代城市发展的历史所淹没。我们需要提供足够的空间来展现出这些和城市共生和并存的文化内容。

我们还要面对未来，城市的发展和自然生态的和谐也是相互对应的。因此，在面向未来的时候，我们不仅要体现科技和现代化的进步而且要体现出和谐社会中最核心的因素——城市发展中人与自然的和谐共存。其实，许多城市已经开始了这些方面的有益探索，也有一些科技研究部门和高校或者企业，都已经进行了很多面向市场和政府的试验，还有一些则需要艺术家去发挥充分的想象力。

最终所面临的问题就是如何分类，按时间还是按内容，或者两者结合。不管怎么说，所有这些关于城市发展的实质性内容，都应该成为艺术家创作的基础。如果脱离了这些基础，完全凭借艺术家的想象，我们看到的可能不会是以城市发展为主题的展览，而是一个艺术家的命题展示空间。如果要避免这样的悲剧发生，则需要艺术家和了解城市发展进程的人进行充分交流，要求艺术家必须清楚和明白，城市的发展是实质，是本质，是核心，艺术家所做的仅仅是对这些内容进行合适的包装。

（2009年7月）

# 第一篇
# 关于中小城市规划的思路

# 我国城镇化规划应重视经济社会成本研究

20世纪90年代中期以来，我国城镇化进程明显加快，城镇化率有了大幅提高。城市数量由1988年的433个提高到2005年的661个，小城镇数量更是由1984年的0.72万个提高到2005年的1.89万个。与此同时城镇建成区扩张速度较快，城市空间形态发生了较大变化。公众对城镇发展的关注程度明显提高，包括民生、就业、基础设施、居住环境等问题日益成为人们关注的焦点。当前城镇规划是否符合科学发展观要求？是否科学民主地实施了公共服务和管理？应该说，当前我国城镇规划出现了一些导向性偏差，主要表现在部分城市超前建设，大搞“形象工程”，极大地增加了城市化成本。很多问题与现行的城镇规划体系有直接关系。在规划制度上表现为政府职能转换和决策不当；在规划思想和设计思路上，规划体系中的计划经济方法和框架尚需改进。

以城镇道路规划为例，当前存在的问题主要体现在四个方面：一是千篇一律，不论大中小城市其道路设计的形态和景观都极为相似；二是大拆大建，这是当前我国城镇道路建设普遍存在的现象；三是难以落实，城镇规划往往忽视对规划实施的经济社会成本研究，造成规划难落实；四是落实代价高，高标准的城镇规划极大地增加了政府实施规划的成本。针对上述问题，从原因上分析，主要是由于我国计划经济的规划标准造成的。例如，城镇道路宽度仅仅由大、中、小城市的人口规模指标决定，而忽视了城镇间的彼此差别。从规划成果的评审来看，专家基本上严格按照标准上下限的约束来考量规划。可以说，规划是否符合标准是决定规划方案能否顺利通过的必要条件。

---

本文是作者在《促进城镇科学规划健康发展高层国际研讨会》上的发言。

事实上，不同城镇在城镇规模、功能、历史沿革、发展水平、区位条件、自然条件、经济结构、人口结构等方面都是不同的。“一刀切”的规划标准忽视了上述城镇差别的存在。例如，不同城镇经济发展基础和条件不同，浙江的龙港镇总人口达到28万，人均收入1.6万元，而河北高寺台镇的总人口却仅为1.5万，人均收入也仅为2395元。不同城镇的区位条件也存在较大差异，一些城镇位于郊区（如北京回龙观镇），一些城镇位于边境口岸（如满洲里），还有一些城镇位于港口和铁路枢纽。不同城镇自然地理条件也有所不同，有些城镇位于山区（如高寺台镇），还有一些城镇毗邻林区（吉林二道白河）等。

一个更重要的问题是，规划是有成本的，而当前的规划是不考虑成本的。以城市道路规划为例，一些城市不考虑道路拆迁成本（东北某镇因道路拆迁负债导致政府财政瘫痪五年），不考虑道路实际流量等，大建奢华型的景观大道，大建利用率不高的工业大道。道路规划是要考虑经济、社会成本的。在经济成本上，道路投入应重点考虑土地成本、拆迁成本、建设成本、道路维护成本等；在社会成本上，应依法保障被拆迁公民，尤其是失地农民的合法权益。总之，道路规划要遵循低投入、高社会效益的原则。

规划同样是要满足公众需求的。以道路规划为例，道路要直接面向居民的生活需求，以“便民”为基本目标。当前道路规划对不同收入人群的需求考虑不足，尤其是在外来人口集中区和城乡结合部地区。道路规划也忽视了道路与商业服务业发展的关系。在传统商业街被不断改造成宽马路的同时，商业服务业却逐渐衰落了，直接表现为“车越来越多，人越来越少”。

上述所谈城镇规划问题和现象值得我们反思：①规划是否按照一个标准下来？②规划是否应该因地制宜？③规划是不是要符合发展阶段、发展水平，不能盲目超前？④规划是不是要考虑经济社会问题？⑤未来规划改革目标应该是什么？

（2007年8月）

# 关于发展规划研究中国际比较的几点思考

最近在讨论福特课题报告时，我感觉到，我们的研究人员对于如何完成发展规划的国际比较研究，还有一定的难度。问题在什么地方？主要是在阅历、研究的经历以及对于制度的认识上存在着较大的不足。接手这个研究课题，确实给我们带来了挑战和压力，因为毕竟是没有人做过的，而且是要完全按照新的思维方法进行研究。所以，我想就自己粗浅的理解，来谈一下对国际比较的认识。

## 一、应先建立国情特点的概念

所谓比较，首先应该了解我们比较的对象和我们在制度、发展阶段以及资源能力上的差别，否则，就无法把握在这样的背景条件下，规划编制的目标、手段和方法的差异。

**1. 要研究制度下的差别，就要了解比较国家的制度演变的历史**

我们现在所选择的样本国家，除了俄罗斯之外，都是西方所谓的民主制度国家，城市的管理和中国有着很大的差异。基本特点表现在：

一是城市政府的高度自治。那就意味着规划的编制，并不受任何上级政府的行政制约，在规划的内容中，一定要体现出当地政府和公众对于规划的理解和认可。

二是城市政府是选举产生的，这说明规划要满足公众的利益。但是要特别说明，在不同的国家，民主制度的内容有很大的差异，有的国家是绝对民主，完全由社会大众决定。有的国家城市政府是议会民主，在不同时期反映在议会中占多数的派别的意见。那么在规划中也能够体现出不同发展时期，不同社会群体对于规划的不同需求。说白了，就是当贫困人口占绝大多数的时候，规划就要考虑他们住房和就业的基本需求。而当白领在居住区构成主要群体的时候，规划就要考虑到白领阶层对于居住环境、空间布局以及生态环境的要求。

三是规划要受到社会监督，也就是说公众的参与也影响到规划对于资源配置的约束。因此，在规划中一定不能体现过多的个人意志和政府意志，更不能考虑到政府的主管需求。即使要体现政绩，也要以社会公众需求为第一目标。而好大喜功的形象工程，更是受到制度的严重限制。

四是规划要体现开放城市的特点，不能区分城市人口的差异，更不能人为地把一部分外来人口排斥在城市之外。当然针对大量的国际移民，欧洲和美国在规划问题上也有很大的差异。但是，国际上其他国家对城市移民人口问题的关注度，显然要高于我国。

**2. 要注意国际比较中发展阶段的差异**

我们在进行国际比较时，往往不注意比较国的发展阶段和发展水平。其实这是我们国家规划编制中一个最大的缺陷。所谓的超前规划和高标准的规划以及概念性规划，源头均在于此。

虽然我国的经济总量已经居于世界前列，但是人均水平仍然相当落后。我国的城市化快速发展的历史仅仅30年，而国际上其他国家是通过上百年甚至几百年的时间来完成的。即使在我国国内，城市的发展阶段也有较大的差异。因此，进行国际比较，要考虑到的不仅仅是国家的差异，还要考虑城市的差异，就是在什么样的发展水平下，规划的重点应该解决什么问题。

毛其智老师讲课时提到，从20世纪50年代德国城市规划的演变，实际上就说明了在不同发展阶段的规划重点不同。比如说从大量的解决住房供给开始向环境和生态的概念转变，从实际用途到开始注重景观和形象甚至是规划观念探索的创新。这都说明了规划的历史是要尊重社会发展的历史。

如何在这一方面进行比较，当然我们可以清楚地看到，我们自己绝大部分城市在进行规划编制和研究的时候，都超越了自己的发展阶段，盲目地去进行国际比较，要达到所谓的国际都市的水平。实际上我们存在的问题要严重得多，社会公众需求需要解决的问题也很多。问题是，我们是否针对我国的发展阶段提出了切合实际的发展目标。

**3. 要注重资源供给的能力**

这一点在国际比较中尤为重要。即使在发达国家内部，如欧洲国家、日本、美国和俄罗斯的比较，我想资源供给的能力差异就很大，最重要的就是土地空间资源。所以我们在美国规划中看到，城市空间尺度都很大，社区居住条件和房屋的用地空间都十分宽松，即使是基础设施的布局和配置，在土地利用空间上也非常气魄。

但是相比之下，欧洲以及日本的空间规划对于资源的利用特别是土地空间的利用，显然是十分节约的。在欧洲国家或者在日本，很少看到大量的浪费资源的现象，当然，大广场、大的人工草坪、人工绿化带现象也是罕见的。

从资源供给能力方面来看，还有很多内容可以扩展。面临的问题是国际资料的来源，所以还是把土地空间作为重点比较好一些。

**4. 要区分制度特别是产权制度的差异**

在我们进行比较的时候，往往忽视了一些根本性的制度区别。在国外，任何规划都不可避免地要面临产权制度的约束。仅从空间规划而言，规划方必须要考虑的是土地和房屋的产权主体。而涉及任何产权主体的规划内容变更，在制度上都会受到严格的约束和限制。

记得2000年我去美国参加地理学会年会，其间去了佛罗里达州的一个小城市，在市长约见之前，旁听了议会关于机场扩建的辩论，仅就这一问题，他们已经反复争论了几年。因为要涉及拆迁，涉及私人产权的问题，因此要征得被拆迁主体的同意，才能进行规划。

如果考虑到我们国家的土地征用制度和房屋拆迁制度，可能与国外的差距很大。我们不一定要评价谁是谁非，但是区别是明显的。在我国地方形成一个大拆大建的规划，没有任何阻力。而作为规划的编制单位，在规划编制过程中，也很少考虑到产权主体的意愿。但是在未来的社会进步中，涉及产权主体的规划变更，是不是要受到制度上的约束，可能是我们在比较和区别之后，进一步提出设想的问题。

综上所述，国情的区别是我们在进行比较研究必须要做的功课，如果忽视了这个功课整个规划就没有任何意义。

## 二、要注意规划的目标和目标群体

在研究规划问题时，特别是在前期进行比较研究的过程中，我看到我们往往过多地注重技术、方法和手段。其实在这些问题上，我们和国外几乎没有太大的差别。国际上采用的手段我们都可以学习，技术也都可以随时引进。但是，有些问题则是根本性的。因为我们要做经济社会发展规划，并且通过经济社会发展规划来指导空间规划。可是所谓的经济社会发展或者所谓的规划到底是为谁服务的，这是我们规划的根本性问题。

在上一部分我在城市比较中提出了城市的制度问题，选举的城市要求规划必须为公众服务，其实也涉及了这个问题的实质。但是从规划比较中存在的问题来看，规划的目标既反映出制度的基本特征，同时也反映出未来可能的公共资源配置方向。最终形成的结果，可能要为历史所检验。

目标的第一个问题是目标群体，规划是为谁服务的。在国际上绝大多数国家的规划目标受社会公众所制约，当然也受到党派政治的影响。但是基本前提是，一定要取决于大多数人，或者对大多数人有影响力的社会群体。仅仅就目标群体可以区分出很多特点。在上面我们曾经提到过，非本国国籍的移民的地位和我国的农民工的地位比较相似，但是，这里的根本性区别在于一个是国籍的区别，一个是户籍的区别。这里是不是有很多可以比较的内容呢?

目标的第二个问题是城市规划的重点。这里也有很多问题可以讨论。比如就业是第一位的，还是GDP是第一位的？还有就是增长的范围和空间，例如人口的增长规模和空间的扩张规模。在国际比较中我们可以注意到规划是随着需求的增长而发生变化的。但是，我们也可以具体分析，我们在规划重点中，指令性计划的因素，上级下达的指标，各种政府利益的需求，可以分解到规划的许多具体内容中。而这些内容往往和当前的实际需求没有任何直接的关系。

目标的第三个问题是规划利益的导向。如果把这个问题作为比较的基础的话，那么我们可以看到在国际上，规划体现出的公共利益十分明显，政府在规划中是不可能受益的，因为规划必须要解决公众的需求问题。但是在比较中我们可以发现，我们的规划有明显的利益指向。在规划的空间扩张中，既有政府的利益，也有规划部门的利益。所以，规划的指标制订得越高，各种利益的体现就越明显。

目标的第四个问题是规划主观性导向。可以说在国外的主观性导向可能反映出规划师的兴趣偏好和审美偏好。但是在中国规划的主观性导向可能就没有那么简单。因为规划反映出来的问题不是技术偏好而更多的是长官意志。在分析主观性导向过程中，我们可能要从制度的角度分析，中国的行政长官对规划的影响究竟有多大？长官的兴趣偏好受到什么因素影响？长官在规划中主导动机的利益所在是什么？等等。

第五个问题就是，决定规划目标的体制性因素。在地方政府制订规划过程中，很多是要完成上级的指令目标。这里最大的体制因素就是计划经济体制沿袭下来的影响。虽然在计划的内容已经有了很大的改变，地方的经济和社会发展，自有其增长的特殊规律。但是，在物资分配和资源分配，以及各种行政性的要求，也会直接反映到规划的目标体系中。在地方的规划实践中，我们经常可以看到上级政府要求完成拆迁的指标，上级政府要求GDP和投资增长的指标。如果从这个方面进行比较，可能明显地看到中国和国际上的差距。

这里要说明的是，国际比较不仅仅要比较出双方共有的，还要比较出国际上有的而我们没有的，或者我们有的而其他国家没有的内容。我发现，我们在进行研究过程中，更多地注意到双方可能共有的，反而忽视了后两点。因此就出现了只关注技术内容而忽视了其他内容。问题出现在哪里？当然是我们的知识层面存在着较大的缺陷。其实我们已经做了很多规划，但是我们很少从更深层次去挖掘制度上和文化上的比较差异。所以通过目前的课题研究，可能我们研究人员要提升自己的研究水平，扩展我们的知识空间。也会在实践中，容易发现问题，找出解决的办法。

## 三、关于技术层面上的比较

现在的比较，体现不出经济社会发展规划的特点。即使我们看到了中国的建设部门也已经进行了大量的比较研究，但是还是停留在空间规划本身的技术层面上，忽视了经济社会发展规划既有的特点。

什么是经济社会发展规划，可能我们会有更多的名词和定义上的解释。就我个人理解，是政府对其所掌握的公共资源，按照公共服务的目标和原则，进行配置的规划。经济就是对于公共资源和社会资源的经济分析，社会就是在进行资源配置时，要考虑到公众的社会公共需求。在市场经济体制下，公共资源的配置，还要引导市场资源的配置方向。

按照以上观点，在研究经济社会发展规划的比较时，要注意到经济和社会研究方法的运用。而经济学和社会学的研究方法显然和空间规划方法有着明显的区别。为什么我们比较不出来这种区别？就是忽视了这一根本性问题，这是完全不同的研究方法。

经济学的技术手段和方法是什么？国际上有哪些先进的经验？我最近推荐给大家丁成日教授的《城市增长与对策》，实际上就是要了解国际上在这方面研究的进展。

其实在我们研究国内的经济社会发展规划时，也逐步地开始运用经济学的计量方法，但是如何把经济学的计量方法演变成空间的配置图，就是目前存在的一个难点。中心内有很多专家计量研究非常在行，但是就是建立不起空间概念，可能也是和我们在这方面的知识短缺有关。这样的内容是否可以比较呢？

关于社会学的研究方法，既有计量和统计的内容，又有社会群体和社会结构的分析，同时还要建立空间的分布，并确定未来的发展趋势。在国际上有没有类似的研究，我们如何去寻找可比较或者学习的经验。其实并不见得仅仅从规划的研究文本去找，可能找一些社会学的分析方法，可能就会建立起来。

还有就是在经济和社会学上，我们建立哪些模型，以哪些要素作为研究基点，也是不可忽视的重要问题。丁教授选取了土地价格、房地产、人口密度、城市交通和卫星城等元素，那么我们在规划中是不是可以考虑将这些作为比较的基础？还有，我们自己的规划中采取了哪些计量的方法，也可以作为比较的依据。

（2010年1月）

# 中小城市规划中应该注意的几个问题

## 一、落实"发展是第一要务"，促进小城镇健康发展

改革开放29年来，我们成功的基本经验是把发展和增长作为政府工作指导方针和根本目标。正是因为把发展作为第一要务，中国经济才得以迅速发展，小城镇也得到迅速发展。2006年，我国小城镇数量达18500多个，最强镇财政收入几十亿元，人口最多的小城镇已超过100万人。这些数据表明，改革开放从农村和乡镇企业开始，一直到小城镇发展，中国农村经济和社会发展取得巨大成效，小城镇的发展在农村区域，带来十分非常深远的影响。

十五届三中全会提出"小城镇，大战略"，那时候中央政府是把小城镇发展作为中国城镇化战略的龙头提出的，一系列城乡发展中的制度性障碍和矛盾正是从小城镇开始得到突破和缓解。2000年中央11号文件明确了小城镇在城镇化发展中的地位和作用，那段时间是对我国小城镇和城镇化发展认识提高的一个黄金时期。随着中国城镇化的迅速发展，我们今天看到不仅仅是小城镇的发展，中小城市、大城市的发展更为迅速。我们可以注意到关于这方面提法的变化，从"十五"规划开始，到近年来一系列中央有关城镇化的政策中都明确提到，大中小城市和小城镇协调发展，特别是当前提出的城市群发展。城镇化战略不仅通过小城镇实现，大中城市对城镇化发展的带动越来越明显。比如说，从农民工流向上看，目前60%的农民工集中在县级以上城市，只有40%的农民工在小城镇。随着中国城镇化战略的进一步推进，中心城市的作用和地位

---

在"发展小城镇与社会主义新农村建设研修班"上的讲话。

越来越突出。小城镇的发展水平，地区之间的差距也越来越大。而没有赶上第一班车发展的中西部地区，小城镇正面临非常严峻的形势，所以在这个大背景下，研究小城镇发展的思路，总结经验，做好发展战略规划是当务之急。

## 二、合理分析镇情是实现小城镇健康发展的前提条件

作为一个政府的官员，作为一个小城镇的负责人，怎么在短短就职几年间就改变城镇的面貌，怎么落实“发展是第一要务”，是需要我们认真思考的。要实现“发展是第一要务”，首先要对镇情进行合理的客观分析，镇情分析主要包括以下四个方面。

### 1. 要对区位条件进行客观分析

很多小城镇在进行发展战略规划的时候，也都提出了自己发展的优势，也经常提出区位方面的优势，但对区位条件过高判断，会过高估计未来发展的趋势和潜力，因此在很多小城镇发展规划中，经常提出“未来几年内人口翻一番，财政翻一番”等不切实际的目标。客观分析区位条件，最重要的是不要高估区位条件，很多地方发展并不完全依赖于区位条件。比如，温州市桥头镇，在永嘉县山区，区位条件非常一般，但是这里生产的钮扣，占中国市场的80%。再比如，河北白沟镇，是离北京200公里范围内的著名市场。从区位条件来看，离北京更近的小城镇，比如说，北京方圆100公里左右的小城镇有上百个，却没有形成像白沟镇这样规模的市场。很多小城镇在分析区位时经常提到处于某某交通干线或者城市多少公里区域内，把自己拥有区位资源条件，都当成是发展的优势，这样的分析是不客观的，仅仅站在一个镇的角度，但如果从一个区域角度来看，在相同区域内具有同等条件的城镇有很多，它们所分享的区位资源条件基本相同，因此上级政府在制订规划时，并不会把这个小城镇作特别的考虑，这时的区位也不见得构成发展的特殊优势。除非拥有非常重要的区位条件，比如，非常重要的海港、国家未来重点战略基地等。如何合理、客观分析镇情？首先，要合理分析区位条件。特别是中西部地区绝大部分小城镇，在区位条件上并没有足够优势，不能过高

估计他们的发展前景，过高估计发展前景，往往会产生相反效果。

**2. 要对资源状况进行合理分析**

实现“发展是第一要务”，还要合理分析小城镇资源状况。资源状况对发展有非常重要的影响。比如，张家界索西峪镇，在张家界风景区最中心部分，在没有开发旅游之前，是一个非常贫瘠的小镇；随着张家界旅游的开发，旅游资源带动了这个地区的经济发展，农民收入快速增长。再比如，北京郊区有很多小城镇，10年以前北京逆城市化没有形成时，这些小城镇都是北京市重点扶贫对象。随着北京逆城市化进程的加速，北京大量消费开始向农村延伸，这些离北京一个到一个半小时车程范围内的小城镇，一下子成为旅游集散地，大量的人在那里消费，在那里旅游，在那里享受农家乐，这些小城镇经济状况都发生了明显的改观，这就是旅游资源的作用，它是一个可变资源。另外就是不可变的自然矿产资源，比如，煤矿、铁矿、油田等，这些自然资源的存在和发现会带来工业企业进驻，带动小城镇的发展。如果没有这些潜在的资源，又没有山、水和名胜古迹，就要考虑我们的发展到底依赖什么。因为全国18500多个镇里面，有的有资源，但绝大部分没有特殊资源，在这种情况下，我们分析经济增长就要站在一个相对客观的角度上进行判断。

**3. 要对产业惯性进行具体分析**

产业惯性就是这个地区长期以来，大家习惯于经营的产业。在进行镇情分析时，一定要对这个地区老百姓所习惯从事的行业进行具体分析，产业惯性对一个地区或者一个镇发展影响非常大。比如，辽宁省西柳大集，这个地方历史上，人们习惯于经商。改革开放以后，迅速形成西柳市场，现在已经发展成为辽宁沿海地区非常重要的一个小城镇。西柳地区农民经商传统这种产业惯性，促进了西柳市场的发育，带动了地方经济的发展。再比如，温州地区，历史上的民风就是经商。文革期间，由于温州地区土地贫瘠，不能自给，许多温州人到全国去弹棉花、修鞋、修锁等。改革开放以后，这些习惯一下子就转变成为巨大的发展潜力，成为这个地方发展的重要基础。对产业惯性的分析，事实上并不是对整个地区经济发展状况的分析，而是对人口的分析，往往一些偶然因素，一旦条件允许，就迅速发展为非农产业。当然改革开放20多年来，在东部地区能形成商业市场、能发展工业的地区基本上都已经发展了。中西部那些没有被经济大潮所覆盖的地区，还有哪些能寻找出产业惯性，也是我们应该考虑的重要内容。

**4. 要对发展水平作出准确判断**

要寻求发展，必须对目前发展水平作出一个最基本的判断。很多地方往往高估自己的发展水平，这有两方面的因素。第一，政绩的要求，如果收入水平不高，可能会对政府官员未来政治前途产生一定影响。第二，盲目的发展观，希望能加快发展，尽早赶超发达城镇。实际上对中西部地区，不能着急，要认识到客观差距。很多地方同志认为自己所在的地方发展水平已经很高了，几年之内就会翻番，就会发生很大的变化，就会赶超东部地区。存在这种状况的原因在于对东部地区发展情况并不了解，对他们艰难的发展阶段没有深刻体会，东部地区取得今天的成就是经过了20多年的艰苦创业。我们怎么来判断今天所处的发展水平呢？最主要是要认识自己的不足，对发展水平有一个合理的判断。对发展水平认识不透彻的话，往往导致决策跟不上。很多人认为东部发展是因为投资环境的改善。是通过修广场，修马路，进行绿化等进行改善。是不是我们中西部地区也要这么干？比如，安徽省大别山区的一个镇，有六七万人口，近年发展较快，觉得现在也要搞一些气派建筑，进行大量的投资建设一些广场等。事实上，东部地区在这个发展阶段的时候，是低门槛进入、低水平发展。企业发展水平不高的时候，对基础设施水平要求也不高，那时候也谈不上大广场、宽马路和高楼大厦，这个时候要迅速完成的是资本积累和要素积聚。

## 三、明确发展目标是落实"发展是第一要务"的基础

发展是第一要务，确定发展目标非常重要。怎么才能合理确定目标？

**1. 要考虑的最基本要素是稳定增长**

按照科学发展观要求，必须科学地制订发展目标，但这要建立在稳定增长的基础上。然而这些年，我们见到许多地方出现了盲目制订过高

发展目标的规划。比如，东北某镇，现在才2.5万人，请了一个大公司，做了一个非常好的演示系统规划，规划在未来五年内人口达到20万，事实上是根本做不到的，因为过去这么多年，这个镇的人口也没有发生太大的变化，只是停留在常规增长的阶段。其实，我们也从制订规划的公司老总那里了解到这个规划是投其所好，为了迎合当地政府领导好大喜功的心理。这在当前的规划行业中是比较普遍的现象。事实上，制约人口增长的因素有很多，比如，有投资因素，有人口流动因素，有农转非因素，还有土地因素等等。比如2000年，我们给石家庄大河镇做了一个规划，做这个规划的时候，石家庄市政府也很重视这个地方，省有关部门都参加了这个规划的制订，当时我们给他做了3.5平方公里的规划，七八年过去了，最后也没有实现，造成这个规划难以落实的主要原因在于没有足够的土地指标来支撑规划的实施。增长不是凭空拍脑袋拍出来的，必须进行客观分析。对一个城镇进行分析，要分析人口就业结构，分析农业种植结构。比如说，十年前的就业结构和作物种植结构和现在没有太多差别的话，农村人口就很难转变为城市居民，收入水平也不可能发生太大变化。另外，本地投资增加的潜力，以及吸引投资的能力等方面都要客观分析，绝不能过于夸大招商引资能力，当大家都在争社会资源的时候，你这个地区并不占绝对优势。再就是土地指标，我国土地指标分配按照计划形式，从中央到地方层层分配，到县一级已经很少了。在行政资源分配系统上，镇处在最不利的位置，很难拿到太多土地资源。比如，上一次对开发区检查时，8000多个开发区中砍掉的有6000个，基本上都是县以下开发区，镇一级工业园区几乎全部被砍掉。所以在做发展形势分析的时候，一个镇政府对自己定发展目标的时候，首先要想到的是常规增长，千万不要搞冒进增长，可能在一段期间内会发生一些变化，但是这个变化并不足以达到质的变化，这需要时间。所以在确定发展目标时，需要冷静地分析，稳定的常规增长是关键。

**2. 要冷静分析人口增长的利弊**

人口发展规模也是我们确定目标的一个重要因素。我们做发展目标的时候，必须明确人口规模的扩大对城市发展的影响是好还是坏。在欧美很多小镇并不是因为人口规模扩大才发展得更繁荣，而更多的是把一个镇作为一个非常好的安居地。然而在我国却是另一番景象。比如说，广东省虎门镇，有100万人口，其中90万是外来人口，外来人口增多也在治安、环境等方面带来诸多问题，已经严重影响本地人的生活质量。尽管本地人收入提高很多，但10万本地人和90万的农民工生活在一起是一种什么样的景象呢？很多去过广东的人，都已经看到过这种状况。在这种情况下，人口规模的扩大已经带来了诸多负面影响，限制了下一步的发展，这种发展模式我们要尽量避免。对很多小城镇来讲，规划未来的发展目标和人口规模时，如果还没有大量的外来人口的进入，那么解决本镇人口生活和就业的实际问题，应该是作为发展的主要目标，把本镇的经济增长、社会发展、居住环境改善作为考虑的第一要素。当你要考虑经济增长的时候，要把镇里未来吸引投资和就业所带来的负面效应进行充分地论证。在这个基础上，再来判断未来城镇人口的增长规模。在外来人口已经占有一定比例的小城镇，政府的规划和管理的目标则一定要把外来人口作为本镇人口来看待，要切实解决外来人口的生活条件的改善和就业安排等一系列相关问题。

**3. 选择什么样的产业来发展**

处于不同发展阶段的小城镇，对这一问题就会有不同的判断。每个镇在提出未来发展目标时，都会十分重视自己的产业发展前景。往往特别重视吸引企业来投资，从而带来GDP增长、财政收入增加和当地农民就业的增长。在许多发达地区的小城镇，这种产业发展模式带来了巨大的收益，已经成为东部地区小城镇发展的经验模式。但是，到目前为止，仍然沉浸在这种发展模式中，而造成的工业发展速度过快，服务业发展不足的负面效应也是十分明显。比如，城镇发展现状中，工业企业和人口居住区混杂在一起的现象非常严重；工业发展带来了严重的环境污染问题；企业内大量外来人口的进入导致一系列社会矛盾，等等。所以对欠发达地区选择一种什么样的产业发展路径，从现在开始就要未雨绸缪。

首先，在市场经济条件下，要清晰界定政府和市场的分工。在产业发展问题上，政府不要做过多地干预，只需通过自己的基础设施建设的改善来塑造企业投资环境，或者通过规划来引导。其次，政府要在规划中明确哪些产业不能发展，比如说，某地是一个风景区，污染产业一定不能进来。因为政府并不知道什么时候哪些企业和行业会在我们区域发展起来。企业的进入有很大的随机性，政府官员无法选择究竟是电子行业还是汽车产业，或者纺织工业到这里来投资。比如，就农业发展而言，在20世纪八九十年代，中西部一些县市要求农民搞万亩茶园、万亩林园、万亩果园等，甚至还动用了一部分政府的公共资源，结果市场供给增加，这些产品卖不出去，最终果农不得不砍树。惨痛的经验教训说明：政府替代不了市场主体的选择。政府要做的是改善市场环境，或者明确什么产业不能发展，什么产业要限制发展，已经形成的产业要采取什么有效政策来加以扶持。

4. 要注意社会稳定的目标

在以往的发展中，政府往往过分注重经济目标而忽视社会目标，这也是经常见到的一种现象。比如，在广东，由于经济迅速发展，外来人口大量增加，政府管理没有跟上，大量治安问题出现，这些都是社会经济发展带来的负面效应。发达国家在投资环境考核中非常重要的内容是政府治安管理。治安状况、教育状况以及卫生医疗状况的改善，都要通过政府公共服务来解决，如果不把这些问题列入未来的发展目标中，我们的发展本身恐怕就不健全。

明确未来的发展目标，一定要将常规增长作为判断未来发展的基础，合理判断人口聚集的结构和人口增长的数量，要进一步区分政府和市场在产业发展中的作用，同时要注重社会稳定目标的实现。在科学发展观的基础上，把以上四个方面作为未来发展的重要内容，就能为未来的小城镇发展确定一个比较好的规划目标。

## 四、合理安排公共资源来促进小城镇发展

一个小城镇的发展取决于很多因素，比如说，收入增长，非农产业的增加，资本的进入，要素的流动。但是同样离不开政府的服务和政府公共资源的合理利用。政府手中所掌握的有限的公共资源，对于产业的发展、就业的增加、居民生活环境的改善、解决社会矛盾和社会问题，

都发挥着十分重要的作用。因此，小城镇政府所掌握的公共资源如何利用，如何用在刀刃上，是小城镇政府的负责人必须要认真面对的问题。

很多人认为，政府的工作到底体现在什么地方，在我们长期的工作实践看来，就是把你所掌握的资源如何使用好，如何对准经济社会发展的目标，如何面对你必须要服务的社会群体。政府的决策取决于此，政府规划的实质也是这些内容。

**1. 什么是政府的公共资源，小城镇政府到底掌握哪些公共资源**

政府的公共资源，大致可以分成几类。一是财政，公共财政这部分一定是政府掌控的资源，当然对于欠发达地区来讲，财政资源也比较有限，基本上也就是保证吃饭，用于公共服务的部分相对较少。二是土地，这是利用价值最高的资源要素。虽然目前土地利用受到的限制因素不断增加，比如土地指标的供给、土地的占补平衡、失地农民的补偿等，但是土地仍然不失为政府掌控的一项重要的公共资源。事实上，从全国近年来城镇发展的实际情况来看，土地资源是政府可利用的最大公共资源。三是向上级政府争取的各种资金和项目，这也是政府可掌控的。因为这些争取来的资金和项目，对于地方来讲，是可用于发展的重要的引导性资源。四是，政府管理的其他资源。比如，地下水资源、地下温泉资源等。北京郊区有个镇，地下温泉很丰富，按道理讲，政府可以利用这些资源来为发展创造条件，但这个资源被分化了，很多部门、很多单位无偿使用这个资源，地方政府不能从其中获得任何利益。另外就是政府现有的公共资产，如政府办的水厂、政府办公楼等，这些资源可以通过出售、转让和参股等形式，放给市场，政府获得的资金可以直接转换为基础设施建设。所以这些政府的资产也是可变现的重要公共资源。

**2. 怎么样节约资源，并用有限的资源发挥最大的优势**

资源的有效利用是一个地区发展最重要的问题。首要问题在于有效利用现有土地资源，目前我们对土地的使用，基本上处于浪费状态。零地价出让、低价从农民手中获取土地，虽然产生了工业积累，但也造成土地利用的不经济和一系列后续矛盾。土地有效使用主要在于土地是一种不可再生资源，根据目前发展趋势，一方面，国家宏观上对土地控制越来越严，首当其冲的就是行政级别最低的镇。另一方面，土地需求也越来越强烈，主要在于以下两方面因素：一是，投资不断增长，这需要占用土地；二是，农民收入水平提高后，就有对生活状况改善的需求，首先要改善的就是住房状况，这也需要占地。一方面，供给方在控制，另外，需求也在不断增加，导致土地价格不断上涨，这是未来的普遍性趋势。在土地资源稀缺、土地价格不断上涨的情况下，怎么盘活现有土地资源，这是地方政府面临的一个很大问题。可是我们地方政府在经济因素、政绩因素等方面考虑得更多一些。比如，“社会主义新农村建设”的提出，很多地方政府并没有在盘活土地上下很大工夫，而是让农民把自己的土地拿出来盖新楼、建新居，已有建设用地并没有合理地开发出来，城镇区域内很多闲置土地也没有得到有效利用。要盘活土地资源，应该与合理地调整经济结构结合在一起。最近我们在国土资源部支持下在天津搞了一个宅基地换房试点，就是把农村集体建设用地退宅还田，置换成城市用地；一部分土地进行出让，换取一些资金，转过来用于农村补偿和开发，解决农村住房问题。这样既解决了耕地的占用问题，同时改造了农民住房，又获得了一部分结余用地进行开发。如何利用现有国家政策，将农村集体建设用地和城市用地之间进行置换，去盘活现有土地资源是非常重要的。事实上在城区内部，传统工业用地的资源利用潜力也非常大，这往往也被忽视。现在许多地方政府并不在盘活土地资源上下工夫，主要是在占用耕地上做文章，实际上这样做的难度也越来越大。现在对耕地占用控制得越来越严格，征地成本也越来越高，这促使各级政府在征用土地上算一下经济账，来盘活现有土地资源，促进土地资源更有效利用。对于矿产资源，政府应该更积极地去发挥它的作用。对旅游资源怎么来盘活，这是政府应该发挥作用的一个非常重要的方面。

**3. 要促进政府和市场的合理分工**

首先，可以把一部分政府拥有的公共资源卖掉。在调研中我们经常遇到很多地方政府，包括一些发达地区的地方政府，在基础设施建设方面存在资金困难，事实上很多方面完全可以由市场来运作。比如说，水厂建设，水厂完全可以由市场来运作，因为它是有收益的项目。很多企业家，特别看好水厂，他们愿意投资，只要管理好就可以获得长期回报。而由政府进行管理可能会成为政府的一项很重的负担，因为政府在企业管理方面效率比市场要低。在这种情况下，完全可以交给市场运作，由政府进行监督管理。政府该管的要管，不该管的一定要放开。比如说，有些旅游资源、基础设施项目等都可以这么做。然而我们的地方政府往往把矛盾留给自己，比如，因为价格、协调等方面的问题与百姓发生矛盾，其实政府完全可以只去做监管，去协调企业和居民之间的矛盾，这样政府作用会发挥得更好。法国80%的水厂都是私营公司来运营，五家大公司垄断了全国水厂，从供水、排水一直到污水处理。要合理安排政府公共资源，必须理清政府该做什么，不该做什么，在其中做出选择，政府所要做的是合理改善市场环境，而不是替代市场去做一切。比如，我们去西部一个县做调研，县里要搞市场，政府贷款去搞市场基础设施，盖大楼，事实上这不是政府该干的事情，政府该拿这个钱去培训农民，去征用土地，而把市场空间部分留给市场主体经营商户去解决，他们会选择更好的方式去经营。在公共资源合理利用方面，政府和市场之间一定要合理分工，政府不能替代市场去做一切。

## 五、积极开展招商引资和积极争取上级政府的支持项目

一个地方要发展必须有相应的资金投入，这就离不开招商引资工作以及上级政府的项目支持，事实上，地方政府也在招商引资方面面临着巨大的压力。那么地方政府如何进行招商引资工作呢?

### 1. 要重点确定政府公信力和政策持续性

一般情况下，在判断一个地方招商引资的能力的时候，政府效率可能是一方面，但是政府的公信力以及政策的可持续性往往是更为重要的一方面。一些地方由于政府公信力不高，政策持续性差，很多投资者进去以后又退出了，给地方带来的负面影响非常大。十年前，我去东北一个县调研，当地有一个强势县长，建了一个商品城，进行招商引资，很快招来几百个浙江商户，店铺都租出去了，可是后来诺言没法兑现，直接后果是大量商户撤离。中国行政管理体制下，很多上届政府的责任

要下届政府来承担，但是下届政府往往会推卸上届政府的责任，导致政策失调。再一个因素，一些地方官员素质并不高，到商户那“吃、喝、卡、拿、要”的现象非常普遍。所以在招商引资过程中，一定要建立政府的公信力，提高政府的公共信誉，而不是通过一种所谓的高效率来解决这些事情，高效率带来的后果并不见得好。最近我去一个镇调研，这里有一个全国著名的皮装市场。90年代初，这里很繁荣，当时招商引资力度很大，形成全国非常有名的皮装市场；这次去以后，我感触很深，十几年了，这里的发展没有别的地方快。跟镇书记深谈以后知道，中间有一段时间盲目招商引资，官员连续换届，管理不善，黑社会垄断了这个市场，在这里欺行霸市，欺负外来商户，横行霸道，到大前年，省里打黑，把黑社会打掉，这个市场才开始逐步恢复。这表明，在招商引资的过程中，由于监管不力，很多政府官员被黑社会侵蚀，政府公信力完全丧失了。因此，在政府进行招商引资时，要进行深入研究怎么来确定政府的公信力。

**2. 招商引资要放眼长远，不要受短期利益所迷惑**

这方面例子比较普遍，很多地方政府在招商引资的时候，只要来投资，不管三七二十一就承诺，能给的都给了，对企业根本不进行选择，对企业的信誉度也不进行选择，对企业的背景也没有进行深入调查，往往会出现上当受骗现象。实际上招商引资，必须建立在合理分析镇情的基础上，也就是对我们这个地方适合和不适合发展这样的产业进行合理判断，绝不能因为一个企业毁了整个地区的发展。比如说，现在有一个特别大而且污染很严重的企业进入，这意味着整个农业生态要受到严重的影响，也会影响其他产业的进入，环境修复的代价可能要远远超出企业带来的收益。现在我们地方政府在引进工业企业的时候，要进行合理的成本分析，工业企业增值税75%归国家，剩下25%才由地方分成，这还要在镇、县、市之间进行分成；另外土地都是通过低价出让，政府和农民从土地中受益也很少。小城镇政府在引进这些污染较大的企业时，并没有给地方带来太多收益，而且地方政府还要承担企业给地方带来的任何后果。虽然这些企业的引进，提供了一部分就业岗位，会带来一部分百姓收入增长，但同时也带来一部分外来农民工。外来农民工社会事业的发展、管理的责任都由地方政府来承担。短期内可能看到这些企业投资带来地方GDP的增长，实际上未来城镇维护、治安、基础设施、环境治理方面的支出，加起来远远大于这些工业投资所带来的收益。因此地方政府在进行招商引资时，就要考虑这类企业要不要进入，要放眼长远，要从综合的角度，从生态角度，从整个经济结构角度，从未来长期收益的角度进行综合考虑。

**3. 招商引资需要改善投资环境**

这些年，很多地方政府在搞形象工程，认为这有利于招商引资。事实上，在一定的发展阶段和一定的发展水平下，政府要对哪些类型企业会到本地进行投资，为什么选择本地进行投资，作出基本判断。比如说，一个劳动密集型产业到我们小城镇投资，政府必须清楚，企业选择我们的原因是什么，是选择地理优势还是选择土地价格？是选择资源供给还是回避一些体制性的矛盾？弄清楚这些原因，就可以确定政府靠什么来吸引投资，进一步改善环境。企业来的目的，不是看有没有广场，也不是看有没有办公大楼，不是看有多宽的马路，也不是看马路上有没有特别好的绿化。在调研中，我们经常遇到好多城镇说是为了改善招商引资环境，修建了一条迎宾大道，连接到交通干线上，修得很宽，路灯修得很漂亮。事实上企业进入的原因并不是因为有没有六车道的大马路以及漂亮的路灯等，更看重的是综合因素，也就是地价、供水、排水、通信、供电、农民工的各种费用、原料供给、交通条件等方面因素，以及政府的公信力。如何改善市场环境是非常重要的，通过基础设施建设来改善环境，最重要的是改善企业发展所需的最基本的道路、通讯、供排水和电力供应状况等。但是如果要真正投入到这些方面，恐怕就需要综合地判断一下政府的投入能力和企业的进入成本。改善环境最重要的结果是合理利用招商引资这一很好的机会，向上级征求项目、征求投资。争取上级政府给予一定的支持，比如说，改造道路，改造供排水，或者相关的一些设施等。贯彻“以人为本”的原则，促进小城镇健康繁荣。

“以人为本”是近年来中央政府强调的非常重要的主题。目前看，真正做到“以人为本”，需要切实转换我们政府执政管理的观念。无论是在城市管理还是在促进农村发展上，要真正做到“以人为本”也需要一个很长时期。因此，在促进小城镇发展中实现“以人为本”，应做到以下三个方面。

（1）转变观念，加强农村公共服务。近年来中央文件中关于农村综合改革特别强调精简机构，完善管理。但是这应当区别两种不同情况对待。一是，在一些经济发达地区特别是外来农民工比较多的地方，恐怕不是要精简机构的问题，而是要加强，因为小城镇政府管理的不仅是本镇人口，还有大量外来农民工也需要管理，一旦管理不到位，往往会造成治安混乱，及一些不良社会现象的发生。二是，对中西部地区，不能一放了之，一减了之，在中西部地区，特别是近几年，更需要强化政府公共服务，这是一个非常重要的问题。在世行第五期扶贫项目中，就把小城镇作为一个重点内容。在其中我们重点强调两条。一是，加强载体建设，加强小城镇基础设施建设，促进农村人口向小城镇转移。二是，通过小城镇来完善对农村的各项公共服务。完善农村公共服务，包括哪些方面内容，目前也还在研究之中，除了中央已经提出的义务教育、合作医疗，另外还涉及农村人居环境改善的设施，比如说，六小工程、农村清洁卫生、公共卫生环境治理等也需要不断完善。在中西部贫困地区的农村，公共环境卫生治理、垃圾清运、公共卫生防疫系统、农业科技服务、水利服务、社会化服务等方面是不是需要政府来完善？这些年我们可能更多地强调小城镇建设，但忽视小城镇在公共服务方面所发挥的作用，它能稳定农村公共服务人员相对集中地以小城镇为中心展开向农村的辐射，这是“以人为本”的重要方面。

（2）小城镇政府公共资源重点要改善居民生活和就业环境。近年来，许多小城镇并不是没有钱，他们通过很多渠道获得了一些资金，比如说，通过从上级政府申请、借债、出让土地等。但是这些资金投向，确实值得商榷。比如，最近媒体经常曝光的政府高档办公楼现象。这种现象在发达地区和欠发达地区都屡见不鲜，这说明政府基础设施投资的导向还是偏重于服务公务员，服务上级政府以及服务政绩工程。我去过很多西方发达国家，很少见到政府高档办公楼现象。中国一个城市，一个小城镇的景色中，最亮丽的街道往往就是政府办公楼所在的街道，这条街最气派的楼宇也就是政府办公楼。国外往往不是这样，国外最主要的街道是商业街，街道不宽，并不是用来体现视觉工程，而是体现商业繁荣。政府办公楼在整个城市里往往占一个非常不重要的角色。在我国小城镇，与政府办公区和新城形成鲜明对照的是老城区的基础设施建设还很不完善。比如，西部地区一个县城搬迁，政府办公区搞几千平方米的广场，每个办公楼都很漂亮，形成鲜明对照的是居民区，特别是老居民区的基础设施改造都没有进行。在发达地区类似现象同样存在，不久前我去东部发达地区一个小城镇调研，这个小城镇每年有1亿多财政收入要上缴，要花8000万搞新城建设，但是它的老城区基础设施却还非常不完善。

地方政府要将所控制的公共资源直接转向为居民服务，改善居民生活就业环境，这恐怕还需要一个时间。但是通过调研也发现，在很多地方已经在主动调整，去改变这种状况。比如，四川省邛崃市的平乐古镇，这个镇是特别老的一个镇，当年司马相如在那儿生活过很多年，还是我国造纸发源地之一，有文化背景，历史建筑也非常丰富。我们去调研的时候，当地政府跟我们介绍平乐古镇改造的情况，当时从上级政府要到几百万资金，并就古镇改造进行了一番争论，最后采取了专家的建议，对镇进行“修旧如旧”的改造，最终仅用300万资金完成“修旧如旧”工程。把沿街墙面粉刷一遍，有些旧窗户改造一下，有些旧瓦也重新给换了，路面换成青石板的路面，整个工程并没有花费多少钱，但是一下就能体现出四川古镇的古朴风光。每年旅游人数大幅度增加，一年旅游人数达100万人次左右，第三产业发展很快，茶馆、农家乐，整个镇的居民收入和财政收入都有较大幅度增长。前一段时间，浙江一个经济实力非常强的小城镇希望我们帮他们做规划。这个镇工业非常发达，新镇区的住宅、广场、文化中心等建设得非常漂亮，与新镇区形成鲜明对照的是老镇区非常破旧，基础设施很不完善。他们希望规划建设一条高标准的城镇大道，要进行大拆大建，建造高层楼房。我们提出对老镇区进行改造，并带他们参观了四川省平乐古镇。最初他们以工作量太大，改造工作难度大为由，不想进行改造。最近镇书记来我们中心交流工作，又重新提出旧城改造，这种转变说明地方政府在公共资源配置方面开始向为居民服务转变。

我们对城镇化的理解是不一样的，小城镇政府官员，理解城市化，一般会想到北京，认为只有像北京、上海这些大城市那样，有大高楼，大马路，大广场，才算是城市。所以就出现了在小城镇大拆大建，大兴土木的现象，可是这恰恰失去了小城镇最古朴的形象。这其中反映出小城镇政府的执政目标到底体现在什么地方，是体现在镇政府决策者的形象上，还是体现在镇政府官员的利益上？是为了满足你自己工作的政绩上，还是真正为老百姓解决实际问题上？这些都是非常重要的选择，恰恰在选择中间，在发展小城镇过程当中，体现了贯彻“以人为本”理念的难度。

近十几年来，城镇建设投入资金不少，但有多少改造是切实解决百姓居民生活实际问题的呢？许多地方同志会认为，只有从上级要来的资金才可以去解决百姓生活问题，因为有上级政府监督、审计部门审计等。地方政府自己通过土地拍卖、经营运作等获得的一些资金是不是也应该投入到解决百姓生活问题中？政府公共资源到底用在什么地方？怎么真正实现“以人为本”？这是非常值得我们深思的一件事情。贯彻“以人为本”，政府的公共资源在改善居民生活和就业状况方面应当着重做好以下三个方面：① 通过改善投资环境，来促进就业增长；② 把改善投资环境和基础设施重点放在与百姓生活直接相关方面，这是未来促进小城镇发展，贯彻“以人为本”方针原则的一个很重要的试金石；③ 重点解决弱势人口生活和就业问题。现在谈到的城镇弱势人口大概有三类，一类是城镇低收入人口，一类是城镇辖区内的本地农村人口，还有一类是外来农民工。一个政府如果要把这三类的人口问题解决好，可以说这个政府的执政理念是在切实贯彻“以人为本”方针。在解决城区弱势人口问题方面，各级地方政府分别通过医疗保障制度、低保制度等方面进行贯彻；在解决当地农村人口问题方面，各大中心城市对辖区农村人口的重视程度都在普遍加强，也逐渐得以改善。然而在中西部地区城镇发展进程中，如何来重视农村人口，如何把政府公共资源和公共服务向农村人口倾斜，这既需要政府有经济实力，又需要站在发展和阶段性的角度来看待，通过转移人口、发展非农产业和促进城镇化来实现政府公共资源和公共服务向农村人口倾斜。另一方面，已经在城市工作的农民工，恐怕是各级政府都要面对的一个不可忽视的问题。农民工给城镇创造了巨大财富，但是仅获得极低工资，也享受不到城市的任何福利保障，这种现象已经非常普遍。所以未来十年，二十年之内，当我们户籍制度改革不能真正进行的时候，当我们城乡差距不能从根本上解决的时候，农民工问题将是我们城市管理者要面对的一个不可逾越的障碍。所以在经济发展过程中，在城市经济增长中，真正贯彻“以人为本”，就是要把城镇弱势群体，特别是农民工问题，作为政府管理一个重点、难点，政府一定要拿出一定的财政支出来解决农民工问题。

（3）贯彻“以人为本”原则，要重视当地农民和居民的就业和生活条件改善问题。现在一些小城镇，特别是发达地区的小城镇，把整个发展和开发的希望，都寄托于外来的富人和大开发商。我去过东部沿海发达地区的一些小城镇调研，这些小城镇拥有很好的旅游资源。政府在进行城镇规划的时候，将他的旅游资源都规划给了星级饭店、房地产开发项目以及别墅开发项目等，实际上本镇人口在这些开发项目中没有任何收益。在这方面日本和韩国与我们有很大的差别，在日本和韩国很多旅游风景区，风景区中最好的部分都是由本地居民来经营，由本地居民来经营小规模的旅店、饭馆及各类各种服务性设施。本地人进行经营，政府对居民培训，这样做最重要的结果是形成符合本地发展特点、符合农村发展水平、符合乡土观念的旅游模式。这种旅游模式的一个最大的优点在于，每个当地居民都能从这种开发中受益，而且所创造的价值，一部分转化为地方政府税收，一部分直接转化为居民收入。通过这种开发模式，也切实解决了本地居民生活、就业等问题。可以设想一下，政府将这些资源给了开发商，开发商把大笔钱赚走了，而且肯定不会居住在这里，他们居住在大城市，外来人住在这里的房子，形成第二住宅，对这里财政收入和就业等没有任何贡献，本地居民仍然生活在原来贫困的状态中。现在很多小城镇政府官员没有看到这个现象带来的后果，也没有注意到这种发展模式会造成未来贫富差距越来越大的问题。当然这种开发模式是针对一部分发展水平比较高的地方来说。对中西部地区的一些旅游风景区，一些有潜在自然资源优势的地区，未来的发展模式是不是从这些方面进行考虑，如何使当地农民能更多的从本地资源优势中获得更多的收益，这应当是地方政府要考虑的一个很重要的发展目标。

只有当地方政府把本地人口从资源优势中获得收益作为一个重要目标来考虑的时候，才是真正贯彻“以人为本”的基本原则。所以从贯彻“以人为本”原则出发，它不仅仅体现在城市发展、城市建设以及城市景观形态上，而且从就业、投资等方面处处都可以体现。比如说，一条马路的修建，怎么来体现“以人为本”？我去过南方沿海发达地区一个镇调研，这个镇原来商业区道路15米宽，商业非常繁荣；然而城市规划把15米宽马路改成40米宽，这样沿街店铺要向后移，要后撤10多米。这样问题随之产生，拆迁成本谁来付？拆迁是否会影响商业发展？因为一旦路宽了以后，商业价值就会下降，毕竟商业发展需要一个相对密集地区。再比如说，道路修建，本来居民从这条街过到那边去，顶多五六米或者七八米，政府规划时一定要修十几米，还加两个绿化带，这样的规划在实践中如何落实？资金投入的来源有哪些？是否方便了居民生活？这些都是地方政府要考虑的问题。

## 六、落实“全面协调可持续”基本要求，实现小城镇可持续发展

一个小城镇的发展，它到底是可持续的，还是不可持续的，它是有利于长期发展的，还是受短期行为所局限，二十多年来小城镇发展付出的代价已经说明了很多问题。

### 1. 如何在小城镇发展中建立人和自然环境相互协调的关系

我们在20世纪90年代开展联合国开发计划署的试点工作中，安徽省有一个镇，我去调研过好多次，这个镇有丰富的石灰石资源，依托这一资源兴建了很多水泥厂，地方经济发展也很快，当时财政收入已经达到6000万。但是这个地方生态环境极其恶劣，整个路面、所有树上都布满灰尘，空气中也是弥漫着灰尘。在这种情况下，收入虽然增长，但是环境极其糟糕，人的健康受到严重威胁。在人和自然的关系上，人对公共卫生的态度上，我们和国际上有着明显的差别。现在我们理解一个城市

的发展，很多人觉得从城市是不是有高层建筑、是不是有特别好的绿化以及是不是有特别好的广场等方面进行判断；可是在国际上不是这么判断，在国际上判断一个城市发展水平，首要一件事情是看城市水的清洁度，因为这涉及人的健康。因为人均寿命在50岁、60岁到80岁上的差别是发展水平上本质的区别。如果仅有好的收入，但由于环境污染带来各种疾病，治病花费的钱可能会远超过收入所得。在人和自然的关系上，国际上有通行标准，其中最为关键的是生态环境，因为它直接威胁到人的公共安全。事实上公共安全可以用经济账来换算，也就是付出和投入差的比例。比如说，公共卫生防疫系统的建立可以避免和减少损失，辽宁省黑山禽流感事件导致了900多万只鸡被宰杀，损失合计超过人民币1亿元，如果建立卫生防疫队伍，一个人一年1万多，就能够将损失降到最低。人和自然关系是当经济发展到一定程度，人类知识水平提高到一定程度时所必须要面对的事情。到目前为止，中西部地区小城镇，甚至我们发达地区小城镇，都没有认真重视这种关系。这些年我们强调发展，强调增长，但是忽视了科学发展观中最重要的一个内容，那就是全面可持续。太湖水污染是一个教训，当然一两年之内可以解决。可是在广东省，东江和西江水污染已经到Ⅱ级程度，江水已经不能喝了，河里的鱼都死了，生态环境被破坏了，农业已经受到严重破坏，这种代价是非常惨重的。近年经常在一些报道中提到，一些村庄经济发展了，收入增长了，但是癌症患者一年比一年增加，这都是我们对自然环境不重视造成的沉重代价。所以实现全面可持续发展，要促进人与环境的协调，政府应该有所作为。政府作为在于建立科学规划；严格限制某些产业的进入；实施严格产业搬迁政策；加大财力、物力投入。

当然在发展和环境之间确实也面临矛盾，这个矛盾是什么呢？发展中要面临选择，如果过早注重这个问题，那么代价就是不能发展。近年来，中央提出节能减排政策，如果完全实现节能减排的话，中西部地区发展就会受到很大限制，将难以缩小与东部地区差距，但并不是没有解决问题的办法，这就是在进行产业选择的时候，在进行产业结构调整的时候，政府可以更多地促进服务业发展，更多地选择发展一些对环境污染较轻的产业，决不能以环境地严重破坏作为代价来换取发展。

**2. 实现全面可持续发展，促进城乡公共卫生环境的根本改善**

公共卫生环境改善是政府公共服务非常重要的一个项目。现在城市管理，重形象建设，轻城市维护。我们许多基层政府可以把几百万投资到一个形象工程上，却不会花几十万去促进城市清洁卫生。以东部发达地区一个小城镇为例，这个镇每年财政收入8亿，镇中心一条河的两边都是垃圾，镇区内有一座山，是一个非常好的风景线，许多城市拿钱都换不来的一座山，可是从山下往上走，满眼都是坟地，路两边都是垃圾。一个年财政收入8亿的小城镇，政府管理水平确实需要较大的改善。我在和当地政府官员交流时提到，清理垃圾并不需要多少钱，政府完全有能力把这件事情做好。政府雇几个农民工，一个月1000多块钱，一年几万块钱足够把环境卫生改善。沿着河道两边，政府应该花一点代价，去改造一下。可是很多政府并不愿意花这个钱，他们老盯在项目上，这确实需要转变管理观念。发达小城镇的公共卫生到了这种程度，就更不用说农村公共卫生环境，这也是我们小城镇政府官员需要反思的一个方面。现在无论在城市还是农村，好多地方的房子修得挺漂亮，但是公共卫生环境很糟糕，比如，厕所里面都非常脏。我们中国选择形象，而很多发达国家选择卫生，他们的城市并不一定多么漂亮，但是很干净。我们农民随地吐痰，满口脏话，穿一身西服也很不协调，这是我们对现代化的理解，现代化是骨头里的现代化，骨头里的文明。因此，改善公共卫生环境是政府管理的一个重要内容。政府管理水平的提高，很重要一点取决于政府对公共卫生环境改善的重视程度。

**3. 贯彻中央节能减排政策，促进我国农村经济长期可持续发展**

实际上，节能减排和保护耕地一样，都是目前我国所面临的一项长期国策。对大多数镇来讲并不缺耕地，但是如果全国每个镇耕地都在减少，粮食就成为一个大问题。节能减排也一样，节能减排并不是中国人提出的，国际上早已提出。最近报道，北极已经开始融化了，用不了几十年，北极将化成汪洋，看来这并不是危言耸听。所有的国家，无论是发达国家还是发展中国家，对中国提出了非常明确的节能减排的要求。目前是中国工业高速增长期，同时带来大量的能耗，大量的二氧化碳排放，二氧化碳一旦达到突变的阶段，会影响到全球的气候和环境变化，给人类带来灾难。在目前进行的有关国际谈判中，节能减排已经成为我国履行国际公约的一项重要义务。中央明确提出节能减排政策，不仅国有大中企业和大中城市要降低能耗，而且对中小企业也提出了明确要求。这个力度不亚于当年对环境污染治理关闭“十五小”的要求，这对小城镇影响是巨大的。我国的小城镇在未来制订长期发展目标中，一定要把节能减排放在突出重要的位置，作为一个重要的考核标准。小城镇在未来发展中，一定要促进产业结构不断升级，降低能耗；进一步重视农村清洁能源的生产和使用，促进我国农村经济长期可持续发展。在下一步开展的第二批全国小城镇发展改革试点中，我们也准备把节能减排作为重要的试点内容。

## 七、促进城乡统筹，实现小城镇的安定团结和社会和谐

城乡统筹是贯彻科学发展观的一个重要的任务。中国的城市政府既管城市又管农村，这是和国外城市政府最大的差别之一，小城镇也一样。所以理解小城镇的发展，千万不要理解为城镇镇区的发展，一定要把小城镇发展作为一个载体，推进和带动当地农村的发展。因此作为小城镇政府的负责人，在理解城乡统筹时，要把农村发展作为自己义不容辞的责任，而且也是政府管理中一个重中之重的工作内容。由于时间的关系，我只是把在小城镇发展的城乡统筹问题作为要点来提出。

（1）在促进小城镇发展的措施中，一定不能重城轻乡。要把一定的公共资源和上级分配的资源直接服务于农村和农业的基础设施建设，要重点促进农村农业的发展。

（2）城乡统筹的实现，要重视农民工问题和外来人口问题。农民工问题有居住环境的问题，拖欠工资问题，劳动安全保障问题，基本生活和卫生状况问题，子女教育问题，建立公共医疗卫生体系问题等，这些都是非常重要的内容。

（3）要转换政府职能，改善政府形象，切实解决农民生活和就业所面临的问题。要切切实实地把小城镇发展和农村的发展以及农民的发展结合在一起。要在小城镇政府管理的目标中，把促进农民的非农就业，

提高农民的人均收入水平，作为政府公共服务的主要内容。

## 八、深入贯彻落实科学发展观思想，指导小城镇改革和发展

以科学发展观为指导，来促进小城镇改革和发展，核心问题是以改革为手段，全面落实科学发展观。国家发改委在2004年颁布了第一批小城镇发展改革试点单位，是由小城镇发展中心来直接指导的，试点以来取得了积极的效果。2008年，我们和发改委有关司协调，准备开展第二批小城镇发展改革试点工作。本次发展改革试点工作主要包括以下内容：

（1）促进政府管理职能转换。按照“以人为本”原则，将政府管理职能向公共服务方向转换，完善各项公共服务措施。

（2）做好科学规划。规划变革势在必行。现在国内规划中的问题确实比较突出，大量的空间规划都是计划经济规划。计划经济规划不考虑资金来源，不考虑成本，不考虑市场因素，也不考虑政府职能，一拍脑袋就可以确定出未来人口规模，以及经济社会发展目标。实际上每项规划都应该与政府公共资源配置相挂钩，规划的落实也必须有相应政府公共资源作保障。以一个镇的人口规划为例，原来有3万人，现在规划到20万人，从3万人到20万人，如果要做成规划，问题就有很多，因为必须把这20万人的发展目标落实到空间规划上，这样基础设施、公共服务配备等方面必须按照20万人的规模进行配备，势必会增加政府负担，也会造成巨大浪费。比如，去年我去的一个城市，修了一条环城公路，双向六车道，有绿化带以及特别好的路灯，但几乎没有汽车。路的两边都是没有开发的农村，修建这样的公路就是一种严重的资源浪费，规划目标做得越大，意味着公共资源就要配备得越多，浪费也就越大。对一个镇的发展，应有一种科学又清醒的认识，在这个基础上，进行科学规划才有意义。通过科学规划，实现经济社会发展目标，这是我们改革试点的另一个重要内容。

（3）进行节能减排的试点。我们将与发改委有关司局合作，从全国选择一部分节能减排试点镇，通过一些政策，来促进小城镇产业结构调

整，发展清洁能源，降低能耗，减少污染排放。

（4）进行农民工的试点。主要是通过政府各项公共服务，改善农民工基本状况，这方面我们主要在发达地区实施。首先，在农民工相对集聚的地区建立机构，对农民工进行管理。现在我们政府的各种管理机构主要是按照户籍人口来建立，实际上现在在一些农民工集聚地区，有必要针对外来人口建立一个比较合理的管理队伍，比如说，派出所、居民街道委员会等。其次，改善农民工居住生活和公共服务状况，要落实财政的公共支出，改变财政资源只覆盖本地人的状况，使公共财政解决农民工社保、医疗、公共卫生、子女教育等问题。

（5）实施小城镇扶贫项目。以小城镇为载体，一方面实现人口转移，一方面加强农村公共服务，达到脱贫目的。

（6）实行土地置换。在保护耕地的基础上，通过土地置换，提高现有土地集约利用程度，这是我们第二期试点工作的一个方面。实行农村集体建设用地减少与城镇建设用地增加相挂钩，通过农村集体建设用地退宅还田，置换城市建设用地，解决农村居民的住房改善和城市发展用地问题。

以上所讲的内容，是我们结合学习十七大精神，并根据我们多年进行小城镇发展改革试点工作，谈到的一些体会，十分粗浅，有不当的地方，请与会的同志多提宝贵意见。

（2008年8月18日）

# 怎样才能发展充满活力的城镇

2008年4月15日，李铁等一行四人赴陕西省咸阳市武功镇就小城镇改革发展试点工作进行了实地调研。其间，调研组参观了武功县苏惠手织布合作社、南可村特色手织布及聂村“畜—菜—沼”三位一体生态农业的新农村建设项目和武功镇镇区等，并与地方有关负责同志进行座谈，听取了武功县和武功镇关于小城镇未来改革发展思路介绍，就小城镇改革发展试点工作问题交换了意见。李铁谈话要点如下。

我第一次来到关中农村，看了农村的建设后也非常高兴。过去我一直担心新农村建设到底是什么样的，是不是又在搞形象工程，是不是又把重点放在新居建设上，大拆大建，劳民伤财。特别是像你们这样一个省级贫困县，按照世界银行“一天一美元”的标准，这里也就是刚刚超过贫困线。这里新农村建设的发展还是超出我的想象，从“一村一品”还有整个环境的整治来看，我觉得抓的路子是非常好的。原来担心的新农村建设，是不是就是搞新居建设，我们看了后觉得农村的环境整洁，乡风文明确实搞得不错。目前全县只有3000万元财政收入却修了这么多路，说明在城乡统筹、支持农村发展上，县里是花了很大力气的。

## 一、要形成古镇旅游和工业发展“两条腿”走路布局

武功县位于西安市一小时交通圈范围内，未来可能成为西安市一个重要的工业扩散区域。从促进工业发展的角度来讲，武功虽然没有矿产资源，但它有一定的发展潜力。不仅仅有旅游文化资源的优势，也有经济发展的优势，关键在于怎么来判断这个优势和政府未来的工作思路。

在区域分布上大概会有两个选择，在县城这一块要不断聚集人气，还要继续加大投资力度，不是说对城市建设的投资力度，而是招商引资的投资力度，因为像这样的区域如果不加强非农产业的发展力度，不加大招商引资的力度是没有前途的，商业辐射能力是非常有限的。只有人口聚集了，只有大量的投资进来了，才能聚集这里的人气。目前，加快工业区建设的思路是对的，加大招商引资的力度，来促进工业的发展，带动工业就业人口的增加。没有工业人口的增加，没有工业投资的增加，农业的改善也是做不到的。因为，咸阳的辐射范围是肯定到不了武功的，武功人口到不了10万或者20万，对周围农村的辐射能力也是非常有限的。区域分布我们可以抓好两块，在县城这一块，重点还是要抓好经济增长和工业投资的力度；对武功镇重点是要从旅游发展的角度来带动古镇建设，充分利用好武功镇的历史文化积蕴和古迹。

## 二、武功镇如何搞好古镇旅游开发

### 1. 武功镇旅游发展要调整思路

在旅游业发展上，我们的思路现在还一直停留在古迹和文物上，应当调整一下，要放在如何突出本地优势，带动服务业发展的角度。我们对城市、景观、文化的认识都是孤立的，没有放在一个大的区域背景下去进行综合考虑设计，各种旅游资源的整合应当放在一个综合性的位置，一个区域性位置去考虑，咸阳考虑问题要站在西安的角度，武功要站在咸阳甚至是咸阳周边的角度，来看自己的旅游资源状况。西安周边有兵马俑、法门寺、华山、华清池、乾陵、骊山等等，对比下来，武功这个地方的古迹就显得有些微不足道了。要找出自己和别人不一样的地方，可以考虑一下发展古镇旅游，因为到目前，陕西还没有发展起古镇游，主要是以景点式旅游为主，旅客来了，看完就走。古镇旅游的好处是能够将人留下来消费，旅游尽量不要搞单一旅游，单一旅游的话，游客看完就走，不会对这个地方发展带动太多，因为他看完以后，到别的地方消费去了。一定要把游客留下来，让他们在本地消费，将旅游与吃、住、娱乐、休闲结合起来。旅游的发展一定要把吃、住、行综合起来进行考虑，有人喜欢自然景观，有人喜欢人文景观，但是总要有一个点坐下来吃饭，甚至还要住下来，古镇正好能够满足这个特点。古镇可以非常容易地发展成为一个综合性的场所，在这既有自然景观，又有历史文化景观，还能够满足消费需求，把消费和旅游结合在一起，可以在这里吃、住、玩。一旦这儿有人来旅游，形成旅游景观以后，附近的农业也就发展起来了，要在这吃饭，总得有人来种菜，还要养猪、鱼之类；另外还要有人卖东西吧，各种工艺品、纪念品之类的。另外，服务业的营业税也主要是归地方所有，能够保证地方税收的长期稳定。

**2. 发展古镇旅游，政府需要做好哪些工作**

首先，要做好规划，将我们这个地方的山、水以及各种人文景观和古镇发展结合起来。将一些自然景观塑造好，比如，河流、小山什么的。政府可以根据规划投入资金，把古镇稍微改一下，甚至可以考虑修一些恢复性建筑。第二，要在政策上面有所突破，调动民间市场力量参与到古镇建设和开发中去。农民要盖房子，政府可以在政策上实现一些突破，有钱的可以允许他们盖的大一点，现阶段政府不高收地价。但是农民必须按照政府规划的古建筑等方式去盖，这样可以给他批地，如果不按照政府规划的方式去盖，就要受到处罚。可以事前与农民、居民或者一些小商户等签好合同，要求盖成一些古建筑式之类的院落、门面等，搞一些农家乐、服务业经营等，只要一家搞起来了，示范带动效应就会发挥作用，不断会有一些农户效仿，这样一条街很快就带动起来了，古镇也就逐渐发展起来了。

古镇改造的动力源和资金来源要交给农民和居民，不要都留给政府，政府承担无限责任。从上级政府要那么一点钱，实际上政府自己还干不好。你看那些古镇，全是私人的房屋，大家协商好以后，公共区域如何来建设，街道的宽度多少，大家出钱出力把它修起来。现在，我们在城市发展和建设中，存在一个非常重要的问题，就是不注重民间的力量，主要就是“卖地—开发”，由一些开发商进行开发经营，再没其他的思路了。事实上，可以有很多种方式，干吗非要卖地开发？卖地开发的话，商业也发展不起来，本地居民从开发中获取的收益也非常少。为什么不让本地居民沿街开发，搞一条街，去卖店铺或出租门面，税收还是长期的，营业税还归地方，房地产开发税收是一次性的。与卖地开发不一样，这样的发展还能把人气带动起来。

## 三、武功县城市发展要注意的问题

### 1. 要正视城市发展水平较低的现实

现在武功县城人口仅5万，加上驻军和其他人口总共也就7万人，要达到对农村有较大的辐射带动作用，人口最少要达到10万甚至20万。目前看还有较大的差距。仅靠自然增长的话，10年也就能再增加1～2万人口。是靠城市规划面积的扩大来增加人口呢？还是靠招商引资来扩大人口？是以外来人口为主，还是以本地的农村人口向城市转移为主？这些需要我们认真地考虑，因为只有人口的增加，才能形成城市的集聚，带动各种要素的相对集中。如果不能很好的考虑以上问题，那么我们的投资、公共资源的配置就会出现很大的偏差。我注意了，目前，你们规划的20平方公里城市建成区面积是有问题的。因为20平方公里的投资是非常大的，在这方面失败的教训非常多，投资一旦形成，那么就不可更改。20平方公里支撑的人口是多少呢？那是20万。你们什么时候才能达到20万人口呢？这些人口从哪里来？需要的就业如何进行解决？需要的居住条件又是什么样的？在武功县现有发展水平下，如何解决城镇人口的增长？这些恐怕需要认真地调整一下思路。如果资源过多地浪费在新城区建设上，那么老城区问题就没有办法解决了。所以在做规划的时候，不能仅凭脑子想象去做，做大规划意味着成本的增加，增加的成本就要转移成为人口的居住和消费成本、投资成本及店铺的经营成本，会妨碍人口的集聚，不利于招商引资。

在武功县目前的发展阶段，一定要客观地分析一下，未来5年甚至10年内每年的人口增长和县城的规划面积对应的关系。如果路修得很宽，把规划公共基础设施建设摊子铺得很大，如果这些道路和设施没有用就是一种浪费。有些正在建设的公共基础设施，建成以后是不是能够负担得起日常运行成本。比如，像刚才我看的污水处理厂，实际上，在目前武功这个财政收入水平下，维持一个污水处理厂的运行是有一些难度的，仅靠收费能不能解决污水处理厂的运转？对居民和厂家会有什么影响？这些都是需要认真考虑的。所以我们的规划要和我们的发展水平相吻合，要和未来人口增长的幅度和速度相吻合。

现在中国城市中，除深圳外，超常规增长的城市几乎没有，基本上都是按常规增长的。无论县长、县委书记有多大本事，超常规增长是不可能的，历史是按照一定的发展规律来运行的。也就是过去人口增长多少，未来也不会有太大幅度的变化。尽管我们招商引资的力度会不断地加大，但是基本上不会有太大的变化。除非中央有一些大项目的摆布，像首钢搬迁到河北的曹妃甸，那是会发生特别大的变化，没有这种大的变化，人口结构是不会改变的。在这种情况下，在制订一个城市的发展规划时，就要动用现有的公共资源，包括从上级争取来的资源和本地的资源。如果用公共资源去解决扩张问题的话，那么当地老城区人口的收益就会受到影响，而且还会造成一些浪费，影响到人口集聚和招商引资。因此，在武功现阶段的发展中，不要片面地去追求所谓的大规划和大手笔，要着重解决与城镇居民切身利益密切相关的公共服务方面问题，提高居民生活质量，走低成本城镇化道路。

**2. 避免大手笔规划和建设给城市发展过程带来的浪费，走低成本城市发展道路**

服务业的发展对于中心城市来讲是非常重要的。但是对于武功来讲，一个仅仅7万人的县城，服务业到底还有多大的发展潜力，恐怕也需要认真考虑。所以要两条腿走路。在空间布局上要把武功镇的旅游和县城的工业发展有机的结合在一起。一定要走低成本的城镇发展思路，低成本的城市发展思路的代价可能在视觉上会受到影响，路也不会那么宽，绿化也不会那么好，但是低成本的发展思路是解决人的基本需求，同时又是人口集聚的一个非常有效的方法。很多地方长官希望在自己任期内，这个地方能够发生天翻地覆的变化，所以往往会片面地注重城市建设，而忽视城市服务业发展和城市功能的完善。城市发展的思路需要进行一些调整，来形成一种循序渐进的发展方式，带来人口的聚集，带来城市的活力，这是最重要的。现在有一些城市，摊子铺得很大，几十平方公里，但是人口很少，这样的城市是没有活力的。一个有活力的城市，虽然街道不是很宽，但是商业非常繁荣，人口兴旺，能够看到欣欣向荣的景象。在我国许多城市，大量的行政办公区搞得很好，但是老城区却非常破旧，到新区可以看到一种视觉形象，但是看不到活力。老城区虽然很破旧，但是活力就体现在那里。

如果武功县不能和咸阳市和西安市形成功能互补，发展肯定会出现问题。在这个过程中，加大招商引资和招商力度是非常必要的。如果发展不能解决老城区人口生活质量的改善，发展也不是有效的；如果发展不能为未来的发展奠定一个好的基础，那么发展也就存在问题。应该为未来奠定什么样的基础呢？就是人口聚集及城市化的基础，这恐怕需要我们调整思路，虽然大手笔的城市建设和城市规划能够带来短期视觉形象上的改变，但是从长期看势必会造成财政负担的加大。这是很多贫困县留给我们的一条深刻教训，也形成一系列的矛盾。所以我们在考虑发展的时候，将有限的公共资源在短期内在哪些公共服务方面进行配置，在未来的规划中，怎么来确定城镇人口的合理增长，只有把这些判断清楚，公共资源的投向才会有一个合理的选择。合理的人口增长带来城市规模的增大，才有可能带动农村地区的发展。所以现在有必要调整一下规划，因为你们做了一个非常大的规划，这是很难实施的，经济学上来讲，公共设施的投资是有效益的，叫规模效益。比如，我们刚才在城外走过的那条比较宽的路，我听介绍说已经修了好多年了，当然它也分流了一部分城市的交通，但是如果流量没有达到一定的规模，实际上会造成一些浪费。为什么不能把这钱投到城区的排水、污水治理上，让老百姓受益，促进更多的人口向城市聚集呢。

**3. 改革现行土地开发模式，为三产发展创造有效发展空间**

如何实现改革上的突破呢？在进行招商引资时，不一定要把所有的投资重点都给予大的企业、大的厂商。是不是可以将县城一些好的地段分割开来，给一些小零售商、小经营业主，为他们创造更丰富的空间。创造三产的发展空间，这恐怕也是我们要考虑的。这些年我们在复制东部发展规律的时候，更多的是去注重招商引资，而却在忽视另外一个问题，那就是城市商业的发展并不都是靠大企业发展来实现的，大多是依靠小商小贩来发展的，这点需要特别注意。要在土地政策上、在经营政策上给予他们更多的活力和空间，带动社会资本的更有效进入，为城市三产发展创造有利条件，发展充满活力的城市。

## 附：武功县的基本情况

武功县地处关中平原，毗邻国家杨凌农业高新技术产业示范区，东距西安70公里、咸阳国际机场50公里，西距宝鸡80公里。地理条件较为优越，辖区总面积397.8平方公里，人口42.1万，耕地面积42万亩。辖区内有千年古镇——武功镇。这里是农业始祖后稷教民稼穑之地，是汉名臣苏武故里及唐太宗李世民诞生地，历史文化资源丰富。相对来说，武功县经济发展稍显滞后，目前仍然是陕西省省级贫困县。2007年全县实现GDP30.2亿元，地方财政收入完成3030.8万元，农民人均纯收入仅为2950元。

（2008年4月）

# 遵循城镇发展规律，
# 实现大城市郊区小城镇的健康发展

2008年4月17日，李铁等一行四人赴西安市灞桥区新筑街道办就小城镇改革发展试点工作进行了实地调研。调研组参观了西安国际港务区、灞河治理工程、西航花园、骞村及新筑镇区等；并与地方有关负责同志进行座谈，听取了灞桥区和新筑街道关于小城镇改革发展试点工作思路的介绍，并就小城镇改革发展试点工作深入交换了意见，下面是李铁的讲话要点。

## 一、我国大城市郊区发展中存在的问题

这次来西安对试点小城镇调研，一路下来，从户县的草桥，到长安区的郭杜，再到灞桥的新筑，重要的感受之一是西安市推进城市发展和城区扩张的能力不能忽视。这充分说明了特大城市近郊区的小城镇，不可避免地要在城市迅速发展的进程中，发生天翻地覆的变化。可是我们也要注意到，在全国各地，无论是上海、北京还是广州，城乡结合部在城市化快速推进过程中，仍然存在着许多问题。

### 1. “城中村”、老城区改造、失地农民安置等问题非常突出

这些问题到目前还没有很好的解决办法，一些已经成为遗留的老大难问题，仍然困扰着当地政府。比如，北京市海淀区的玉渊潭乡，现在已经成为北京的中心城区的一部分，因为征地补偿等问题没有得到彻底解决，还经常出现上访事件。现在的政策安排，基本上的思路是解决所谓的身份转换、社会保障、失地补偿和就业培训。这些是不是能够满足农民的要求？是不是能够真正解决农民长期发展的问题呢？

现在许多大城市“城中村”问题仍然非常突出，虽然解决了公共用

地补偿问题，也给集体发展预留了土地，但是“城中村”还是成为城市建设的一个难点、一个角落，甚至成为了城市暗点，有的专家把“城中村”比喻为城市的贫民区。

**2. 在快速城市化过程中确实存在很多观念的误区**

这种观念的误区究竟体现在什么地方呢？看来与我们短暂和快速的城镇化历史有着直接的关系。我国的城镇化仅仅二三十年，发展最快的时期是近20年，这20年里，我国的城镇化水平从一下子提高了20多个百分点，从这一点上讲，我们可能完成了发达国家需要上百年才能发展的历史。在其他国家上百年城镇化进程中所出现的矛盾，在我们国家却集中在20年内出现了。因此，使我们对城市的认识，对城市发展观的理解，对城市发展规律的认识，在20年内得到迅速地消化确实很难。我们在城市管理、运用市场作用和解决产权问题等方面的经验都非常不足。我们城市的发展和建设上，更多地通过强势政府来解决发展中的一些问题，但是也带来一系列的矛盾，比如：上访、补偿和“城中村”等，给我们城市管理也带来了很多隐患。

近些年，我们对中国城市发展的研究中发现，发展的基本思路是，拆迁，卖土地，基础设施改造，新城开发。无论是大中小城市还是小城镇，绝大部分采取或者试图采取这种模式。由于开发过程中，考虑到成本，一直没有解决新城和旧城，开发区和“城中村”之间的关系。

看看我们城市基础设施建设如此之快，新城建设的步伐如此之快，一些高楼现代化建筑拔地而起，相对应的是一些老的村镇、老城区改造仍然非常缓慢，包括西安老城区改造也是非常缓慢的。造成这种现象到底是什么原因呢？为什么新城和旧城会有如此之大的反差呢？很多城市的负责人，都曾经信誓旦旦地说，一旦新城建成了之后，老城区的人就会向新城搬迁，到时候，老城的问题也就迎刃而解了。但是事实总是事与愿违的。

灞桥区及新筑的发展思路，目前也没有跳出我国城市发展的基本模式。虽然，一些开发尚没有实现，但是发展趋势已经很清楚。特别是现在的开发模式也是通过房地产开发，新区建设来带动。在这里这是“三园一区”，即生态园、工业园、物流园和金融商贸区。

## 二、新筑“三园一区”建设会不会带来城镇面貌的根本改变

### 1. 工业园、物流园目前对新筑城市发展的带动还是有限的

一般来说，工业区、物流区与城市自身功能区有一定的分割，城市的工业区特别是高技术的工业区，对本地经济发展只能通过补偿来实现，而且补偿也不见得能足够到位。工业区的地价，创造税收的分成和开发中的成本，对农民收入增长的带动能力不是最高的。主要是因为，工业区的出让地价较低，而对就业的知识能力要求较高。前者导致了低补偿，后者短期内对当地农民的就业并不会产生很大的影响。物流区存在的也是同样的问题，现在要进行基础设施建设，要进行招商引资，在5~10年内对新筑老镇区不会产生根本性的影响，只会在用地上带来一定的补偿。因为老镇区不在工业区和物流区范围之内，只能有耕地补偿，而很少有拆迁补偿。这种现象在全国也比较普遍。大型工业区建设对几个村庄的拆迁通过低补偿方式尚可，但是对于老城拆迁一般都回避。为什么呢？为了降低成本，因为涉及一个镇区上万人的拆迁和一个村庄的几百人的拆迁，从补偿上来讲，完全不可同日而语。这也意味着物流区、工业区和老镇区的发展实际上是两条路，也许开发区可以解决农民的就业，但不会对老城区面貌有改善。现在有些地方政府一提补偿往往就是收入补偿，但是只有居住环境，生活环境和就业环境的改善等等一系列整套环境的改善完成以后，才可以说真正地完成了城市化进程。当一个农民仅仅解决了就业，但是生活居住环境没有改善，享受不到城市化进程带来的好处时，收入增长又能意味着什么呢？

### 2. 生态园改造不会带来本地居民生活面貌的根本改变

生态园的改造为新筑发展做了一个较好的铺垫，对未来的房地产发展起到了一个特别好的推动作用。这么多年在生态上下的功夫确实起到了很好的积累。那么未来新筑的定位是以西安城区的移民为主呢？还是以本地居民居住生活条件的改善为主呢？从现在的发展思路上看，这里的定位应该还是西安市的一个移民副城区，因为对于本地居民来说，生态环境的改善所花费的如此巨额的投资，毕竟对于他们的生活和支付能力，还是很遥远的。因此，建造生态城的理念，无非就是打生态牌，开

发房地产的一个重要理由，目标当然是针对城区的移民。

移民城区的特点就是在房地产开发的过程中，要以房地产土地出让收益来补偿旧城和旧村。但是目前新筑每平方米2000～3000元的住房价格，还不足以支撑对旧村和旧城区的改造，这也是一个突出问题。目前北京在一些郊区的补偿价格也已经达到8000～10000元了，仍然难以承担对农民旧城改造的补偿。以目前新筑的房地产价格来说，还很难补偿农民的旧城改造。也就是说，即使现在塑造的生态带来了大量的移民，但是对本镇几万人口的居住和生活环境的改善有多大还很难说。

**3. 以视觉效果为重点的公共投资忽视了现阶段新筑所应遵循的城镇发展规律**

这些年，许多城市将公共投资放在环境视觉的改善上，新筑也不例外。新筑的生态园也是一个非常宽大、花园一样的绿化带。这确实满足了视觉上的功能。很多政府官员把生态理念作为城市发展的重要前提。事实上，我们忽略了城市发展在这个阶段，基础设施建设到底要解决什么问题。

城市发展的规律是循序渐进地改造过程，重点是要解决城市的功能问题，解决城市居民居住和人气问题，也就是解决城市的密集度和服务业发展的问题。居住不但要满足视觉和居住方面的功能，还要满足消费和生活以及就业等其他方面的功能。当我们把大量的投入花费在视觉方面上时，那么在这个发展阶段中一部分投入就不会产生更好的直接效益，对城市发展没有直接的效益。例如，很多地方在学习北京环路绿化带的经验，实际上有很多争议。现在搞绿化带，是不是把问题都想清楚了。因为绿化带建设需要大量的投入，这些投入很难发挥它应用的价值；同时还要占用大量的土地，也会带来失地农民问题，成为地方一块很大的负担。新筑在发展中是不是还要去复制这条道路呢？所以我想，在城市发展过程中，在新区开发中一定要注意成本，要算清楚投入的成本与收益问题。因为我们一开始就建立了一个高成本的城镇化道路，而这个高成本是以房地产开发为目标，完全忽略了城镇功能多元化的特点。在欧洲、美国、日本等发达国家和地区，房地产开发的动力并不是生态。房地产开发的动力是什么呢？是以道路、公共设施的投入来带动开发的。北京也有一些这方面的案例，一些小区随着基础设施建设后，比如，配套一个中学以后，房价大幅上涨。在日本，在房地产开发以前，一定要先把公共设施建起来。这样有两个目的：第一，建设公共基础设施是政府的责任，在所有的公共基础设施，像学校、邮局、医院全部建好后，才允许房地产开发。像我们这样先建生态，会造成城镇功能的单一化，最终形成一个卧城。北京现在已经对卧城很苦恼了。卧城带来的表面问题是交通，实际上是卧城功能的单一化，因为卧城的主要功能是居住。所以每天都要进城去上班，消费也要进城，导致交通拥挤。因此，我们在新城开发过程中一定要重视城市的多功能，不但要让人在这里居住，还要在这里工作，在这里消费。第二，在开发之前建设城市公共基础设施，成本比较低。因为在土地没有开发时，没有形成高地价的时候，土地价格是非常低的。在开发以后，政府再去进行基础设施配套，土地价格就会非常高。

现在新筑在发展中一定要特别注意，即使以后要形成移民城市，也要降低城市开发成本，现在有一个灞河就已经足够了。再继续去搞生态园，去占用大量的土地，当丧失城市的多元化功能以后，再去完善就非常困难了，这是我们应该从其他城市发展中吸取的教训。

## 三、如何来解决本地农村的发展问题

一般来说，现在农村发展的途径主要是就业和培训，发展中往往会忽视最重要的一种方式，那就是服务业的发展对农村的带动。现在“三园一区”中最缺什么呢？可能不缺居民迁入，也不缺企业的进入，物流基地有政府的强力支撑也没有问题。那会缺什么呢？这就是市场化的社会服务业。社会服务业的方式多种多样，但是我们的新城区，我在长安区的郭杜镇座谈时也曾经说过，白天看在视觉上一片现代化，晚上看一片漆黑。为什么呢？因为这里缺少商业，缺少人气，缺少社区服务，缺少社区的社会化服务、市场化服务。

城市给我们的概念应该是什么？琳琅满目、灯火通明，香港、台湾、曼哈顿等城市都是这样，大量的霓虹灯，过去我们的夜上海也是这样，这是城市的典型象征。为什么我们现在的城市到夜晚是空荡荡的？

因为缺乏商业气息。现在不少城市政府的开发思路都是大手笔开发，就是大的企业的进入、大的房地产的开发、大的物流业的进入、大型商场的进入。但是在整个城市发展的历史上，商业的主要形式是以个体经营为主的发展形势。现在，在我们城市发展过程中，没有为商业发展提供足够空间。过宽的道路，过大的广场，忽视了城市商业发展所需要的一个集聚空间，这在全国的城市是特别普遍的一个问题。你看西安老城区，它拥挤拥堵，但商业很发达。原因是什么呢？城市密集。在国外，一些发达国家的大城市，城市老城区也非常密集，道路根本没有我们的城市道路宽，商业却非常发达，原因在于只有密集才能带来服务业的规模效应。现在我们新筑的道路很多是双向六车道加绿化带，还有人行道。这样几条道路下来，就把所有商业消费的气氛给切割掉了。我们想一下，自己在逛商场的时候，是不是希望在越短的距离走越多商家越好呢？可是我们现在城市的建设、城市的规划只满足了两个功能：一是，城市的交通功能，实际上我们城市道路的交通利用得并不好；二是满足了视觉功能，所谓视觉功能就是看着好看，那么宽的马路，那么好的绿化带，但实际上是在浪费资源，把城市非常好的可发展空间浪费掉，浪费了大量的土地。

所以在城市发展过程中，既要解决新城区房地产开发中土地的合理利用，又要使城市功能多元化，不是单一化。不能仅仅是卧城化，或者交通功能化，或者视觉化，要增加城市的多重功能，更重要的是服务功能。这就要求我们在未来的城市规划中试着调整一下思路，使城市的道路相对更密集一点，因为这里毕竟是副城区，不是主城区。在巴黎、罗马等主城区道路也就仅仅二三十米，通过单行线来调整，有很多管理方式。现在我们只要一建新城区就是几十米宽的大马路、绿化带等，这既不符合城市发展的规律，也不利于城市服务业的发展，又浪费了大量的土地。因为所有的绿化、道路等都是要占用土地的。

## 四、如何解决老城区的发展

要解决老城区的发展，还要充分利用原有的旧城的功能。我们现在大量的城市，新城和旧城之间的功能是没有联系的。新城相对独立，旧城得不到及时地改造。我注意到，西安的旧城和新城之间的关系实际上是互补的。在新筑是不是可以实现互补呢？政府应当如何针对老镇区居民及原有农业人口进行合理的公共资源安排呢？是拆迁改造形成卧城，还是在现有的基础上进行改造？说拆迁改造容易，拆迁的土地占用成本要远远比占用耕地成本高，还会产生一大批社会矛盾，现在城市政府一般轻易不动这一块。我们一个小城镇，拆迁改造一个村庄还可以，需在几十年内全部改造也是很难完成的。拆迁带来的社会矛盾太大，会影响到我们地方长官的政绩，上访一票否决，得不偿失，所以都愿意回避矛盾。这就是为什么新城旧城同时存在，政府官员在建立政绩的同时，修建大的马路，吸引工厂投资，但决不会轻易去动老城区这块。

老城区怎么办？一种方式是拆迁，但是拆迁并不容易。另外什么集体预留地之类的方式，都不能从根本上解决问题。如何来做呢？一是尊重现实；二是尊重现有的产权形态。政府不一定急于改变现有的集体土地形态，政府完全可以给农民一个长期定心丸，就是稳定现有的集体土地的所有形态。

稳定农民的集体土地所有权，允许农民在自己的土地上按照自己的方式，按照规划的形态自己去建造。政府在城市改造中，基础设施可以修进去，让农民自己去改造这个城市。现在政府的普遍做法是，按照领导和有关部门对视觉的要求，限制农民自己改造。政府的领导和规划部门认为农民自己的改造会影响城镇的视觉形象。事实上，政府又没有能力去干，这样一拖就是几年甚至十几、二十几年。农民为了获得短期的土地和宅基地的财产收益，或者为了扩大房屋面积，将来与政府的拆迁政策谈判。也采取低成本的修建方式和经营方式，最终成为悬而未决的“城中村”问题。

“城中村”改造的思路，实际上是一个改革问题，特别重要的改革问题，对于我国未来城市发展的政策，有着十分重要的经验示范。政府主动回避产权矛盾，允许农民长期在这里居住和经营，明确告诉农民不再拆迁，同时也不改变集体产权形态，也不妨碍农民建新房，甚至鼓励农民自己建新房，鼓励农民要按照政府规划的要求，比如色彩、景观形态、建筑风格的面貌等，去改造自己的旧城区。政府可以给农民补贴，引导农民按照规划思路去建设自己的镇区。农民就可以利用自己的土地和住房进行居住形式和经营方式的改造。

这么一个大的工业区、居民区、物流区一定需要服务的，可不可以通过老城区来实现这些服务。如何解决这些问题呢？第一件事情是要把老城区的生活基础设施改善了。不要把大量的资源都投入到绿化、广场之类，老百姓对这实际上没有什么需求，而基础设施对他们来说则是直接受益者。

其次，是承诺永远不拆迁，不征用“城中村”的用地，允许农民建房，允许农民经营、出租他们的房子，获得资产性收益。农民建了房，如果经营不了，市场会自动产生需求的。只要其他商户知道这里不拆迁，就会有人要求从农民那里租赁店铺，兴办各种商业活动。商业氛围就会逐渐形成，各种小酒店、旅馆、零售业和其他服务业的功能就会被很多个体工商业主替代。因为在工业区、物流区就业的工人，在生态区居住的居民，他们也需要消费，需要不同类型的消费。在这里都会得到很好的补充。

所以说在城市发展过程中，有很多思路需要我们去考虑。但是重点是要“以人为本”，尊重城市的发展规律。世界上大部分发达国家城市发展的经历，城市商业的发展是建立在私有产权基础上的。店铺不是租的就是买的。在我国市场经济如此发达的今天，为什么“城中村”的改造一定要征为国有呢？城市服务业的所有制和经营规模的构成，也一定是既有个体零散的服务业，又有大型的商业机构，它们之间有不同的功能，是互补的关系。

在我们的城市发展中，要“以人为本”，要尊重城市的发展规律，要提高城市的密集度，要加强城市的商业服务功能，要发挥社会、民间和私人的力量，要在城市发展进程中允许农民在其资产中获得更稳定的收益，而不是仅仅通过就业和培训的方式来解决对农民的补偿。如果这些问题解决了，我们城市发展的思路就会拓宽，城市未来新区的功能会进一步完善，就会成为一个功能完整、丰满的城市。这关键在于我们能不能转换观念，更好地按照科学发展观的精神指导我们新城的发展。

## 附：新筑街道基本情况

新筑街道位于西安市东北，镇区总面积38.75平方公里，总人口5.1万。新筑是西安市第四次城市规划修编确定的城市副中心之一，毗邻西安经济技术开发区，与举办首届亚欧经济论坛的产灞国际会展中心相接。便利的区位条件为新筑发展创造了有利条件，2007年全镇创造GDP13.5亿元，财政收入2200万元，农民人均纯收入4859元。

（2008年4月）

# 顺势而为：城镇的规划和管理要有新思路

2007年2月9日至11日，我应杨汛桥镇人民政府之邀，前往调研。杨汛桥镇是浙江省绍兴县经济发达的工业小城镇，拥有经编机械、纺织印染、建筑、建材等等产业，有7家海外上市公司。地处绍兴县西北部，杭州市与绍兴市的中轴线上，紧邻杭州市萧山区，镇域面积37.85平方公里，辖12个行政村，9个居委会，目前总人口近8.2万人，其中户籍人口3.2万，外来务工人员近5万人。2005年完成生产总值52.37亿元，按户籍人口计算的人均GDP超过1.6万美元，农民人均纯收入8000余元，连续三年蝉联“浙江省最发达100名乡镇”之首。

经过调查，结合杨汛桥镇的实际，针对我国目前城镇规划和管理中存在的一些问题，提出了“顺势而为”的思路。

中国的城镇化进程正处于一个高速发展的时期，在过去多年的城镇化进程中，因为没有认识到城镇建设的自身规律，我们走了一些弯路，付出了一些代价。以小城镇为例，一些城镇盲目扩张，土地城镇化快于人口城镇化，导致失地农民大量增加；有些城镇的大拆大建不仅失去了许多镇的特色，也使政府背上了沉重的债务；许多政府投资的形象工程都远离居民的实际需求，政府提供的公共服务仅仅局限在已开发的国有土地上等等。如何解决这些问题，多年从事小城镇工作，我的体会是城镇的规划和管理过程中要遵循一些基本的规律，一定要尊重城镇现有的空间布局、城镇发展形态和产权格局，政府管理关键在于“因势利导，顺势而为”。

## 一、城镇管理要顺应现有的城镇发展格局，防止大拆大建

现在形成的城镇空间格局，是改革开放以来甚至更长时间城镇发展的实际结果，虽然看起来不那么漂亮，表面上显得零乱，有时候也会产生交通拥堵；但是这种现状有其存在的合理性。如果为了某一个原因或者理论上的假设，要拆迁成百户上千户的住宅，或者哪怕是几十户的住宅，都会造成意想不到的后果。一方面是经济补偿的原因，另一方面还有深层次的社会问题。即使是拆迁了、改造了，也一定会造成空间形态上的严重不和谐。现在看来，在杨汛桥的中心城区，就已经形成了严重的景观对立，而且已经没有改造的空间和容量。特别是在宏观政策对占用耕地进行严格控制的条件下，更没有可能去通过占地来改造城镇格局。在这样的情况下，顺势显得尤为重要。即在不改变大的格局前提下，通过细节的调整和改造，同样可以达到改变城镇面貌的目的。关键在于政府的执政思路的调整，也就是按照现有的格局把公共服务深入到城镇的每个细节，深入到所有的居民当中。

避免人为地营造大空间，也是量体裁衣，降低城市管理成本的需要。小城镇在规划城镇发展前景时，要充分考虑自身的财政能力。政府提供什么样的公共服务要受到自身的财力所制约。忽视了财力来制订规划，很可能规划难以落实。因此在发展思路上和规划上，切忌好大喜功，切忌盲目投入。在项目选择上，不仅仅要考虑到一次性的支出，还要顾及到未来的维护和管理的支出成本。很多城镇政府在使用政府的公共资源时大手大脚，路窄了就拆房子加宽，没有广场就征地修广场，而实际上可以花很小的代价就可以解决的，却一定要耗费巨大的投资和土地资源来建设，造成了城镇严重的债务负担。试想一下，拆房子修大马路来解决交通拥堵问题，对于一个十万人的小城市来说，要花几百万或上千万，而在路的两端各设置一个交通警察，一年的工资仅5万元，而且违章罚款还可以抵消一部分开支。算算经济账应该是政府管理的重要任务。

## 二、要顺应已经形成的城镇空间形态，注重细节地塑造，避免营造人为的大空间

城镇的发展有其固有的格局和趋势，在平面上发展的态势也遵循着一定的规律。我们认识城镇的时间很短，往往通过大拆大建来塑造一个城市，结果劳民伤财，在城镇的形态上也造成了不伦不类。

在城镇发展进程中，很多人理解城镇的楼要高，马路要宽，广场要大，公园要新。其实这是对城镇的误解。一个人口在10万人左右的城市，城市形态管理最重要的特点是要低和小。在发达国家，十几万人甚至是几十万人的城市，看不到高楼大厦，看不到豪华的广场和公园，城市内看不到宽宽的马路，而能看到的是商业繁荣的场面，旅游购物和参观的人熙熙攘攘。城市的楼房大多在两到三层，一层的店铺也比比皆是。城镇的中心部分格局紧凑，住房高低错落，城镇的每一个细节都像花园或者微型广场，街道整洁干净，排水和垃圾清理设施齐全。我们现在看到的杨汛桥其实已经具备了这样的基础，关键是我们政府管理中没有从旧城的改造或者塑造入手，而是一直忙于建新。结果是很多的投入都得不偿失，老百姓也很难受益。所以，我们的城镇管理一定要尊重现有的城镇发展形态，通过对既有形态的重新塑造，让这个旧城新生，使居民的生活环境得到改善，应该是我们政府未来的工作重点。当政府把基础设施的建设对准每一个城镇居民，当公共服务的水平完善到所有的城镇居民时，城镇的发展也就上升到了新的水准。到了这个时候，我们可以发现，城镇在顺应原有形态、建筑风格的同时，历史、自身的特色和文化魅力也都保留了下来。

顺势而为思路，充分尊重了城镇居民的实际需求。城镇发展的目标是满足领导的视觉问题，还是要解决城镇居民的实际需求，应该是检验城镇管理的试金石。因此，在城镇发展思路和规划中，要把老百姓生活状况的改善放在首要的位置。如果政府花了很多钱去修广场和大马路，而老百姓身边仍然是污水横流，垃圾成堆，那说明我们的工作思路需要认真调整。如果花大力气去搞所谓的新城区建设，不惜拆迁大批老百姓的房屋，耗费经济和社会成本不说，也严重地伤害了城镇居民的感情。

杨汛桥发展到今天，已经取得了很大的成绩，但是城镇居民的生活环境并没有得到真正地改善，可以说，在这一方面还需要下大工夫，花大思路，搞大投入。

## 三、政府推进城镇化，一定要尊重原农村集体经济组织和原农民的土地产权和财产利益，顺势而为，在延伸公共服务上下工夫

小城镇发展过程中，应通过城镇规划，将政府的公共服务延伸到已经城镇化的集体用地部分，而不是急于改变土地所有的权属关系。在城镇化进程中应该允许两种土地所有权在城镇规划区内并存。对于已经完成城镇化进程的农民身份，户籍的改变仅仅是形式，关键在于政府是否向他们提供完善的城镇公共服务。

过去我们认为城镇化意味着农村土地变为国有，农村居民转变为城镇居民的身份，现在是不是应该变换一下思维方式？原来的城乡土地所有形式和城乡居民的户籍身份标志着中国实行城乡分割管理的一段历史，虽然这段历史到目前为止仍在影响着我们的城镇化进程，但是面临着城镇化发展的新形势，我们不能把思维方式限制在过去的历史当中。杨汛桥的发展非常能够说明问题。因为从国有建设用地和集体建设用地的构成上，从农民的身份上，杨汛桥的城镇化率还有很大的增长空间。可是从现实上看，杨汛桥的城镇化率已经超过了90%。因为，绝大部分城乡建设用地已经连成一片，90%以上的农民已经从事非农产业。我们之所以还认为城镇化率没有达到很高的水平，原因在于城镇的规划没有向已经和城镇连片的集体建设用地延伸，城镇的公共服务设施还没有完全覆盖农村集体建设用地的范畴，原农村居民还是生活在农村集体经济组织的社区内。农民社区的基础设施改善，仍主要由农村集体经济组织负责。农民的户籍还没有发生变更。按照现在的方式，那就要按部就班地征地，改革户籍制度，要进行审批，还要大量的征地和拆迁，还要有巨大的财力来补偿。可是征地农民不会情愿，财政也没有足够的资金，侵犯农民利益的事情，也不被中央政策所认可。我们也知道，历史遗留问

题，也在让政府花很大的力气去阻止农民上访。为什么我们不能从现实出发去考虑问题？一个城市里就不能有两种所有制的建设用地吗？为什么政府不能主动地把规划和基础设施向集体建设用地的范畴延伸？如果我们把公共服务主动地修到了农民的家门口，农民还会上访吗？我想他们应该更加拥护政府的政策。当基础设施覆盖了全镇已经城镇化的居民之后，城镇的服务业也就会自动地生成新的就业空间，服务业的规模效益就会进一步发生作用。这是一石多鸟的效果，只要我们转变观念。

（2007年4月）

# 小城镇的规划要尊重科学，要以人为本

河北某镇是1995年国务院十一个有关部委颁发的第一批综合改革试点小城镇，改革试点十多年来，该镇经济迅速发展，人口规模不断扩大。2006年该镇实现社会总产值208亿元，财政收入4.78亿元，是试点之初的近8倍，人口增长近5万，全镇人口已达15万。目前全镇拥有各类企业5400余家，城镇建成区面积22平方公里。在经济发展取得显著成果的同时，该镇在发展中也存在一些问题，其中城镇管理和规划盲目求大是其中最为突出的问题，这也是目前我国小城镇发展中所遇到的普遍问题。李铁同志于2007年11月份对这个镇进行了调研，并就该镇的规划问题谈了自己的观点。

我第一次来这里是1994年，之后，1995年又陪同世界银行考察团和北京的一些驻外使节来参观过。从当时的情况看，这里用地面积就已经严重超标，而且城镇建设铺摊子的现象也比较严重。参观时，印象最为深刻的是，沿着镇里修的大马路，一直是安排最好的景点、企业，当然现在已经落后了，还有好的学校和家庭，等等。转眼间，13年过去了，今天是第三次来到这里，匆匆忙忙把全镇基本状况看了一下，变化很多。通过介绍也了解了目前城镇总体规划状况，按照上海同济规划设计研究院所做的这个规划，到2020年人口规模将达36.5万人，规划区面积达到53.57平方公里。一路走来，我看到镇区路网建设，已经按照这个规划开始实施了。但是我认为这个规划有着严重的缺陷，下面主要就这个规划，谈一下自己的看法。

## 一、该镇规划是否可行

### 1. 36万人的人口规模根本难以达到

13年以前，记得当时城镇人口11万人左右，各类建设用地面积在20平方公里。从本镇发展历程来看，过去的十年无疑是发展最快的十年，工业迅速发展，企业数量和规模不断壮大，然而就是在这种迅速发展的背景下，人口才达到15万人，各类建设用地面积22平方公里，年均增长仅3000多人，用地数量仅增加了2平方公里。而按照同济规划院所做的这个规划，到2020年人口要达到36万，也就是说，还要在现有的基础上增加21万人口，要求每年人口的增长量达到1.6万人，相当于过去13年平均增长水平的5.3倍，在什么样的情况下，才可以达到这样的人口增长速度和水平？除非有国家的特殊移民政策或者特大型企业的开发，按照常规的增长，也不过再增长4万多人而已，全镇人口最多也就20万多一点，怎么可能实现36万人的增长目标呢？根本就无法实现。可是，规划就这样做出来了。

### 2. 53平方公里的规划面积更是无法实现

当前中央有关严格禁止滥占耕地的政策，从严查各类开发区，目前中央三令五申强调到2020年确保18亿亩耕地保有量的底线不能动摇。特别是目前在实行宏观调控政策中，中央更是将土地作为一种宏观调控手段。耕地占用指标的分配仍然实行严格的计划。你们应该了解到，或者规划人员也应该知道，用地指标的分配到镇里已经所剩无几。小城镇获得土地指标的难度非常大，按照正常来说一个镇每年的土地指标最多也不过100亩左右。按照现行规划，在未来13年内，城镇建成区面积增加近47000多亩，在目前这种宏观政策条件下，从哪里获得这么多用地指标？这是一个约束条件。

从过去用地的增长速度上看，也不支持这种规划目标的实现。因为过去13年只增加了2平方公里的建设用地，未来13年怎么可能增加32平方公里的建设用地面积呢？

## 二、城镇规划盲目求大所带来的问题

现在很多地方政府都喜欢把规划做大，人口做多。也许是以为只要规划做大了，占地也就可以增加了，政府可以通过规划扩张拿到更多的土地收益。其实并没有认真考虑到，规划做大了，并不见得对地方经济社会发展有任何好处。

### 1. 规划做大会增加政府基础设施和公共服务供给成本

就拿该镇现在这个规划来说，如果是按照20万人口和20多平方公里的面积来做规划，所有基础设施的供给就限制在现有的规划范畴之内，政府的基础设施投资的基本范围也在20平方公里之内。可是如果按照50平方公里做规划，意味着开发预期更大，基础设施的战线就过长，成本就过高。我们现在看到路网建设已经按照大规划的思路开始实施，可是道路建设仅仅是基础设施的一个项目，还要涉及供水、排水、电力、通讯以及天然气管网等，有些是需要政府投入的，有些是市场投入的，这里不仅要加大政府投入的成本，也要加大市场投入的成本，最后平摊到税费上，可能是这里居住的居民承担不起的成本。

如果你的人口没有达到规划预期的标准，甚至差很多，原来规划的人均基础设施服务的成本就大幅度提高。受益人口的减少，使得支撑基础设施服务成本的基本人群大幅减少，直接导致持续建设和维护能力的缺失。很多地方政府官员，都热衷于建设，而忽视未来的管理和维护。基础设施建好了，没有维护能力是更可怕的事情。更为关键的是，这些基础设施投资所带来的巨大浪费。所谓浪费意味着在这里居住的居民没有享受到基础设施带来的收益，或者说如此之大的投资，并没有发挥应有的社会效益。正是因为如此，我们要深刻反思大规划给我们带来的后果。

### 2. 规划过大，忽视了“以人为本”

我们在参观中也注意到了老城区的状况，面貌的变化并不大，而且许多老城区的城中村还是维持在原来的形态。基础设施的建设，并没有使这些城中村的居民享受到更多的服务。街道是老样子，给排水管道还没有全部贯通，公共电视网络还没有覆盖到这些地方。而旁边新建的零落的高楼大厦，主要是出售给企业家和外来有能力购买住房的人。我们注意到许多小城镇甚至是一些城市，在进行开发的过程中，总是希望外来的富有阶层到这里居住，而忽视了本地人就业和生活条件的改善。所以看到的大规划中，平地而起的政府办公楼和一些十分分散零落的商品房小区，相对应的是旧城区的改造没有资金能力和得不到应有的重视。

当这边扩张型的基础设施投资已经耗费在盲目贪大的规划上，老城区的改造更会由于资金的短缺遥遥无期。城镇规模的盲目扩大，使政府有限的公共资源主要用于城镇新增区域的建设，在这个镇也存在这种现象。在老城区的城中村和原来的商业区，还存在着道路改造、给排水、公共环境卫生、有线电视等通讯设施问题，亟须解决。大量的城镇人口基本都居住在这里，而这些都是事关广大人民群众切身利益的根本问题，从“以人为本”的角度看，盲目追求城区的扩张，确实忽视了居民和农民的利益所在。

**3. 规划面积过大也不利于服务业的发展**

虽然经济发展取得了显著的效果，但是该镇第三产业在现阶段还处于发展起步阶段，需要的是城镇基础设施的支持。可是城镇区域布局过于分散，服务业发展很难形成规模效益。特别是为工业和居民居住形成配套的餐饮、零售、修理以及其他各类传统服务业，要求相对密集的城镇住宅区，以便减少服务成本，增加消费的规模人群。城镇密集区形成后，人口集聚能够自发产生对服务业的需求。然而由于城镇盲目扩大规模，难以形成城镇密集区，人口居住分散、修建超宽的马路也增加了消费半径，限制了服务业的发展。

可能在一些小城镇甚至一些大中城市的管理者中，还没有认识到，城镇人口居住的密集程度和服务业发展的对应关系。改革开放以来，许多城镇的发展都采取了铺摊子、盲目扩张的做法。其实最直接的结果，就会导致第三产业失去了赖以发展和扩展的人口密集的生存空间。可能这个问题是规划工作者，特别是城镇管理者需要反思的一个重要问题。在发展到一定阶段后，如何通过规划来调整产业结构，促进服务业的发展，使城镇的发展通过服务业来提升层次。

#### 4. 规划空间过大不利于未来基础设施维护和管理的市场化进程

在大多数市场经济国家，有收益的基础设施是靠市场机制来建设、管理和运行的。简而言之，就是投资者通过中长期贷款来建设，然后依赖于合理的收费解决还贷和维护的费用，而且还可以有一定的盈余。对于投资者来说，首先是要降低投资的成本，那就要求单位空间的投资所覆盖的人口越多，效益也就越好。空间小，投资成本低，人口多，可以实现规模效益。一个规划如果超出人口增长的实际情况，一定会带来负面效应，就是基础设施成本的提高和覆盖人口的面积过少。因此会影响到未来成本的回收和维护、运行成本的补偿。许多行政管理者很少考虑到投入所造成的预期效果，也就是说不考虑未来如何运行和管理的费用。从这个意义上说，规划很可能就是失败的。仅就你们而言，很可能许多投入由上级政府或者土地出让金来解决，可是未来摊子铺大了，上级资金短缺了，土地控制得更加严格了，那么维护成本、管理成本由谁来支付。如果经营不下去，把基础设施卖掉，可是由于人口密集度太低，哪个企业家敢于接手呢？

## 三、几点想法

#### 1. 造成小城镇扩张性规划的原因

这其中有体制的问题，有规划思路上的问题，也有地方政府管理者在发展认识上的一些偏差。

（1）在体制上的原因很多。行政管理体制下的政绩观就是一个重要因素。希望城镇规模越大，城镇升级的可能性就越高。还有就是上级对于追求GDP和工业投资增长的压力，指标压力是无奈之举。可能财政上的压力也是一个十分重要的因素，因为工业企业的增值税大部分上缴，地方的留成部分不足以改善现有的公共服务形成的支出压力，不得不依赖于土地出让金收益，规划做大了，可出让的土地就多了，土地出让金就可以转化为政府的公共投入。

（2）在规划思路上存在的问题比较普遍。主要表现在以下几个方面。一是利益导向，规划面积越大，收费越高，而且规划单位和地方政府的思路高度重合。二是专业知识的不足。我国规划重技术、重工程，轻经济、轻社会，是比较普遍的现象。特别是在计划经济的影响下，习惯于在一张白纸上画画，忽视了已经形成多年的城镇形态和人口分布的格局。三是不考虑政府的能力和市场的分工，从万能政府的角度去制订所谓的产业规划和空间规划，实际上根本不了解产业主体和投资主体的随机性特点。四是短期行为的影响较重，不重视规划的实际效果。最后就是不注重公共服务的目标，也就是没有真正体现以人为本。

（3）对城镇发展的认识不足。我国城镇化进程的起步较晚，速度却很快。在短短的二三十年间，完成了在市场经济国家需要上百年才有可能达到的城镇化水平。特别是在农村乡镇企业集聚之后迅速发展的小城镇，没有什么成功的经验可以借鉴。工业企业的发展、集中和城镇面貌改善的压力几乎同时并存。可参照的城镇类型，基本是当时的大中城市和国外的城市的形态。急于发展和急功近利，导致了过多地追逐城镇的表象。形象工程的一部分原因就在于一些小城镇政府过多地注重城镇面貌的变化，甚至不惜大拆大建，甚至危害到农民和居民的利益。

**2. 城镇规划是有成本的，不仅包括经济成本还有社会成本**

当前城镇规划过程中往往不考虑城镇的成本承受能力，缺乏对经济成本和社会成本的核算，而仅仅注重建设和布局。城镇规划的经济成本不但包括建设成本，而且还有后期的维护成本。如果在规划中不考虑产业发展问题，那么未来的维护成本可能会成为城镇政府的一项重要的负担，也在考验着未来城镇管理者的管理能力。而且今天这种大规模的城镇建设也会造成大量政府公共资源浪费，宽广而空旷的马路两边的新规划工业园区，圈占耕地在晒太阳的事情已经屡见不鲜。规划还有社会成本，城镇建设要征用土地，就会产生失地农民，成为影响社会和谐的一个潜在不稳定因素。另外城镇建设要增加政府的支出，与城镇新区建设相对应的是城镇老城区居民还有许多根本性问题需要解决。因此，在城镇规划中一定要考虑城镇规划的各项成本，不考虑成本的规划是难以执行的。

**3. 如何认识城镇的发展**

城镇发展的含义是什么？可能是值得我们认真讨论的一个问题。城镇是不是规模越大、人口越多就越好？可能这不是应该由政府来决定的事情。首先应该认清城镇规模多样化的现实，城镇有大小之分，并不是所有的城镇都是越大越好。关键在于这里居民的生活是不是得到了真正的改善，至于大小，那是由市场来决定的。其次，城镇的发展重点在于谁是受益人口，城镇居民的就业和生活的基本需求是否得到了满足。如果城镇规模很大，但是污染问题十分严重，社会治安比较混乱，那我们可以认为这个城镇的发展并不和谐。再次，作为一个城镇政府，城镇的管理者如何来认识城镇的发展尤为重要，因为重要的公共资源都掌握在政府手中。如果我们把大量的资源用于公务员工作状况的改善，大量修建高档办公楼，可能城镇发展就会出现偏差。如果城镇政府的执政目标仍然是追求GDP 的增长，盲目地招商引资，带来了环境和治安的代价，并引发诸多的社会矛盾，我想这也不是一个好的城镇发展观。

中央提出的科学发展观，建立和谐社会，以人为本，都从社会大众的根本需求出发，讲出了发展和执政的深邃的道理，如何按照中央的精神，来贯彻新的执政理念和发展理念，可能是需要我们认真思考的事情。

（2007年10月）

# 关于“城中村”规划和改造的思考

陕西省郭杜镇是“全国综合改革试点小城镇”和全国仅有十个之一的“联合国开发计划署可持续发展试点小城镇”。多年来，随着区域经济社会的快速发展，以及大学城的落成和学生入驻，该镇的经济社会超常发展，常住人口也大量增加。发展中面临着一些诸如硬件建设超前，而服务设施相对落后的问题；城市快速发展所形成的“城中村”的改造过程中，如何处理好农民的合理合法权益、就业以及收入增长的问题等等。李铁同志到郭杜镇考察调研，针对该镇的实际情况，结合国内外小城镇发展经济，对上述问题做了探索性的思考和回答。

五六年前，小城镇中心帮助郭杜镇做经济社会发展规划，那是我第一次来到郭杜镇，研究西安城郊大学城的发展和农村小城镇的关系问题。当时脑子里的印象，郭杜还是属于尚待开发的阶段。这次来了，感觉到翻天覆地的变化，一个新型大学城拔地而起，一个基本上完全现代化的城市几乎覆盖了原有城镇80%的空间。这不仅仅改变了我对郭杜镇的看法，也改变了我对西安城镇化发展速度的看法，更改变了我对西北地区发展的看法。我受到了强烈的震撼。

在留下如此良好的印象之余，我也感觉到，郭杜的未来规划，应该避免再走国内一些“城中村”规划和建设中出现的问题。一是城市建设和开发模式过于注重视觉效应；二是土地和资源利用效率尚有大的提升空间；三是旧镇区的改造压力巨大，和新城形成了鲜明的对比；四是新城区缺少了一些商业繁荣的景象，人气不足等问题。

前边列举的问题都是城市开发者和管理者需要认真思考的问题。可是在已经成为既成事实的时候，你再多说对于当地的管理者还有什么用处呢。如果你去批判他们对于土地资源的浪费，批判他们大搞景观和政绩工程，他们即使接受了批评，也不能进行任何改进的，因为所有的投资都转化成了现实，总不能拆了造成更大的浪费吧。

结合上述国内城市普遍存在的问题，我们在参观结束后，就新城发展面临的一些迫切需要解决的问题进行了座谈。

## 一、郭杜小城镇建设面临的新问题

**1. 大力发展符合当地需求的商业**

郭杜这里有很好的自然环境，还有庞大的消费人口，有需求。现在这里有将近8万大学生。现在这里需求和供给没有对接，这肯定是供给方出现了问题。因为这8万大学生一定是有需求的。目前这8万学生待在学校里，只能吃食堂，享受学校可能提供的服务，没有其他的选择。要想生活的更为丰富多彩，只能进城去。学生的消费需求是非常大的，要改善生活呀，要同学聚会，要有一定的夜生活。

这么多大学生，他们需要社会服务，而这些社会服务不一定需要政府来提供。因此要求政府引导市场化民间化服务的进入，这样才有利于大学生所需求的社会服务得到满足。

**2. 商业发展了，也可以解决地方税收来源**

当有特色、以民间经营为主体的服务业进入这个现代化新城的时候，能够带来长期的营业税收入，也是解决新城管理者财源的最好出处。全国许多开发区，把楼盖好了，道路也修好了，但是一些公共基础设施的维护要由政府来负担，这只能从土地出让金中负担，但是土地出让金是一次性的收入，如果花完了，未来的税收依靠什么，这是政府管理者必须考虑的问题。在郭杜，工业税收大多被上级政府拿走，大学又没有什么税收，那未来公共设施的维护费用怎么办，所以必须靠商业发展。在郭杜的老城区，可以调动农民的积极性，发展低成本以零售和门面经营为主的各种小型服务业；在新城区，可以通过招商引资引进大型商业企业，多功能的商业服务项目。这样可以满足本地居民的多层次消费需求，对白领有大型商业场所，对大学生有老城区商业区来满足他们低价格的消费需求，这样整体的商业气氛就能相对活跃。

**3. 拆迁不是老城区改造的最有效方式**

郭杜已经出现了“城中村”，长期发展下去，势必要走北京、上海、广州那些大城市“城中村”的老路。“城中村”的形成，主要在于没有一个稳定的政策支持，是政府和农民博弈的产物。今天来一个领导要拆，明天来一个领导又要拆，农民又不断上访不要拆，这样僵持下去，最终就形成了现在的“城中村”。现在城市在改造中总是希望开发商进入，通过拆迁进行改造？难道不拆迁，城市就不能改造了吗？不用拆迁，农村难道就不能成为城市了吗？这是值得深思的一个重要问题。

事实上拆迁改造并不是一种有效的方式，因为拆迁不但会带来一些社会问题，而且拆迁以后农民的就业还需要政府解决。农民住在城镇的中心区，为什么不能让他们借助自己的力量发展成为小商业区呢？香港、东京、台湾传统的商业区，就是在民房的基础上发展起来的，房子还是那些房子，用途变成了商业用途，也就成了商业区。

城市的发展需要一些大的服务项目，像综合性超市、商场之类，但是另外一些服务也是无法替代的。任何一个城市都既有大的超市、商场等，同时又有一些传统的商业街，比如北京的大栅栏，现在仍然是传统的商业街，这里有一些很有特点的门面、小吃等。城市既要有高档消费的场所，还要有满足大众消费需求的地点。比如像大学生，他的需求可能就是要一碗面，吃饱就可以，他可能还需要一些满足朋友之间聚会的小饭馆、咖啡厅等等。但是大多数当地人可能没有能力经营服务业，不过他可以将这些房屋租给一些有能力来开展这些服务的人，让一些有能力的人来搞一些酒吧、咖啡厅、服装店、小饭馆之类的。一旦有人来了，做好了第一家，示范效应是非常大的，很快这个地方的服务业就发展起来了。

比如，北京什刹海以前也就是像公园一样，晚上十点以后，漆黑一片。非典期间有人在这里开了第一家酒吧，那时候人没事，就去泡酒吧。加上在后海旁边，空气好，不会传染，生意非常好。逐渐更多的酒吧在这接连开业，生意也都非常好。据统计，在这里几乎没有原居民开的酒吧，原居民都拿着租金到外面买房子住去了，他们把房子租出去了，让各种有能力的人进入，整个什刹海的面貌就发生了根本的变化。一个原来仅具有观赏价值的公园，变成了北京著名的夜生活的餐饮和消费区域。

问题的关键在于，为什么发生了这样的变化，当然有偶然因素，但是我们一定不能忽视强大的市场力量的功能。在郭杜的“城中村”，是不是也可以允许农民运用自己的方式，借助于自己的住房来完成这样的转变，而不要以“城中村”的眼光去看待他，继续把他们作为拆迁的对象，继续地以视觉冲击的目标来要求他们。这需要政府和管理者站在新的城市发展观下考虑问题。

**4. 改造“城中村”，要允许农民在自己的住房和宅基地上获得资产性收益**

农民要从城市开发中受益。传统的观点就是解决就业，给予征地补偿和社保，再加上就业培训等，这使得农民总是在被动的状态接受政府的赐予或者安排。实际上，农民在城市开发中获得收益最大的应该是资产性收益，就是从住宅和宅基地的使用和租赁上获得最大的收益。我们现在对农民的住房的认识还是停留在一个简单的居住功能。实际上，在广州、深圳的城镇化进程中，农民住宅的功能早就发生了变化。在一个政策不稳定的预期下，农民通过提高楼层面积，加盖出租空间，用于农民工和外来人口居住，已经形成了自己的资产性收益。政策上不允许农民加高楼层，结果农民自己盖成了握手楼，这样就在拆迁和反拆迁的利益博弈中，“城中村”虽然顽强地保留了下来，但是档次严重地降低，也成为城市视觉景观的一个巨大的反差。

**5. 农民自己改造“城中村”不会破坏城市景观，而且能够增加城市景观的魅力**

很多规划专家认为，农民的房子会破坏城市景观，这是反对“城中村”存在的理由。但是这是在没有对“城中村”形成原因进行深刻分析的结果。实际上，正是由于政策不稳定和农民长期存在着被拆迁的心理，导致农民不敢在“城中村”的住房进行长期投资。即使投资也是为了扩张住宅面积，增加拆迁谈判的砝码，或者出租给外来工，形成短期性的资产性收益。

纵观城市发展史，绝大部分国家的城市建筑都是由私人来承担的。例如罗马、巴黎等，没有人认为这些私人建筑影响了城市景观，反而增加了城市建筑的魅力。即使在欧洲的小城镇，建筑色彩的文化历史感浓重的特点，也是建筑形态个性化鲜明的特点。

在中国的传统古镇，之所以保留如此完整的传统建筑，形成了古镇景观，也全部是私人建筑，那时候我们不能说这些建筑的所有者都是城里人。这些建筑也都体现了鲜明的地域文化特点和个人审美情趣。

中国的千城一面是如何形成的，很多人没有研究，最大的特点就是政府引导性的开发。大规模的开发模式，使大部分建筑都体现出政府的色彩和商业利益；农村的建筑则是地权平均主义下的产物；再加上各种政府管理部门的关于建筑许可的限制，也就形成了我们现有的小城镇和“城中村”的建筑景观。

因此，我相信，只要给予农民在“城中村”地权的长期预期，允许他们自己进行改造，并在自己的住宅和宅基地上获得资产性收益，“城中村”的发展一定会成为新城城市景观极具特色的亮点。

## 二、“城中村”改造中的一些思考和建议

回到现实中来，采取什么样的措施，才可以在“城中村”的改造中进行大胆的探索呢?

### 1. 要完成城市基础设施向农村的延伸

把城市供水、排水、有线电视和宽带等城市基础设施都要覆盖农村。现在我们的规划就是要顺势而为，现在已经存在的就不去动它，政府规划好基础设施投入，让城市基础设施全部进去，但是不去改变地表形态，不改变房屋格局。在基础设施延伸的同时，我们不去改变土地的产权性质。事实上，当城市基础设施延伸到农村以后，农民名义上是农村人口，但实际上已经是城市人口，因为公共服务已经进去了，他所享受到的服务和城市人口就没有区别了。现在我们往往是先把产权由集体转化为国有，市政设施才进行配套。我们可以尝试在不改变产权关系倾向下，先对基础设施进行配套。当城市基础设施延伸到这些区域，农民

尽管注册身份没有发生变化，实质上已经是城市市民了，区别仅仅是他们还有着自己原来属于农村集体经济组织的产权。

**2. 政府要在土地所有权上给予农民长期稳定的政策**

现在服务业发展不起来的一个原因在于政策不稳定，大家都不知道什么时候就要拆了，所以都不愿在这发展服务业。政府给予一个长期稳定的政策，在核心的老城区，政府明确这些地区都不拆了，整个设施改造成本由政府负担，但是土地所有权永远为村集体所有。这里没有违章，政府鼓励农民自己建，引导农民自己建，让农民真正的融入城市社会。政府要规划好公共界面，对建筑形态提出规划和管理的要求。

**3. 要允许农民利用自己的住宅开展各种服务业的经营性活动**

让农民的资产从居住形态向经营形态改变；从传统的商贸向高档的咖啡屋、酒吧及各种服装店等，完成结构的升级。只要政府加以引导和支持，市场会很迅速的完成这种转变，前提是要给他们吃一个定心丸。

（2008年9月）

# 关于广州南沙新区考察的几点印象

参观广州南沙新区后，对当地政府的开发魄力，留下了十分深刻的印象。现谈几点粗浅感受。

（1）按南沙新区的模式，广州甚至广东城镇化的潜力巨大，不存在资源承载力饱和的问题。803平方公里的新区，其中300平方公里的建成区，规划人口250万人，人均120平方米的占地规模，如果加上深圳前海经济区的15平方公里、横琴开发区的50平方公里以及中山翠亨新区的50平方公里，珠三角新区总建成区开发面积应该是415平方公里，按照人均120平方米的面积，应该可容纳总人口至少345万人。这是否意味着未来城镇化人口布局中，我们要考虑珠三角地区还是有人口增加的巨大潜力呢?

（2）对规划区的人口结构，似乎地方政府的官员们没有进行科学的分析。当地汇报人口结构时，主要是吸纳和高端产业配合的高端人才为主。如果250万人口人才引进的话，相应的农民工配备比至少是一比一，而且还要可能高出更多。北京市城镇人口和外来人口的比例是900万比800万，上海市是1000万比900万，深圳是倒挂，400万比900万。东莞市是180万比640万。南沙新区应该是哪一种模式呢?可是新区规划显然没有考虑到这批低端外来人口的安排。

（3）理解现在的区域发展格局，要充分考虑到是区域竞争的格局。不仅仅是各省级行政区的竞争格局，也是各地市、县市甚至是所有新开发区的竞争格局。中部地区以廉价的土地和劳动力供给为优势也在吸引大量的投资，最近几年中西部的投资增长和GDP的增长速度快于东部，而且劳动力也明显出现了回流现象。在这种情况下，珠三角这么多开发区拥挤在一起，南沙是否可能一厢情愿地吸引来足够的投资，把这一块土地填平，确实是个疑问。

（4）当前的国际和国内经济形势也不支持大规模的投资集中在中国的某一地区。暂不说去年投资、外贸和消费需求增长的下降。从土地、劳动力和环境成本的上升，以及我们未来提出的城镇化政策，都应该会增加政府的支出和抬高企业的成本。因此成本提高的情况下，在这里是否还能复制前些年大规模投资的水平，尚不考虑还有中央政府下达用地指标的限制。

（5）全国其他新区的经验已经昭示着前景并不乐观。例如天津的滨海新区，大规模的招商引资，高调的新区规划宣传，到现在投资者距离规划预期还有太大的差距，许多地产商画地为牢的大面积地块处于闲置状态，工业企业的引进投资也十分有限。何况南沙还面临着同一区域内几个新区开发的竞争。如果说规模合理，还是深圳的前海经济区15平方公里的规模相对小一点。

（6）投资的回报目前看已经是负支出。据当地新区管委会主任汇报，广州市政府已经累计投资了1000亿资金用于基础设施建设，覆盖了整个800平方公里的南沙新区。从开发区规划的制订已经近20年过去了，除了龙穴船厂属于较大规模的投资外（大约占用了50平方公里），其他开发仅占了40平方公里。其他的项目规划几乎都是在缓慢的洽谈中。这么大的投资投下来，并没有产生实际效益，在城市经营管理上应该说是最大的失败。资金沉淀，没有发挥作用。而广州其他地方需要基础设施改造的资金需求如此旺盛。相比对照，我感到南沙新区的规划应该说在科学性上和经济学的合理性上尚欠考虑。

从广州以及各地大兴新区的做法或者大建城市中心区的做法，我感到如何科学地规划和管理城市，确实是一代政府官员需要解决的思路问题。一方面要调整政府工作的主轴，是城市如何更好地为居民服务，解决民生和就业问题，应该是重点。另一方面，深入学习发展观，理解城市发展的规律，如何按照经济规律和社会发展规律规划好城市，调整政府的功能，可能也是政府官员需要补课的。大量的兴趣在新区建设，对于外来人口的漠视，这是实施城镇化政策中我们需要重视的问题。

（2012年4月）

# 关于重庆市酉阳县经济带发展规划的几点看法

我们就重庆市酉阳县两镇三乡的经济带发展规划进行了讨论，讨论的焦点就是对于这样一个国家级贫困县，面对着地方政府负责同志极大的发展热情，应该如何制订一个切合地方经济和社会发展实际的规划，才能真正符合科学发展观和“以人为本”的要求，才能真正地指导当地经济社会的发展，使得政府公共资源的投入用在刀刃上。

酉阳县是国家级贫困县，地处重庆、四川和湖南的交界处。从重庆乘火车到酉阳县城要 7 个小时，按当地人说法，渝湘高速公路通车以后，也要 3 个小时的车程。2007年当地农民人均纯收入才2573元，不到全国农民人均纯收入水平的三分之二。全县财政总收入完成101127万元（其中：地方财政收入15177万元；上级补助收入上年结转832万元；上级补助收入85118万元）。这里一产仍是传统农业，二产十分薄弱，仅有一些依靠锰矿、石灰岩等矿产资源的采矿业，其他工业规模很小，三产就是依托于县城和火车站发展的零售业，比较有发展前途的是旅游资源，2007年以来当地接待游客25.19万人次，实现旅游收入9100万元。酉阳县经济带是按照酉阳县政府的意见，在经济发展最活跃和资源条件较好的两个镇三个乡（其中包括县城所在地），单独作为经济发展带，进行规划编制，通过经济带的发展带动全县经济的腾飞。

关于酉阳县经济带的发展规划讨论的焦点集中在以下几个方面。

一是未来的产业发展重点放在什么地方。如果是发展工业，要发展什么样的工业。当地准备加大招商引资力度，按照这里的区位条件，招商引资在未来的几年内，会有较大的增长吗?

二是对旅游业发展的定位。这里虽然有龙潭古镇、世外桃源等旅游景点，是不是在未来的规划期内，通过旅游业的发展带动酉阳经济带的发展?

三是空间布局的安排，是否在县城之外，拓展一个新的规划区，作为未来经济发展的重要依托，这个规划区的面积究竟多大为合适?

四是未来酉阳经济带总体发展的思路如何确定，如何判断可能的增长条件和趋势？其实这里直接指向的问题是如何判定酉阳的经济特点和发展潜力，以便通过规划对未来的发展趋势进行必要的评估。

五是在酉阳的现状下，规划应该重点讨论什么问题，怎样确定经济社会发展在近中期的目标?

## 一、酉阳县的产业发展前景，特别是工业发展的前景

从地方政府的意见和规划稿的初步意见看，在酉阳经济带规划中，提出了比较庞大的设想，未来招商引资涉及的产业很广，预留的土地空间规模也比较大。但是从现有的区位条件和发展水平分析，特别是针对当前的宏观经济形势，在西部交通如此不发达，区位条件较差的地方，是否有可能在未来的5~10年内吸引较大规模的工业投资，是值得存疑的。在发达地区中小企业已经面临着最困难的时期，出口企业已经受到了严重的影响。投资面临着严重的困难。在西部地区是否有可能形成工业经济的转移，如果有可能，酉阳的地理区位条件是不是可以成为企业家的首选或者重要选择之一。进一步地考虑，在过去几十年中国经济发展最活跃的时期，这里尚没有投资进入，未来在具备什么样的条件下，可以有一批投资者有意愿在这里投资。如果按照一个清醒的思路分析，无论这里预留多大的空间规模，吸引投资的前景都不一定十分乐观。所以，按照科学的分析方式，在未来酉阳的工业发展前景方面，制订一个稳步的、渐进的、与当地资源能力相结合的工业适度发展规划还是比较符合实际的。这样的规划，对于未来的公共基础设施的投入和预留的土地空间都可以持有相对保守的态度。

## 二、对于当地旅游资源的客观评价和分析

酉阳经济带发展规划中，对于旅游提出了比较迫切的设想。一方

面，认为这里的旅游发展潜力十分可观，另外，把该地的旅游和张家界、湘西旅游放在一起来作为配置条件。对于旅游业的规划，作为规划者应该变换自己的角度来分析。从旅游资源的现状看，酉阳县的古镇、红色旅游以及酉水的自然景观确实有一定的特点。但是分析旅游不能站在我这里有什么来考虑问题，而是要从消费人口的选择来给自己的旅游资源客观地评价和定位。首先，国际旅游到这里几乎是没有大的可能。其次，国内的旅游群体到重庆旅游，也不会把酉阳县作为重要的选择。那么只剩下重庆市的旅游人口，可以在重庆的辐射范围内，把这里作为周末或者假日经济的旅游度假选择之一。由于重庆市辖区范围的人口和具备旅游能力人口的数量有限，因此也就决定了，在未来一段时期内，当地发展旅游的人口目标，只能是对准重庆市的人口。因为地理距离的原因，即使高速公路通车以后，接近3～4个小时的路程，也直接影响到这里旅游人口的数量。如果从旅游等级上看，这里作为和张家界、湘西齐名的配套旅游中转地，还是有一定的差距。所以在这些前提下，旅游的大发展肯定是有很多条件上的限制。但是在未来一段时期内，随着经济增长和重庆人口外出消费的增加，可以把这里作为短假期的旅游休假地来考虑或者也可以考虑吸引周末度假人口。因此，要根据逐步发展的旅游人口的增加，逐步地改进旅游设施条件，吸引不同规模和类型的投资者参与投入。

## 三、如何考虑酉阳县经济带的空间规划和布局

按照当地的思路，在老的县城之外，再开辟一个新的县城，作为未来人口聚集的空间。这也是当前绝大多数城镇规划所选择的思路。实际上，这里要考虑的难点还是很多。一是，老城区仅8万人口，建成区面积13平方公里，这样的土地利用率已经够奢侈的了。如果再开辟一个10~20平方公里的新城区，可能对当地来说也是一个过于超前的空间规划，缺少资金投入能力。二是，旧的县城还有足够改造的空间，因为寄希望新城改造的领导者，都是希望旧城人口搬到新城区，实际上却事与愿违。所以，在有限的财力下，适度改造老县城，改善县城人口的生活和居住

条件，可以说是当地空间规划比较现实的选择。三是，按照新的规划思路，考虑到未来非农产业发展的趋势和可能性，可以开辟一个离县城有一定距离的工业区，发展与当地资源相结合的中小企业，这在现有的规划中应该重点考虑，但是规模要根据可能的投资能力来适度进行规划。

## 四、如何确定酉阳经济发展带未来发展的思路

其实，前面已经讲到了，就是要适度发展。这里有几个因素要重点考虑。第一，要认真分析前20年或者15年经济和社会发展的轨迹，才能对未来的发展目标进行合理的选择。言外之意就是要尊重常规性的增长。许多地方的领导往往把自己就任的预期估计得偏高，忽视了常规增长的科学性。任何一个地方，在没有特殊的政策和资源导致外来要素的急剧增长前提下，试图要达到超常规增长是不大可能的。这是一个非常值得注意的发展理论的经验规则。第二，要认真地分析外部条件的变化，例如，上级的投入，区位条件的改善，资源开发的力度。根据现有的规划人员介绍，好像还没有明确的信号说明外部条件有足够清楚的变化趋势。在外部因素中一定要考虑宏观政策的变化，特别是对于上级资金的争取。最近中央确定要加大投资来增加内需，可以在规划中列入可以争取资金改造的基础设施项目，这是外部条件变化的重要因素之一。第三，要把改善民生作为首要的目标，所以要针对实际，如收入增长和就业条件的改善，可能是政府要注重的内容。但是一定要重视政府的财源增长，因为这涉及贫困县政府公共服务能力的改善。所以在规划中要考虑两个方面，如何解决政府财政的收入来源增长问题。如何有效地利用政府的公共资源，切实地解决当地经济社会发展中迫切需要解决的问题，就是有钱要用在刀刃上，要防止在公共投入上形成短期行为和防止浪费。

我们在进行规划时，经常提到要注意每个地方经济发展的特点。这是关系到规划所在地的个性判断问题。酉阳县的经济发展特点估计是概括了西部地区所有贫困县区的特征，这一特征就是使我们在规划中不能盲目超前，要切合实际。但是还有些贫困地区可以剥离出来的特点，就

是在有限的资源中去寻找亮点。那么可以估计的除了矿产资源，旅游资源、区位条件之外，还有一个重要的因素就是人力结构。在听取汇报中我注意到了这里外出劳动力占有的比重较大，这在未来的信息和资金流中是一个不可忽视的重要力量。是不是在这一方面可以直接影响到政策因素的实施。例如，如何奖励外出打工人员回乡投资创业，如何鼓励外出打工人员进城兴办产业和定居等。特别要指出的是，在贫困县普遍存在的特征里，要重视发展中的常规增长，这样可以防止决策失误。实际上这里也说明了，判断一个地方的经济发展特点，也是未来近中期规划提供重要的参考依据。那么我个人认为，在这里，虽然重视常规增长，但是要加大争取上级资金改造基础设施的力度，这是通过外部条件来带动开发的一个十分重要的因素。至于基础设施的重点，在这个时期要考虑两个问题：一是民生，二是有利于区位条件的改善。

（2008年11月）

# 对河南省永城市规划的几点看法

2008年2月27日～28日应河南省永城市委、市政府及中国对外建设总公司城市规划研究院的邀请，我与建设部城市科学研究会原秘书长顾文选等一行5人对永城市经济社会发展和城市规划状况进行调研。在调研之后，就城市发展和规划思路问题，与当地市政府的负责人进行了座谈，我谈了以下几点看法和意见。

## 一、永城市的基本概况

永城市位于豫、鲁、苏、皖四省结合处，辖区面积1999平方公里，辖29个乡镇，总人口134万人。永城市是全国六大优质无烟煤基地之一，经查储量31亿吨，年产量在1500万吨。随着煤炭价格的不断上涨，从2003年以来，永城地方财政收入大幅度跳跃增长，2001年永城地方财政收入仅为1.8亿，到2007年已经增至8.3亿。仅从2004年起，财政收入在短短的几年内，几乎翻了两番。财政收入的大幅度增加，使地方的公共设施投入发生了较大的变化。

**表1　　　　　　　　　　永城市一般预算收入表**　　　　　　　　　　单位：亿元

| | 2001 | 2002 | 2003 | 2004 | 2005 | 2007 |
|---|---|---|---|---|---|---|
| 一般财政预算收入 | 1.8 | 2.3 | 2.8 | 3.1 | 5 | 8.3 |

注：2007年数据是根据政府工作报告数据，其他数据来源于2005永城统计年鉴。

2007年城市居民可支配收入为10086元，农民人均纯收入3727元，仍然略低于全国平均水平。

表2　　永城市城乡居民收入表　　单位：元/年

| | 2001 | 2002 | 2003 | 2004 | 2005 | 2007 |
|---|---|---|---|---|---|---|
| 城镇居民可支配收入 | 4504.33 | 5350.32 | 5732.38 | 6601.04 | 7306.28 | 10086 |
| 农民人均纯收入 | 1925 | 1875 | 1716 | 2411 | 2700 | 3727 |

注：2007年数据是根据政府工作报告数据推算，其他数据来源于2005永城统计年鉴。

一方面，永城市依托煤炭资源优势，近年来大力发展煤化工产业。另一方面，永城市是全国商品粮基地、小麦良种繁育基地，近年来面粉加工企业迅速发展，现有面粉加工企业138家，年生产能力达20亿公斤。

表3　　永城市产业结构变动表（%）

| | 2001 | 2002 | 2003 | 2004 | 2005 | 2010 |
|---|---|---|---|---|---|---|
| 一产 | 42.2 | 40.6 | 29.3 | 29.5 | 26.5 | 15.5 |
| 二产 | 37.3 | 37.7 | 47.3 | 49.9 | 53.7 | 68 |
| 三产 | 20.5 | 21.7 | 23.4 | 20.6 | 19.7 | 16.5 |

注：2010年数据为永城市“十一五”规划目标，其他数据来源于2005永城统计年鉴。

从永城市的资源配置情况看，未来一段时间内，工业发展将成为当地经济发展的重要支柱。

永城市旅游发展资源也是十分丰富，历史文化积蕴深厚。北部芒砀山区是国家4A级旅游景区，是西汉梁孝王及其后8代王室陵墓所在地，出土过著名的汉代壁画、金缕玉衣等，另外还有孔子避雨处、刘邦斩蛇起义处、张飞寨等名胜古迹。辖区内另有陈官庄淮海战役纪念馆，现已成为重要的革命传统教育基地。

随着永城市财政收入的不断增多，永城城市建设投入不断增长，2007年城市建设支出已经达到3亿，城市建设投入集中投入到新城区。目前新城区的建成区面积已经达到30多平方公里，容纳人口在15万左右，而旧城区建设面积10 平方公里，容纳人口12万左右。随着新城建设投入不断加大，在视觉上，新城和旧城之间出现了巨大反差。

2005年，永城市响应河南省政府建立生态省的要求，提出了建立生态型城市的发展目标，并聘请中科院环境所做了生态城市发展规划。

## 二、关于发展目标和城镇规划存在的问题

### 1. 生态城市建设目标有些超前

是永城市对城市管辖区域资源的分布，发展阶段的分析，以及产业结构的布局和未来发展趋势，没有进行科学分析，提出的发展目标有些超前。首先，永城市的城乡人均收入水平尚低于全国的平均线，当前经济和社会发展的重要目标是通过产业的发展来解决收入增长和就业增加的问题。其次，从资源配置的情况看，永城市虽有芒砀山人文和自然风景区，但是在永城管辖区域内所占面积很小；当地绝大部分地区地表以下，埋藏着优质无烟煤，恰好构成了未来经济增长和工业发展的重要基础，采掘业的发展更多地支撑以煤炭加工为主体的工业生产，这是永城市未来很长一段时间内发展的重要优势，过早地提出了生态城市的发展目标，实际上和煤炭资源开采和加工的方向无法协调一致。其三，产业结构的发展前景也不支持生态城市的发展。现在永城市工业经济一家独大，三产长期徘徊在20%左右的水平。实际上生态城市的发展，一定是要限制工业经济的发展，限制自然资源的开发，这也和永城市未来工业发展为主体的经济结构自相矛盾。其四，生态指标的实现要解决投入问题。由于永城市的大气污染治理、水污染治理、煤炭采掘塌陷区的治理等都需要政府的大量投入。而永城市新城建设、旧城区的改造、芒砀山的开发以及各项社会保障问题需要的投入量极其巨大，在资金分配上尚无法向生态城市的治理目标进行重点倾斜，这也是受发展阶段的条件制约所限。而且，很难设想，未来的煤炭价格是否将永远处于一路上扬的大好形势，煤炭精加工工业，也面临着市场严峻的竞争，因此在财政收入形势相对较好的今天，要未雨绸缪，考虑到永城发展的实际，重点解决城乡居民的收入增长和生活条件改善等民生问题，才是发展中的当务之急。

### 2. 新老城区面貌反差太大

从统计数据上看，近几年政府投资的力度大幅度增长。新城的道路建设、政府办公楼的建设、公共绿地建设还有景观建设以及房地产开

发，俨然相当于一个崭新的城市拔地而起。可是老城的危房改造、社区公共环境的治理、街道的整治、卫生条件的改善、基础设施的修建还有景观建设等，与新城的反差很大。我们去的崇法寺是省级文物保护单位，有上千年的历史，周围环境十分恶劣。老城中心的河道，已经成了垃圾倾倒场所。尽管如此，老城商业的繁荣还是给我们留下了深刻的印象。在新城和旧城两个区域人口差不多，新城区人口比旧城区人口略微多一点，大多数还是煤炭企业的职工，本地居民大多数还生活在旧城区。其实重视新城建设，忽视老城改造，在全国是一个普遍的问题。但是在永城反差如此强烈，还真是给了我们深深的震撼。在永城市财政收入迅速增长的今天，看来是公共资源分配的目标和重点发生了偏差，在城市发展和建设上，还没有考虑到城乡统筹的问题，这种政府公共资源分配的走向看来是需要认真重新思考了。如何贯彻科学发展观，如何真正解决弱势群体的问题，在永城市集中体现在新城区建设和老城区的改造方面。

**3. 旅游区的开发思路还需要调整**

永城市的芒砀山是河南省东部地区一个重要的旅游亮点，名胜古迹和自然景观相对集中，尚处于待开发的阶段，虽然近年来每年旅游人次都有所增加，但2007年也仅达60万人次。这里存在的条件限制是交通不便，远离大的中心城市，周围可配套的其他旅游景点不多，基础设施比较落后，商业气氛不浓。旅游景点自身的配置方面，还不能满足一日游的观赏、消费和食宿条件。当地现在采用的是开发公司模式，吸引一些公司在这里大兴土木，还要进行拆迁，准备通过重建古城风貌，以便吸引旅游资源。特别值得注意的是，在永城市政府制订的规划目标中，把这个旅游开发区作为未来永城市的一个重要副城区，在现有城乡人口5万左右的基础上，发展到未来15万人的一个旅游小城市。值得探讨的是，如果通过公司的拆迁，建新镇，成本是否经过详细计算。在交通条件没有充分改善的前提下，是否能够吸引来足够的旅游资源。如果以公司为主体实现当地的开发，当地农民的非农就业和城镇居民就业以及收入增长的问题如何解决。搬迁是否会引起当地居民的反感，造成社会的不稳定。还有，15万人的发展目标如何实现，这样的城市基础设施的投入需要多少，未来的旅游能力能否满足15万人的生存和就业条件的改善，吸引这么多的人口对于当地的自然和人文环境是否会产生破坏等等。这些问题都是当地政府应该认真考虑的。

## 三、一些想法和建议

因为调查的时间有限，只能通过以往的知识和经验积累，对照科学发展观的思路，大致提出以下建议，供当地政府和有关规划人员参考。

**1. 要切合实际调整规划的发展目标和定位**

应把未来城市的发展目标定位为豫东的工业和资源型城市，并根据宏观政策和当地居民的生活条件改善的需要，可以在发展目标中强调环境治理的重要性，制订切实可行的环境保护目标，重点解决二氧化碳排放问题和煤炭开采区塌陷区治理的问题。并在政府财政支出中加大环境保护投入的力度，同时要求煤炭开采企业和加工企业，更多地负起社会责任，促进环境保护目标的实现。在永城市域内，根据区位资源的不同特点，制订适合不同区域发展特点的规划目标，如城区的规划目标，塌陷区的改造目标，芒砀山景观保护区的目标，农村发展的目标等等。政府在未来5年到10年内，按照不同的区域特点和发展目标，有计划按阶段分头治理，推进各项目标的实现。

**2. 要加大对旧城区基础设施和生活环境改造的投入力度**

在未来的政府规划中，要把原来新城建设的倾斜重点，转向对旧城区的支持。要切实加大投入力度，重点解决旧城区的基础设施建设，如排水系统、公共环境的改造、河道的整治、街道环境和卫生的治理，特别是旧城的景观塑造也要下大的功夫。使旧城区能够在全市财政收入迅猛增长的同时，享受到政府公共服务的好处。规划应该在3～5年内达到明显的效果。对于新城区的建设，也要实事求是，加强功能性建设，减少视觉性目标的投入，防止过分重视形象工程。在新城建设中，一些重点建设目标的投入，要注意未来的维护和管理的费用，不能一建了之。在新城区已经具备一定规模的基础上，要加大市场的开发投入力度，这是和旧城区的投入主体依靠政府为主是有比较大的区别的。

**3. 不拆不迁，修旧如旧，低成本实现旧城改造**

旧城区改造和芒砀山景区的塑造，在全国有很多经验可以借鉴。旧城改造和景区塑造并不需要全部拆掉，主要是在现有建筑基础上采取修旧如旧的方式进行改造，这样成本很低，而且城镇外观可以发生根本的改变。在四川省、云南省等一些地方老城和古镇的改造中，大量采用了政府补贴，居民自己投入的方式进行。对居民个人改造要进行鼓励、支持、补贴、培训，让居民自己花钱来进行建设。我们现在是不允许、限制居民参与改造的，实际上应该把城区建设和改造的主体交给居民自己。旧城区在改造时可以这么去做，政府允许居民自己建造房屋，政府主要是把临街面的城市景观色彩和建筑风格规划设计好，形成城市所特有的风格，为居民建房和改造提供好图纸，对按照图纸建造的居民在公共街面的投入进行补贴，把城区建造和改造完全交由居民来完成。试算一下这种方式要比拆迁成本低得多，而且又能避免拆迁所带来的社会纠纷，社会成本也很低。旧城改造中要发挥好示范带动作用。首先，可以从一两条街的变化开始。政府花一年做一两个街区，然后一年后再做一两个街区，发挥以点带面的示范效应。

**4. 芒砀山的旅游开发要有新思路**

国外许多旅游区的开发基本都是居民个人所有的小旅店、小饭店、小商店，沿街面的改造项目由政府进行补贴，自己进行开发。这样的话政府可以节省很多资金，而且本地居民也能够从开发中受益。现在我们很多地方政府的想法是让开发商来开发，外面人来买房，实际上受益的是开发商和购房者，仅仅是实现了视觉上的改变。在芒砀山风景区的塑造上，政府可以允许居民在现有建筑基础上进行修旧如旧的改造，重新塑造古镇形象。政府可以为居民贷款提供方便，另外对居民进行培训，培训居民如何经营小商店、小旅馆和小饭店，形成特色，受益的就是本地居民，这样居民可以从改造中切实获得实惠。芒山古镇一旦形成，芒砀山古建筑群遗址就会形成一个比较好的特色，可以在这吃、住、玩，也会带动周边农业的发展。

现在我国很多地区，比如四川省、浙江省等地的农家乐的兴起，都是在一部分人先富起来示范带动下，最终不断扩大，形成规模。政府在这期间所要做的就是在政策上不断允许、引导和扶持，调动民间力量积极参与到城市建设中来，让居民从改造中切实获得收益。

政府不拆不迁，引导民间力量参与旧城改造和景区塑造，以较低的经济和社会成本改善了旧城和景区居民的生活环境，又使城镇面貌发生了根本的转变，有利于第三产业的发展，促进产业结构调整。

（2008年3月）

# 我们的城市因谁而生

2011年6月21日，城市中国网和21世纪经济报道《国家经济地理》联合主办第一期“城市会客厅”访谈栏目。本期访谈主题为“谁来规划我们的城市”，国家发改委城市和小城镇改革发展中心主任李铁就“三规合一”、城市病、规划的主体性、决策机制问题等接受了21世纪经济报道《国家经济地理》版总策划叶建国的采访。

根据第六次全国人口普查的统计结果，2010年，中国的城市化率达到49.68%，城市与越来越多的中国人的生活日益密切相关。但决定城市发展的城市规划，仅与空间相关的规划，由部以上政府确认的就有80多种。而最主要的三种规划——经济社会发展总体规划、空间规划和土地利用规划却分属三个不同部门——发改委、建设部和国土部分管。

规划分割造成的相互掣肘、相互矛盾，弊端日渐显露，“三规”合一成为人们关注的焦点。为此，邀请了清华大学建筑学院副院长毛其智教授和国家发改委城市和小城镇发展改革中心主任李铁，来共同探讨这一问题的历史根源以寻求解决之道。下面是李铁发表的意见。

## 一、城市规划是追求真善美的过程

**叶建国：**最近这段时间，大家对城市的讨论比较热烈，有分歧，也有共识，争论的来源之一就是我们现在遭遇了“城市病”。那么，“城市病”和我们的规划之间到底有什么样的关系？能不能说我们的城市现在有“病”了？

**李　铁：**就我来看，没有任何一个城市没“病”，是城市，都会有

本文是作者参加“城市会客厅”访谈栏目所发表的见解。

“病”。就像一个人一样，没有百分之百健康的人。随着城市的发展，更多的人口，更多的资源配备到这里头，它一定会有问题。规划，准确地讲是政府通过规划行为和方式，来解决城市的公共服务问题。就像解决一个人未来可能的发展方向、发展思路，就是来解决怎么避免“生病”的问题，或者“有病”的时候用什么方法来治疗的问题。但并不是所有的事情都是理想的。

因为我们面临的城市，并不是想象中的完美城市，它有太多的不确定因素。谁也没想到，北京今天能成为一个有2000多万人口的城市；谁也没想到，到2010年，我国城市化率达到了49.68%；谁也没想到，在城市里，有2亿多外来人口在流动；更没有想到，城市发展得如此迅速，以至于形成巨大的城乡反差。

在这个过程中，在城市发展迅速的今天，在仅仅几十年内，有一半的人口进入了城市，是不是所有的规划师、所有的决策者都想到了今天的情况呢？他是在10年前、20年前想到今天，或者现在想到的明天还会是这样吗？我觉得，任何一个城市的发展，包括人的发展都具有不确定性。作为规划者，他只能在一定程度上去矫正，使这个城市尽可能地合理，而不是完全地合理，这就是规划的作用。

所谓“尽可能合理”取决于几方面的因素。到底是政府决策者的合理？还是与国际比较，按照国际的城市发展模式更为合理？抑或是规划师认为的合理？这在我们现在的规划中就出现了巨大的争议。更重要的，这里还有一个最重要的主体——老百姓是否认为合理？所以我想，在城市发展过程中，规划必然要面临这几个主体：决策者、规划师、公众，还有国际上曾经有过的一些发展模式和经验。面对这些问题的时候，来探讨规划就更有意义。当然，这毕竟是在中国，是在高速发展、高速城市化的中国。我们确实有很多事情是无知的，也是未解的。

## 二、城市规划要更多依靠民主和法治

**叶建国：**我们现在之所以将更多的目光投向城市，其实是因为城市已经出现了让人生活不舒服的地方。刚才在李主任的谈话中，不断出现

“没想到”和“不确定性”。那么，面对目前我国城市发展中出现的这些问题，可不可以说，是“规划之失败”导致了目前城市发展中这么多问题的出现？或者在多大程度上前者导致了后者？

**李 铁：**城市出现这么多问题，是不是规划应该承担最大责任，我觉得这种说法让规划承担了过重的负担。为什么呢？因为规划师不是万能的。再者，城市的发展中也有很多是规划师无法解决的问题：首先，规划师不能解决城市的发展历史。第二，在现在市场经济条件下，大量要素的跟进都由市场来决定，带有很多不确定性——这是规划师难以预料的。第三，特别是在中国这种体制下，政府的公共长官意志，恐怕对规划的干预比较多。俗话说，“铁打的衙门流水的官”，一任长官就有一任的规划，这是中国普遍的现实。毕竟我们规划的体制还和政府的管理体制和决策绑在一起。第四，规划很少得到公众的参与——这也是目前我们体制上存在的很大弊病。当这个体制受到公共监督和参与的时候，规划本身也会受到公众的监督和参与，各种利益主体、各种利益结构、各种公众权利的基本反映和公众需求的基本反映，可以尽可能通过规划来体现。但是如果缺少公众参与，把决策转化为一个人或少数人的决策，这种偏差就会越来越大。

我们的城市因谁而生？而这些体制问题，决定了我们城市发展的道路走向和形态，以及公共服务水平和公共服务标准。我觉得这是最重要的。

## 三、“三规”分与合

**叶建国：**现在我们的讨论已经来到了“谁”字上——“谁”在规划我们的城市，城市的规划主体是谁。我们知道，在城市规划里面，“三规”如何统一是困扰我们很长时间的问题。最近国家发改委公布了全国主体功能区规划，其实已经在用空间的概念来审视一个整体的社会发展的规划。同时，原来的城市规划、土地规划，也都开始重视社会的综合发展指标。困扰我们这么多年的“三规”不统一的局面，在这样的发展趋势之下，是不是进入一个弥合得比较好的时期？

**李　铁**：所谓“三规合一”，“三规”就是：发展规划、空间规划和土地利用规划。其实还有很多其他规划：环境规划、生态规划、专业性规划等，但影响城市发展的主要是前面这三个规划。这三个规划目前由三个部门分管：发展规划由发改委负责；空间规划由建设部来牵头，由各地的建筑规划院和大学来负责编制；土地利用规划基本上由国土部门来负责。这有很深的历史渊源。

第一是“发展规划”。基本源于我们国家的五年计划，是一个上行下效的规划。在过去计划经济时期，制订了一个国民经济发展指标，确定全国统一的发展指标。每年的增长速度、财政收入、就业数量，包括资源的配置，大体状况都由国家规定。现在这种自上而下的发展规划恐怕就受到了现行体制的挑战和约束。地方是不是能按中央的这种目标发展？它有否强烈的发展动力，按照你这个目标来执行？这些年，中国经济发展中时常有宏观调控，但事实上，效果非常有限。所以，看到这种有限的效果，我们就想到了，既然整个地方的经济增长速度、发展水平以及发展模式已经和中央的要求相去甚远，那么这种发展规划、这种传统的方式是不是能和我们国家现在的空间经济结构和各种体制结构相适应？这是我们面临的第一个大问题。

第二是“空间规划”。空间规划不是由中央主导型的，主要是以地方城市为主的空间规划。空间规划也和计划经济时期有很大的差别。第一就是计划经济时期我们所有的空间资源是既定的，向哪个地方安排都是由计划决定。现在它受到了市场的挑战，有很多因素是不确定的。还有一些利益的导向，比如为什么现在大量的空间规划做得很大，有几个因素：一是，从城市来讲，谁都希望做大，大了以后城市才有地位。二是，空间愈大，就可以拿到更多的指标，获得更多土地出让金，来用于城市建设。三是，做大以后有调控余地，可以有更多的方式来解决整个城市资源的盘活。所以这种城市空间规划方法与资源配置的方式受到很多现实因素的制约，也受到很多不确定因素的干扰。因此，每次规划做完以后，除了几个非常重要的项目得以实施，绝大部分还是留在了纸面上。特别是换领导后，规划一下就成了一纸空文。

第三是“土地利用规划”。土地利用规划是一个限制性规划，出发点是好的，要保护耕地、提高土地利用效率等等。但是它有一个最大的问题，它是中央自上而下的，通过指标下达的方式来限制，确定每一个城市、每一个地方明确的土地发展空间。计划经济时代，土地指标带着资源的配置可以实现；可是现在，市场的因素已经占了这么大的比重，而且地方发展的冲动又极其强烈。北京可以建得好，为什么其他地方不可以？所以城市都希望利用土地来获取土地出让金。在这种利益冲突下，现有的土地指标已经不能解决问题了。等于一个城市已经是个大胖子，如果用一条非常紧的皮带约束他，是根本约束不了的。

所以，仅仅从三个规划本身就已经出现了一系列的问题，何况还有三个规划之间的衔接问题。

从“三规合一”的问题上看，我们现在的空间规划是一种工程技术性规划。就是说，它对整个市场发展过程中产生的大量新的社会经济问题和社会问题有非常严重的欠缺。现在是市场经济，在大量资源配置的不确定性、人口的不确定性、城市规模的不确定性情况下，原来靠计划经济时代思维方式制订的工程技术规划显然已经不适应现在形势发展的需要了。

对人口、产业、要素以及社会结构、社会公共福利的考虑，在绝大部分规划里都是弱项。所以，我们强调“三规合一”时，实际上不是先强调工程技术配置，而是先强调分析方法。就是要分析这个城市的经济社会发展、未来的可能性和资源的重点。在这个基础上，还有最核心的问题，要在考虑到公共需求的基础上来解决规划。现在我们看到的所谓“工程规划”、主观性的规划、技术性的规划——其实就是主观性加工程技术。要再加上经济社会，强调“客观性”、“需求性”，来解决规划发展问题。从这两个角度上看，规划是应该合一的。先不讨论土地规划，仅从经济社会发展规划和空间规划这两个角度看，应该在一起做。在技术上讲，叫做“多学科的研究方法合一”，就是社会学、经济学等合一来研究规划发展问题。

土地利用规划是一个计划经济的方式，是一种土地指标的限制，可以通过未来的市场化保证农民在土地所有权的基础上明确划分公益性项目和非公益性项目。当不能乱占土地的时候、当征地获取土地的成本极高的时候，扩张性规划就没有实现的可能了。

## 四、要走自下而上融合的道路

**叶建国：**学科的融合应该说相对比较容易一些，因为不同的学科彼此之间交流的机会还是比较多的。实际规划过程中，也有包括“三规”在内的很多专业规划要统一的需求和共识，但统一的路径，有人说通过法治的手段来完成，也有人觉得需要进行部门的重新调整来完成，还有一种方式，就是怎样能通过规划过程中民主化机制的引进使得所有利益相关的人都可以参与到规划中去。当然这是一个更深层次的改革。在目前来看，哪一种方式或路径是比较好的，能达成统一的道路?

**李　铁：**其实最近这几年已经出现了很多好的变化。地方经济发展比较快，遇到的问题也很多，也知道“三规”分离的时候，规划实现的效果不会太好，现在各地已进行了很多探索，我们也在探索。同时，地方准备制订“三规合一”的规划。如河南永成、浙江诸暨、山东临沂等，广东顺德试行大部制。机构改革后，广东一些城市要搞“三规合一”，这是一个很好的开始。

（2011年6月）

# 如何做好小城市发展战略

我们对地方的经济社会发展战略必须给予足够的重视，在规划思路、规划架构、分析方法等多个方面做出较大调整，不能拘泥于原有的经济社会发展规划。

## 一、什么是城市

我国城市与国外城市一个最大的区别在于我国城市不但要管辖城市区域而且还要管辖行政区域内的其他城镇和农村，这区别于国外自治的城市。

理解城市必须要注意两种倾向：其一，是不是城市不能受现在行政体制的制约，要看实质，不一定名字叫小城镇就不承认它是城市。我们要看它的经济结构、就业结构、收入水平、公共设施配套程度等，如果在这几个方面与城市无异，不管它在身份上、体制上是不是城市，我们都要按照城市的标准来规划其各种设施配备和功能分区，引导其发展方向。其二，不能用土地的国有或者集体性质来否认城市实质。事实上，店口、杨汛桥、小榄等经济发达的小城镇已经发展成为实质意义上的城市了。所以，我们在做这几个镇的规划时必须明确，规划的目标不是如何建设城市，而是如何帮助它们从传统的小城市向现代化小城市过渡。

## 二、什么是城市发展战略

城市发展战略是指重大的、带全局性的、影响一个城市建设成败的谋划与策略，是城市在一定时期内的经济、社会、空间、环境等方面协调发展的带有根本性和全局性的谋划。它应该是对一个城市发展目标，以及实现城市发展目标的指导思想、途径、措施等的高度概括。所以，一个好的城市发展战略，不仅要对城市发展的方向性、长远性、总体性有指导作用，而且要具有很强的可操作性。

要做好城市发展战略，首先是要给城市一个科学定位，也就是要充分挖掘城市的各种资源，找到城市的个性、灵魂与理念，也就是要明确城镇的发展目标。明确城市定位和发展目标之后，就是确定发展战略，也就是，我们需要围绕城市定位和发展目标，规划制订一条实现发展目标的路径，也就是规划中的“主线”。用主线把“总目标–分目标–骨干项目”等相互关联、相互支撑的各个部分贯穿起来。在这个过程中，必须要在观念上和调研方式上突破传统的思路。比如，在分析产业发展时，我们需要分析分行业的发展现状、趋势、问题和潜力，以及需要政府解决的问题。因此，我们去企业调研时不用去关心企业的内部经营状况，而是要通过对行业发展现状、问题、条件等的分析，发现趋势性东西，并为产业的发展指明方向就够了，不用去研究企业如何发展。

在城市定位和发展战略确定之后，是城市的布局与规划。城市规划与布局必须在城市理念与发展战略的统领下进行，规划时一定要明确政府的职责和能力、明确政府可控的资源有哪些，然后围绕政府职责与能力以及社会需求，制订合理的规划目标，合理安排这些资源，科学制订实现目标的路径。城市定位、发展战略、规划与布局之后，就要进行城市形象的包装与推广。

## 三、如何编制城市发展战略规划

在规划编制过程中，我们必须要明白政府可调控的资源仅有财政资源和土地资源，规划需明确公共投资方向，引导发展要素集聚和人气提升。同时还要明确土地指标优先使用顺序、配置方式，引导空间结构优化；其次要注意顺势而为，尊重城市现状和发展趋势，尊重现有土地产权模式，明确政府的职责和能力。规划的重点是要考虑政府能做什么？如何来做？我们的规划最根本的目的就是为政府提供施政的抓手，所以，一定要重视规划的可操作性。

在分析过程中，我们有必要把店口、小榄等城市的核心功能与现代化城市核心功能作一个比较，看一下店口、小榄的差距在哪里，需要从哪几个方面进行完善，政府可以做哪些工作、从哪些方面入手等，需要我们通过战略规划来为小城镇政府明确城镇建设的努力方向、具体路径、政府的责任和切入点。也就是，我们需要在战略规划中为店口、小榄、杨汛桥等镇政府指明公共财政资源的支出方向、土地资源的优先支持项目等。

确定公共财政资源的支出方向。明确镇域内不同区块的特点，并通过公共投资引导，强化其独特性、优越性，并为不同区块之间形成互补性创造条件。如店口镇的眉池社区和店口社区，公共服务设施眉池好一些，商贸业则在店口社区相对较为发达，这两个区域之间，商贸服务业的发展和公建配套与各自的实际需求和消费能力不匹配，怎样才能使店口和眉池在特色优势各异的情况下形成优势互补、相互依存的整体，这需要在规划中重点研究。同时，要加强对项目周边乡镇的调研、分析，看一下周边的乡镇广场、商贸中心建设情况，它们的城市功能是否完善？了解店口、小榄、杨汛桥等城市建设和发展给这些乡镇带来的可能的影响，如何让它对周边乡镇产生影响，以促进区域性商贸中心的形成，并吸引这些乡镇的纯消费人口来店口消费，达到既不占用当地资源又提升当地人气的目的。

合理配置土地资源。空间结构调整和资源配置是政府能够发挥作用的主要方向之一，也是本次规划最核心的问题之一。所以，要以城乡建设用地增减挂钩、旧城改造为契机，要通过挂钩，把空地块、旧城改造等结合起来进行，用开发带动旧城改造。具体在规划中，就需要我们提出具体的旧城改造模式和操作步骤，为店口、小榄、杨汛桥提供一个切实可行、可操作的旧城改造方案。有必要时，可以专门就土地的问题进行一次补充调研，详细了解这几个镇单位面积的土地产出或者“投入—产出”比，以产出密度和投入产出比等决定土地指标配置方式和土地置换或者作为“腾笼换鸟”的依据；了解镇域不同区块土地价格，解决核心区发展的问题。

此外，还要注意这几个小城镇发展可能利用的资源有哪些，分析一下对于这些小城镇来说，哪些资源是可变资源，哪些资源属于不可变资源。明确这一点，对于地方政府合理选择城镇建设发展的抓手和突破口至关重要。

## 四、需要注意的几个问题

第一，在规划中不要过分地强调概念，如江夏的“5A”发展理念等等，不仅和实际不太相符，而且还要花费大量的笔墨来解释这一理念。因此，我们在规划中，要注意运用通俗的语言来表述我们的判断和解决问题的方案，而不要是因为高深而不切实际的概念淹没了我们的主要思想，通俗易懂和可操作性也正是我们的传统优势和一直提倡的，千万不能丢弃，无论形式如何变，我们始终要坚守我们的优势和负责任的态度，给地方提交一个有用的规划。

第二，目前在我们的规划中，很多都在选择一些成功或者失败的案例作为一种分析方法，为地方发展或者规划提供证据或者经验借鉴。但是，有些选择的案例不一定合适。这需要引起注意，我们在选择参照对象时，一定要注意两个区域之间的可比性，也就是说，我们一定要选择一个合适的比较对象，同时还要注意选择合理的比较项目，比如，发展模式、招商引资模式、财政体制、土地利用模式等等。要通过合理的比较，为规划制订和地方发展选择科学、合理、可操作、可能的目标和路径。

第三，在我国江南地区并不缺乏好的水资源，水对南方人的吸引力并不是很明显，所以，不能大规模的搞湿地等水面的开发。对于店口来说，当务之急就是强化眉池、店口两个核心区的功能塑造与发展。另外，总部经济基地的形成是有条件的，一般是在大城市的近郊区，交通条件、区位条件、公共服务配套较为完善的区域。所以，不要在这几个镇的规划中盲目地提“总部经济基地”等不切实际的定位或者目标。从产业现状看，店口和杨汛桥产业均是以传统工业、传统创业、传统管理模式为主，今后的路如何走？如何使现有的产业很好地发展下去？如何使这几个镇的经济实现可持续发展？政府必须抓好职业教育、人才培育，促进传统的创业、管理方式的转变。

（2010年4月）

# 城市需要方便还是生态的宜居

在和一些城镇的负责人进行交流的时候，我经常会遇到这样的问题，大多城市和小城镇都提出了建设“生态型宜居城市”的口号。而且在已经进行或者完成的城市开发工程中，这样的宜居楼盘、小区或者城市的新区，到处都可以看见这样的城市形态出现——高耸的塔楼、绿色环绕的草坪和绿地、宽宽的街道、城市中心区庞大的广场和公园衬托着政府的公共办公区。如果说仅仅是沿海发达地区的中心城市或者财政能力极为富裕的中小城市有这样的能力，去建造一个满足视觉和环境景观的宜居型城市尚可以理解，可是无论是在沿海发达地区还是在内部的相对贫困地区，城市的模式，基本上都在沿着这个思路逐渐地复制。

或许生态型的宜居城市已经深入城市管理者之心，我知道，这是体现政绩的最佳选择，也是中国城镇化道路中一个无法回避的主题。但是从一个城市的研究者的角度来看，或者从一个纯粹的城市市民的角度来看，确实存在着很多的误区。

## 一、居民是愿意选择优美的环境还是选择方便

我自己曾经问过很多同事，也问过很多在城里居住的人，是愿意搬到郊区，去享受新鲜空气，享受大自然的馈赠，还是愿意住在城里？尽管城里交通拥挤，空气清洁度不高，汽车的噪音每天都在骚扰着自己的听觉器官，可是绝大部分人如果能承受得了房价的压力还是愿意选择在城里居住。当然，对于曾经享受到福利分房而居住在城里的人，更不愿意搬出去。原因只有一个：方便。

在城里居住上班方便。因为过去的就业地大多都在城里，无论是政

府办公的地方，还是一些公司，一般都在城市中心地带，上班近是一个很重要的考虑因素。在城里居住购物方便，出门没有几步远就是大小的超市、百货商店，各种专业商店基本都集中在城里，虽然贵了一点，但节省了交通费用，不见得贵到哪去。在城里居住看病方便，各大医院都集中在城里，例如北京的三甲医院，百分之九十都在四环以内。尤其是老人，如果看病就地就近，肯定会对健康保健有很大的帮助，有了急病也不至于耽误。在城里居住孩子上学和上幼儿园方便。现在的小学还按照街道分配名额，即使超出了街道的范围，公共交通也比较方便。如果住在郊区，孩子上学要花一个小时的时间，家长肯定心疼孩子，在路上要受很多的罪。方便的事情就不一一列举了，例如来人请吃饭，旁边就有饭馆。想看电影，电影院一定在城里人口最密集的地方。

相比之下，虽然城里有噪音，有污染，周围都是水泥森林，但是习惯在城里居住的人就是图个方便。因此，对于大多数人来讲，居住地的首选因素，当然是要方便了。办什么事都方便。反过来说，城市的功能也就是提供城里人更为方便的生活。

那么为什么还要有人去郊区住呢，去选择那里的新鲜空气？优美的环境？大尺度的空间？其实原因也不外以下几种。

首先，是有钱人愿意去郊区，其实他们在城里都有住房，郊区基本是第二套住宅。周一到周五的时候，在城里居住，周末的时候到郊区去休息，享受生态和新鲜空气。其次，是自由职业者愿意住在郊区，艺术家、作家创作在郊区来讲比较安静。平常也不受上班所累。所谓自由职业者经济上也比较富裕，可以再在郊区买大空间的房子或者宅院，自己也有汽车，开车购物也是一个选择。再次，就是搬迁户，城里拆迁，补偿费肯定买不起城里的新楼盘，只好屈尊，带着一肚子怨气去郊区，经济上的原因是没有办法的。补偿费只能够买郊区的稍大一点的房子，还要留一部分作为积蓄，以供不时之需。最后，肯定是农民，无论是当地农民还是外来农民，都不得不住在郊区。他们并不在乎生态环境，他们的收入只能让他们永远地享受着郊区的新鲜空气，当然他们的住房条件肯定不如集中开发的楼盘。

## 二、方便的城市在历史中的演变

首先，要从城市的发展历史来谈起。无论是从农业社会向工业社会过渡，还是在不同地理区域内开展商品的交流，只要人们集中居住，就一定会要求相应的方便服务。有的需要公共组织来供给，有的则需要市场来供给。正是由于集中居住带来了交易和经营的方便，甚至管理的方便，城市便应运而生。

在东方和西方不一样，城市的功能也有很大的差别。专制体制下的城市，特别是都市，首要的是满足统治者阶层的需求，所以城市的设计和功能更多地体现了国王、皇帝等的方便。而在西方社会，在市场的基础上发育了城市，城市是要满足商人以及后来在商人基础上发育而成的市民的方便。因此我们看到了东方的皇宫，浩大而气势磅礴的建筑群，精美的设计，集中地体现到了城市为统治者提供的各项方便，其中不乏视觉上的满足感。而在西方古希腊、罗马时期，方便当然是为了商人阶级的利益，因此豪华的室内装饰、良好的供水和配水系统、奢侈的洗浴空间等很常见。那一时代，奴隶是没有权利享受这些方便的。

中世纪以后，东西方为了满足统治者的利益，在城市发展的功能上都体现出了为王权统治者提供的方便。法国、德国和英国的皇宫，在方便上不亚于东方帝国的都市。但是就在这一时期，意大利的商人兴建的城市，如佛罗伦萨、威尼斯、热那亚等，功能上主要还是满足市民的方便，以此为基础形成了真正意义上的市民城市。中世纪的城市化运动以后，特别是工业革命以后，城市的意义在于就业的方便。城市化的根本含义就是当大量农民进城寻找就业机会的时候，城市的功能就是提供就业机会，为产业的发展承担载体的作用，而这一过程是较低的成本聚集的过程。这一时期，城市的方便在于适应的低成本就业和服务的方便。

其次，城市发展的历程中，就业的方便带来了居民收入的增加，城市人口开始了聚集，人口的增加则创造了新的就业需求，人和人之间产生了共同服务的需求。城市出现了社会的分工，工人可以去工厂就业，住房的问题则由建筑商去解决。工人聚集区的服务业开始发展，解决社区的服务问题，如商店、饭馆、旅店、理发馆等，城市的功能发生了变化，提供了服务的多样性内容。随之而来的是居民收入的增加，贫富差距的出现，产业的分工，开始出现了金融业、房地产业、大规模的商业、文化产业、教育业等。无论哪种行业的出现，无疑都是围绕着城市的方便开展各项服务，而连接这些服务业、产业，连接城市的产业和居民的空间纽带，城市的交通业就具有了新的含义。但是在这里交通一定是服务于城市的，服务于城市的各项功能更为方便地运营，而不是用来切割城市的功能。

从城市发展历史的演变，可以看出，城市之所以有人口聚集，在不同的时期有不同的功能，但基本上都是满足于就业和服务的方便。因此人们到城里居住，当然是要解决就业和生活的方便问题。即使在中国，人们进入城市，无论是在新中国成立之前，还是在改革开放后，生活和就业的方便一定是第一选择。但值得说明的是，在不同的发展阶段，城市所提供的方便也一定要遵循城市发展的历史，从就业的方便和到生活的方便是一个低成本变化的过程。而在工业化进程的中期，城市所能提供的方便，无论是就业还是生活，要遵循低成本的规律，也要遵从方便的功能性原则。

从现在的城市看，虽然在遵循着发展的不同制度途径，但是在居民和社会层面的要求上，方便还是第一位的。在欧洲，无论是哪个城市，政府和市场在提供服务上，都要满足方便为第一原则。政府所能提供的无非是教育、公共卫生、环境和基础设施的方便，而市场则是在提供服务业的各个行业上也是必须要满足方便的基本原则。方便贯穿于城市管理者管理城市的始终，政府管理者如果只满足政府官员的需求，选票就会导致管理者下台。而城市的市场供应者也一定不能背离方便这个最为初始的需求。因为市场不让居民感觉到方便，一定不会在竞争状态下生存下去。

中国的城市也带有鲜明的历史印记，因为历史上的中国城市方便总是满足于统治者的方便。所以，都城的设计、皇宫的建造等，无不体现了国家的一切机器都要满足于统治者的方便。尽管中国历史上也有“东南形胜，三吴都会，钱塘自古繁华；烟柳画桥，风帘翠幕，参差十万人家”这样商业性的城市，但是在城市建造的基本功能上，官府对于城市的理解，对于城市的功能一定要优于市民的选择的。虽然那个时候不甚发育的市场也在一定程度上满足了方便的功能，但是市场在集权体制的限制下，总是屈从于政府对于城市功能总体的要求。所以，在中国的城市发展历史中，我们很难感受到从制度上，从功能设计上，能体现方便的基本需求。

新中国成立以来，中国城市的发展虽然延续了人口聚集必然带来的方便的功能，但是，政府对于城市的要求，显然远远大于城市对于市民需求的满足。例如，以往的城市发展中对于生产性功能的要求，20世纪50年代末期限制城市发展的政策等。改革开放后，城市的发展虽然日新月异，但是在城市的功能设计上，更多地体现了视觉的功能，体现了政府管理者对政绩的要求，体现了超越城市发展阶段，违背城市发展规律的遍地开花的生态宜居城市的功能。在城市内部的构造上，例如建筑的设计、街区的设计，往往只看到视觉效应，忽视了方便的功能。从这些例子来看，中国城市的发展，在某种程度上也体现出了一定的历史印记。

## 三、如何看待方便的城市

从当前的城市发展阶段看，城市需要的更多的是方便。我国人均国民收入3000美元左右，在中西部地区的一些城市还要差一些。在这样的收入条件下，城镇居民首先要满足基本的住房需求，更希望享受城市生活带来的方便。如果我们有条件在城区内解决城市的基础设施条件的改善，解决好供水、排水、供电、通讯以及垃圾的清运问题，居民当然还是愿意居住在城里，毕竟这里比起郊区和所谓的生态宜居小区方便很多。

从当前的居民收入水平来看，很少有居民能够买得起第二套住宅。因此，绝大部分城镇居民宁可住在城内面积较小的住宅，也不愿意到郊区去体验生态环境。况且，城里的方便是郊区无法替代的，可以节省很多公共交通的支出。

从当前的就业状况看，在城里居住，找工作要方便得多，即使经营服务业，也比郊区有更好的条件。特别是在中小城市和小城镇，开店小本经营的成本很低，价格也很便宜。例如，在街道经营摊点，在露天市场设摊，很低的成本就可以解决就业问题。现在很多城市的管理目标是容不得这样低成本的就业，把这些作为脏乱差的根源。其实，即使在欧洲等发达国家，这样的就业形式已是比较普遍。

从城镇化的发展趋势看，城镇的方便，也有利于外来务工人员容易进城就业和生活。现在的城镇看着都很漂亮，当然也容不得刚刚进入城镇务工经商的农民，因为他们的衣着、举止以及受教育水平，似乎和现在城里的环境不太相容。宽敞的马路、豪华的广场、漂亮的草坪和绿地，对于城里人和富人是休闲的好地方，但是外来人进来，可能和环境不太相容。这样的城市对于可能要接纳大量外来人口来说，是一个不方便的地方。而农民进城的初始，肯定是要和自己的各种习惯相适应，需要更为方便的适合的城镇。但是哪一类城市能方便地向他们敞开大门呢？

城市要方便，城市的基础设施、公共建筑也需要方便。我们看到城市修建的好多设施，看着很漂亮，也很气魄，但是就是感觉路要走得多，打车要好远，过马路要绕很远才能上过街天桥。火车站看着漂亮，但是上下车并不方便。商业街，看着很宽敞，就是每一个商铺要隔很远，而且还要穿过隔离带，才能走到街对面的商铺中去。飞机场，从停车到登机，要走十几分钟。地铁站的设置，学校的周边环境，处处都感觉不到方便。广场很大，但是不在居民区旁边，要去广场可能要走很远的路。而城市的唯一优点就是好看了，但是好看和不方便相比，用一句传统的土话概括就是“中看不中用”。

## 四、是谁在让城市不方便

既然大多数人都愿意住在城里，既然大多数人都愿意选择方便。为什么现在大多数的城市管理者都在倡导生态宜居城市的概念呢？根据近些年的调查，分析大概有以下几个方面的原因。

第一，盲目地照抄发达国家的经验。近些年，我们的城市管理者出国的机会多了，看到国外的城市居住环境很好，特别是一些发达国家（只是一部分发达国家），居住环境的规划空间尺度很大，绿色生态保护地很好。既然中国要搞现代化，肯定要学习这些国家的先进经验，所以也提出了自己的生态城市的概念。当然对于我们这样人口如此众多，环境条件有着相当大差距的国家来说，学习这些经验显然不适合我们的国情。而且真正要了解国外的城市居民，显然绝大多数的人们也是愿意居住在城里的，他们也喜欢城市的方便。

第二，旧城改造的成本比较高，而低价拿农民地比较方便。土地的限制较少，可以塑造生态的大尺度空间。目前来看，中国的绝大部分城市之所以要选择建生态宜居城市，实际上是在回避旧城的改造。因为旧城的基础设施欠账太多，改造起来成本太高，政府又没有足够的资金进行旧城改造。另外，旧城改造在视觉上看起来效果不明显，基本上都是地下设施，如排水、道路的整修和小环境的塑造。新楼盘拿地基本在新区，低价从农民手里征用，塑造生态概念可以增加视觉效应，同时也和地产开发商不谋而合。

第三，生态型楼盘开发成本较低，深受开发商喜爱。在中国，一般城市政府对开发商开发新楼盘没有对公共服务设施的硬性要求，所以开发商拿地的成本较低，只是缴纳土地出让金或者解决搬迁问题就可以了。因为所谓生态型的楼盘，空间尺度大，对城市的富有阶层比较吸引眼球，不需要兴建各类的公共配套设施，开发商有比较大的利润空间。在全国各地的城市新区，到处都可以看到一片片生态型开发小区，白天看起来绿树茵茵，夜里看起来漆黑一片。这里的居民回到家只是睡觉，其他的消费都要在城里进行。而对开发商来讲，只要把概念做完，房子卖出去，钱赚回来，就大功告成了。

一部分城市规划专家，由于专业的局限，也是生态型宜居城市的鼓吹者。我们国家的规划专家大概有两类，一类是技术型的空间规划专家，一类是环境地理学转为城市规划专家。这些专家偏重于城市的技术规划，忽略了城市的经济功能，在规划中也一般不考虑城市成本和相应的社会问题。正是由于专业的局限，他们谈生态问题驾轻就熟，而且也比较符合城市管理者的政绩观心理，所以一拍即合。城市管理者以城市规划专家的理论为依据，所以生态宜居的城市概念在全国产生了巨大的影响和仿效作用。

## 五、怎样让城市更方便

其实道理很简单，就是回归城市原有的功能。现在讲学习科学发展观，讲“以人为本”，就是要从居民的基本需求出发，来解决城市的方便的问题。

首先，要观念上进行转变。城市是为居民服务的，满足居民的多样性需求，而不是满足领导的政绩观，不是要单纯地满足交通功能和视觉功能。所谓城市的功能，有就业的功能，有生活的功能，有商业的功能，有文化的功能，还有行政和政治的功能。哪些功能直接和居民的生活密切相关呢，我想就业和生活的功能是第一位的，其他的则是服务性的功能，也是辅助的功能。如果这个功能被摆正了位置，也许城市就会更为方便一些。

其次，要从我国的国情出发，不要超越发展阶段，去盲目地建立不方便的所谓生态和宜居城市。当然，近些年，一些城市也提出了建立国际性大都市的口号，其实都是一脉相承。城市自有城市的发展规律，城市也绝不能超越自己的发展进程，否则，会丧失就业机会，丧失人口的聚集，丧失城市的服务业，丧失城市的人气，而且还会带来城市的严重债务。当一些城市的负责人提出生态的目标时，实际上就是要加大城市的建设成本，降低城市的土地利用率。成本增加意味着什么，意味着债务的增加，意味着要平摊在管理成本和税收上，实际也就在降低城市的竞争力。

再次，要考虑到未来的城镇化进程，要建立开放性的城市发展观。城市成本的提高，城市向生态城市迈进，自然就要排斥新增人口。因为越来越多的农民进城，一定会和生态宜居的目标相悖，那也就意味着，城市一定要向外来人口关上大门。其实，城市发展到今天，越开放的城市，越具有活力。开放就意味着城市要为所有进城就业和生活的人提供方便，只有这样才能提高人气，才能增加商气，才能改善城市的人口结构，才能早日在实质上加快我国的城镇化进程。

最后，就是要把增加就业作为城市发展的重要目标或者主要目标。就业直接关系到居民的生存能力。城市方便了，人口聚集了，自然会创造出新的就业需求，特别是创造出服务业的就业需求。我们现在看到的好多工业一家独大的城市，夜晚城市没有任何生气，城市的商业活动也开展不起来。如果考虑到就业，就要增加城市的容积率，增加城市的人口密度，给服务业的发展留出十分紧凑的空间，增加服务业发展的规模效益。据研究，城市发展到一定阶段，服务业的就业比重，要远远超出工业。而服务业的发展恰恰依赖于一个方便的城市发展观。

让城市生活更方便，看起来很简单的道理，真正落实是非常困难的。毕竟在中国“官本位”体制还在发挥着潜移默化的影响，短期行为和政绩观，无时无刻不在城市的管理者头脑中发挥着作用。当然，不可否认，我们对于城市的理解，对于城镇化的理解，确实还面临着知识短缺的问题。因为我们只看到了一些发达国家的表面，地方的官员也往往仿效着直辖市或者发达地区的城市来作为自己的参照系，而忽视了其他国家或者其他城市已经走过的历程，其实是方便和低成本并行的过程，而这一过程不见得都展现出美好的一面，也许伴随着许多城市弊病的出现。但是，这是城市发展的必然规律，也正是在城市提供的各种方便中，城市开始聚集了人口，开始聚集了人气，开始逐步兴旺起来。之后就是政府不断地完善和改造的过程。

如果城市管理者的观念转变了，如果我们关于城市的方便的理念深入人心了，我们就不会再看到一些所谓的形象工程，我们也会把政府的工作中心转变到为居民的切实服务方面上来。那么，城市的形态、景观、公共设施肯定会更加实用，会逐步变成“中看又中用”的城市，即方便而干净的城市。

（2009年9月）

# “腾笼换鸟”和“产业升级”需要尊重规律

最近，沿海各地纷纷提出“腾笼换鸟”的政策，大意是要把传统的工业如劳动密集型产业置换出去，引进一些高技术和高资本附加值的产业。从各地列举上报的数字中可以看出，这些新引进的企业也大多带有高新的特点。这些现象是否说明所谓的腾笼换鸟政策是成功的？我并不这样认为。

我国近些年工业发展的原发优势就是廉价的土地和劳动力成本，因此在沿海地区聚集了大量的产业和劳动力，使得沿海的经济迅速增长起来。应当认识到，目前这种格局并没有发生根本改变。但随着经济的增长和城市化步伐的加快，土地的成本和劳动力成本都在上升，传统产业无法承受沿海地区日益上升的成本，纷纷向内地转移。沿海地区也因为环境的压力和收入增长之后居民需求的变化，开始无法忍受大量外来人口的存在和污染的加剧，更不能继续低价征地用于工业开发。为了新引进的企业具有高新的特点，各地纷纷提出“腾笼换鸟”，要把老企业换出去，引进新的企业、好的企业、污染少的企业、人才优化的企业。

引进企业需要解决用地问题，而中国以往的投资优势就是廉价的土地。引进企业解决用地只有以下几个途径：新增用地指标，过去积累的储备用地，从旧厂房、旧村改造中置换用地。目前看，新进入的好企业大多是沿袭前两种方法。毕竟土地价格可以压低，可以降低企业进入成本。但是“腾笼换鸟”大多是指后一种方法，因为各地没有那么多的用地指标和储备用地。不少传统企业则处于惨淡经营的状态，正是这些企业用地大量闲置，利用价值比较低。

然而“腾笼”是需要成本的，需要解决企业搬迁费用和土地置换费用。这两种费用远远大于征地成本。而且搬迁的谈判还要承担社会成本，无论是政府还是投资人，都不愿意抬高成本或者增加麻烦，结果就是大量的企业仍然维持现状。新增企业不得不仍然依赖于新增用地指标，或者沿用开发区模式。如果一些新投资者继续发展传统产业或劳动密集型产业，那么就只能转向中西部地区，那里有富裕的土地指标，征地价格也偏低，企业的进入成本相对较低。

应当看到，沿海地区的传统企业尽管面临着成本上涨的压力，但是仍可以维持经营。毕竟对于这些企业来说，搬迁的经济成本和社会成本也是难以忍受的。我们现在看到的情况是，无论珠三角还是长三角，大量分散存在的传统劳动密集型产业和在开发区高度集聚的新兴产业并存。这将会持续很长一段时间，是暂时无法改变的现实。因为无论是企业自身搬迁还是“腾笼换鸟”，都需要成本，而这些成本无论是对于新兴产业还是对于传统产业都是无法承受的。

比较容易实现“腾笼换鸟”的应该是在特大城市周边，但这不是和产业升级挂钩的“腾笼换鸟”，而是等同于当年大城市的“退二进三”。因为只有服务业和房地产业可以承担得起“腾龙换鸟”的成本，在这方面，各地都有很多现成的经验。我们在各大城市的核心地带很难追寻传统工业的痕迹，就在于他们早早就按照市场的方式被服务业和房地产业替代了。

总而言之，地方政府提出各种口号，一定要符合经济规律和市场规律。“腾笼换鸟”不是不可以实施，而是要在政策中明确指出换什么。只有从二产换成三产，才可能实现经济上最合理的置换。要换成三产，也得有先决条件，城市发展的思路要转换，要提高城市的密集度，才有可能实现三产的发展空间。按照工业发展模式所规划的粗放型土地空间利用模式，一样会抬高服务业成本。

还有，盲目提出产业升级而忽视了扩大就业的目标，也不符合我国的现实国情。毕竟我国有13亿人口，符合标准的人才和知识储备条件只能支撑少部分的产业升级。针对城镇化发展的现实，大量农村人口向非农产业转移，需要更多的是中小企业和劳动密集型产业。这些企业的发展也需要空间，更需要政策的扶持。过早地把它们“腾笼换鸟”或“升级”出去，一是不现实，二是不可能，三是不利于就业，而且其代价会更高。

（2012年5月）

# 关于城市产业升级问题的思考

过去30年，我国产业发展主要得益于低成本优势，廉价的土地、劳动力和环境成本成为促进我国经济迅速发展的主要因素。随着产业的迅速发展，一些地方政府也提出要推动产业升级，然而对产业升级的认识存在诸多误区。

产业升级首先是市场行为，是企业行为，而不是政府行为。在当前我国产业发展模式下，政府一系列推动产业升级的行为可能会取得适得其反的效果。因为我国的优势在于低廉的要素成本，而不是产业研发能力上，如果通过政府行为片面地推动产业升级，可能会使企业背离发展优势。

从全球来看，世界经济一定是高科技产业和生产传统产品的中小企业并存的一种结构。人类既需要高端的高科技产品，又需要与生活密切相关的服装鞋帽、锅碗瓢盆等生活必需品。高科技产品一定是全球性的，需要全世界研发人员的集中。美国引导世界科技发展也是在二战以后，因为二战后大量人才在美国的集中，促进了美国产业结构的升级，以及高科技产业的迅速发展。可以说，人才结构和科研研发能力是决定产业升级和高科技产业发展的主要因素。推动产业升级也非一朝一夕能够完成，成功经济体的产业结构也一定是高中低端产业并存的结构。

当前，中国最丰富的资源要素仍然是廉价的产业技术工人，以及与这种资源要素结构相适应的广大中小企业及其经营者，这既决定了当前中国产业结构的现状，也决定了当前难以开展大规模产业升级的现实。特别是在二、三线城市，从事劳动密集型产业的中小企业才是这些城市发展的基础，才是这些城市具备活力的源泉。一些地方政府也意识到人才对城市发展的重要性，但却盲目地认为，高科技的研发人才才是城市发展所需要的人才资源，忽视业已存在的各类产业技术工人和广大中小企业经营者，从而盲目地推进产业升级，去追求发展高科技产业。

为了吸引技术研发人才的集中，一些城市政府寄希望于改善城市物质形态条件，并开展了大规模的城市建设，来改变城市的外观形态，来改善城市的生活环境。随着投入的增加，就需要企业为城市建设支付成本，也变相地抬高了企业的税负成本，使得中小企业失去了赖以生存的低成本优势，大量中小企业因此走向了消亡；同时也提高了未来企业的进入门槛，扼杀了城市发展的活力。

当然人才选择到哪类城市发展，是对各类城市综合因素对比的结果，不但要比较城市环境，而且还要比较各类城市的公共服务条件。北京、上海、广州等一线城市，不但在科研院所、人才培养等软环境方面的优势明显，而且还集聚了重点学校、优质医院等高质量的公共服务资源，这些都是吸引人才的重要优势。因此对二、三线城市来说，仅靠城市建设难以达到吸引人才的目的，反而会抬高企业发展成本，排挤出大量中小企业，也会流失大量的中小企业经营者，最终既没有达到吸引人才的效果，还流失了大量的宝贵人才资源，实质上是得不偿失的。

（2012年5月）

# 第二篇
# 中小城市发展思路之漫谈

# 城市的发展与“拆迁”

最近下去调查，经常遇到地方官员向我诉苦，诉苦的主要原因就是“拆迁”的任务太重。据说，河北省提出了三年城市发展大变样的目标，要求各级城镇政府，在三年内要大拆大建，改变城市面貌。如果地方政府负责人在规定时间内完不成所要求的拆迁任务，可能要承担行政责任。其实，关于拆迁的事情不仅仅发生在河北，前几年去沿海发达地区的一些城市，当地政府负责人也都明确规定了拆迁的要求。在一个我多年抓试点的经济发展水平很好的小城镇，政府负责人就在为拆迁而困惑。

## 一、城市的发展为什么要拆迁

其实，关于拆迁的事情不难理解。因为中国的城市以及小城镇发展得太快，因此政府官员急需改变城镇形象。如何改变，城市的景观到底应该是什么样子，大多政府官员心里并没有数，只有仿效，仿效什么呢？国外的城市就是榜样，去美国多了，去澳大利亚多了，就喜欢大尺度空间，喜欢摩天大楼，喜欢宽广的街道，喜欢漂亮的草坪和绿地。去欧洲，则是喜欢古典的西式建筑，喜欢古老的欧式洋房，喜欢欧洲的生态景观。如何使我们的城镇在发展中变得现代化，可能西方城市的形态、景观、街道和建筑模式，都会是地方城镇政府官员所仿效的对象。当我们的大城市、特大城市已经开始在城市建设上向西方学习的时候，一些中小城市和小城镇出国较少的官员，只有仿效已经快速西化的国内特大城市和中心城市了。而要这样做，没有别的办法，时间紧，政绩要求的任务重，拆迁成了唯一的选择，只有拆了，才能“旧貌换新颜”。

前些年，城市的发展可以很随意地征用农民的土地，因此城市的发展一般都是“摊大饼”的模式。低价从农民手里拿地，是20世纪工业发展、城市积累资金最重要的手段。所谓“以地生财”，就是这样一个从农民手里低价征用土地，获取政府发展资金的模式。可是现在难了，耕地保护的禁令，使得占用耕地的难度大大增加了。解决城市发展的资金，只有增加成本，啃旧城拆迁这块硬骨头了。其实，即使就是旧城改造，大拆大建，在政府和开发商的算盘中，还是有利可图的。因为压低补偿标准，拆迁后增加容积率，都是远远高过补偿的。所以，政府的拆迁，还有经济上的原因，特别是中小城市的旧房子，基本都是平房，最高也不过两层楼，相对于政府和开发商可能得到的利润，还是小巫见大巫了。

拆迁在政府的工作模式中，也是城市发展的唯一途径，可谓“自古华山一条路”。因为在政府官员的心目中，只有通过拆迁，才能完成城市的改造；只有通过拆迁，才能真正改变城市的面貌。因为土地是国有的，建设是政府的责任。还有，拆迁要通过规划来实施，而只有规划的拆迁，才能达到政府所期盼的形象效果。那么深层次的原因是什么呢？就是在我们传统的历史中，官员往往认为自己的决策素质高，他们看到的或者他们头脑中的景观往往代表着现代的要求。而被拆迁的对象，城市的居民和贫民，应该是被改造的对象。过去我们是试图改造他们的观念，那个时候强制的改造失败了。现在我们试图改造他们的居住形态，也要采用强制的方式，来达到政府官员理想的形态模式。殊不知，无论是中国，还是在西方发达国家，好的建筑形态和景观，只有以下几个来源：中国的小城镇保留的古建筑，帝国的皇宫或者王宫，还有就是寺院。皇宫和王宫可能只在都城和王城里才有。小城镇的古建筑，肯定是建立在原来的土地私有基础之上的。因此，在建筑形态史上，真正可看的景观就是私有的建筑和皇家建筑。但是在中国，我们现有的土地所有制和开发的模式，往往是否定这种建筑类型的。因此，最后城市景观发展的结果，肯定就是政府官员主观认可的产物了。而要达到这个结果，当然只有“拆迁”。

拆迁并不一定是不合理的行为，因为只要是存在的，就有其合理的价值。而且对一些特大城市来讲，拆迁也是城市发展的正常产物，因为拆迁的经济成本，在这样的城市可以被土地的高度集约利用以及升值所补偿。问题是，是不是所有的中小城市都可以仿效，是不是无论在什么发展阶段，即使是贫困的县城和小城镇也要这样仿效，这是值得我们深思的。

## 二、“拆迁”是要付出成本的

无论从理论上还是在现实中，城市的发展严格来说是经济发展的必然成果。既然是一种经济现象，那么城市的发展必然要遵循经济的规律。所以我们也必然要把拆迁作为一种经济的行为来分析。

首先，拆迁是否可以实施，必须要看拆迁是不是可以通过合理的补偿，使得被拆迁者自愿地离开。在国际上，拆迁是一种谈判的博弈。拆迁者和被拆迁者，要经过谈判，达到双方对补偿价格的认同，拆迁才可以得以实施。但前提是，在国际上产权的界限十分清楚，法律体系比较完备，因此，在拆迁上引起的纠纷，或者经济上的谈判很少引发为社会的抗争行为。在中国，由于没有清楚的产权界定，土地不是国有就是集体所有，公有制和土地征用的办法，都是由政府来界定的。因此，被拆迁者从一开始在法律上或者在谈判中就不具备优势地位。因此，所谓平等的协商或者真正达到理想的补偿结果几乎是不可能的。所以，我们基本可以认同，在中国，拆迁的补偿结果，只能是政府认可的最大补偿。既然如此，各地补偿结果就有很大的差异，也可以因人而异。正是在这种情况下，被拆迁者往往是极其被动的，也是弱势的一方。往往也是这个原因，拆迁的补偿，在政府的压力下，带有强制的特征。被拆迁者也就不可能情愿地离开，这里并不存在着自愿，只是一种无奈。由于这种原因，拆迁在谈判中的成本，往往可以被忽略。

但是拆迁不等于没有成本。在特大城市或者中心城市，拆迁是发展中的必然结果。毕竟土地升值预期较高，土地容积率增加带来的可能性收益增大。所以，无论是开发商还是政府，收益是肯定的。在这种情况下，满足被拆迁者最基本的要求，住房和现金的补偿，阻力较小。毕竟被拆迁者没有足够的谈判地位可以和政府或者开发商叫板。例如，北京的城区拆迁的补偿费用相对于中小城市要高很多，虽然达不到国外的那种谈判效果，但是相对于国内的现实，当地的居民还是比较容易接受拆迁的补偿条件的。尽管也很少人愿意抗争到底，可是能得到的结果也是十分有限的。不过这也是大城市拆迁的特例。

是不是所有的拆迁都可以达到合理的升值预期呢？这确实要具体问题具体分析。对于许多中小城市和小城镇来说，拆迁可能带来的收益不见得会抵消补偿的成本，而且还会带来一定的社会成本。

中小城市的地价升值潜力有限，往往和政府的预期有较大的差距。阻止地价升值的主要原因是人口的规模和可能的投资规模。我国目前仍没有摆脱廉价土地和廉价劳动力支撑经济发展的增长方式，也就是粗放型的增长方式。特别是在中小城市，工业的地价偏低，房地产发展由于人口规模的限制，也很难有较高的回报。因此拆迁的结果不是政府承担由于补偿而带来的债务，就是强制压低补偿价格而导致被拆迁居民的不满，引起上访或者群体性事件的发生。

拆迁也要面临公共基础设施投入的压力。在中小城市的拆迁中，可能会有一些街道的改造会导致地价有限升值，但是升值的绝大部分收益可能被开发商拿走，而公共基础设施投入的成本，往往由政府来承担。结果是当期政府拆迁，后任政府解决公共设施投入的问题。长此下去，就形成了政府面对社会公共服务的债务，在很多地方已经成为政府的负担。表面上看，很多地方完成了拆迁，街道面貌得到了改善，但是基础设施供给仍然存在着严重的问题，如供水、排水、垃圾处理和清运、环境卫生等。

## 三、拆迁的成本还会转化为其他成本

许多地方领导假定，拆迁之后，面貌改变了，会带来地价的增长，会带来商业的繁荣。当然对于一些已经形成了一定的经济规模和人口规模的城市，确实如此。但是，从普遍规律来看，即使是在特大城市，当实施了拆迁以后，往往成本会转化为其他的成本，进而直接影响到经济和社会的发展。

拆迁的成本会转化为商业的经营成本。很多政府官员往往认为拆迁了，地价升高了，政府可以有预算外的收入，开发商也可以通过出卖楼盘获得开发利润。实际上并非如此。我记得20世纪90年代，长春市有一个著名的商业街叫长江路，这里原来店铺林立，平常就人流熙攘，商业十分繁荣。但是当时的市委书记提出大拆大建，把长江路全部拆迁，建成新的商业街，可是建完了之后，店铺的招商却成了问题，商铺门面出让不出去。十几年过去了，原来的商业街成了烂尾楼扎堆的地方。原因是什么，就是因为拆迁之后，所有的补偿价格和建设成本，都要平摊到商铺的门面房中去。而商铺的经营者如果按照开发商的价格承租或者购买这些门面房，所有的价格都要平摊到商品里，那么原来长江路经营中的价格优势不复存在。商铺经营者算了成本以后，认为将来可能无力偿还贷款，甚至经营还得面临亏损。正是因为如此，长江路的改造成了长春市大拆大建的最大败笔和成本转嫁的真实写照。在北京的隆福寺商业街改造也是如此。在小城镇，拆迁的负面作用更为明显。我记得也是在20世纪中期，江苏省张家港市有一个妙桥镇，是全国著名的羊毛衫批发市场。当时由于商业繁荣，给这个小城镇的发展带来了极大的生机。后来一个镇委书记认为要给羊毛衫市场升级换代，体现现代化的规模，就对原来的比较传统的市场开始进行拆迁，兴建现代化装饰和建筑的市场。然而由于忽视了羊毛衫批发成本的问题，当新市场兴建之后，羊毛衫的批发成本的竞争优势不复存在。羊毛衫市场批发价格的竞争优势在分厘之间，如果加上昂贵的摊位费和门面价格，使得本来成本低的竞争优势在大拆大建中完全丧失。妙桥市场的衰落，意味着在拆迁中，政府的强制力和竞争优势是错位的关系。

拆迁在地方政府强制推动下，可以通过低价补偿来缓和成本矛盾，但是同样也可以把经济成本转换为社会成本。近些年农村和城市的上访，主要原因之一就是拆迁引发了社会矛盾。20世纪90年代，由于低价征用耕地比较容易，那个时候上访基本是因为征地的矛盾。而现在，因为耕地占用受到了严格限制，因此，拆迁成为新矛盾的导火索。无论是城市拆迁还是工程拆迁，由于被拆迁者并非自愿，而且补偿价格和预期较低，同时又直接地影响到了原来的就业，大规模群体性事件发生的频率越来越高，规模越来越大，暴力性越来越强，已经成为当前社会关注的焦点。尽管上级政府已经明确了所谓的一票否决，但是因为拆迁违背居民和群众意愿的事情还是经常发生。上访和社会群体事件已经给地方政府带来了非常大的压力。看起来，拆迁通过政府的强制性作用，降低了经济成本，但是转而引发的社会成本，却会对经济和社会的发展带来双重的威胁。最近遇到的几个地方城镇政府的负责人，谈到拆迁的事情都在摇头，显然他们还没有对补偿问题担忧，却对上访和社会矛盾谈虎色变。

拆迁还会导致城镇的服务业发展受到影响。一般来说，工业的发展地价较低，因此地方政府不愿意因为工业用地而进行拆迁。拆迁的基本目标要么是城市形象的改变，要么就是房地产的开发。因为这两个原因，拆迁后的空间尺度都比较大，结果是分割了城市的商业发展的功能。形象工程是通过广场和绿地以及街道来整合城市的，恰恰这些景观的工程牺牲了服务业或者商业发展的空间，加大了经营者的成本，造成了购物者的不方便，最后使得城市的功能简单地服务于视觉。房地产的发展，在没有一定人口规模的城市或者小城镇，会将房地产的成本平摊在商住面积上，因而提高了服务业的价格，使得服务业的发展缺乏竞争力。当然以上的例子要因地而异，因为城市的规模决定着拆迁的成本支付和回报能力。但是在我看到的许多城市，无论是特大城市还是中小城市，甚至是小城镇，在拆迁过程中，牺牲了服务业的发展，都是政府所始料不及的。

## 四、城市的发展并不一定都要通过大规模的拆迁

现在我们看到的城市大多是通过拆迁来实现的，而且这些拆迁一般都是整片开发。当然许多中小城市和小城镇也在仿效。但是据我所知，拆迁在广东和一些大城市的“城中村”是很困难的事情，毕竟这里的农民或者村集体对于土地的价值有着非常清楚的判断。在广东和大城市的“城中村”是不是因为没有拆迁就会影响到城市的发展呢？这里就有一个非常必要的假设，发展的定义是什么？是视觉、是城市形象，还是居

民的就业和收入水平，或是居民生活区域的基础设施条件的改善？

可能对于大多数政府官员来说，前两种定义是发展的前提。因为拆迁了，才有房地产商的进入，才有土地出让金的实现，才有GDP的增长，才有城市的形象，才有政绩。如果是按照居民的要求，特别是被拆迁的居民的要求，他们需要的是就业、收入的增长和自身生活区域环境的改善。发展的定义对于他们来说，最简单的就是满足每个个体自身的基本要求。这样就形成了几乎对立的矛盾，政府官员或者开发商的诉求和居民不完全一致。但是前面已经讲过，在这里，当政府的力量借助于行政强制手段时，被拆迁者肯定处于弱势地位，因此拆迁是肯定可以成功的。

能不能在政府和居民的诉求之间达到一种平衡呢？在国外也有拆迁，但是这是平等的谈判过程。那就意味着拆迁可能会带来巨大的经济和行政成本。不过我们并没有看到这些国家的发展停止了，而且发展速度仍然很快。那么在我国的地方城市呢，形象变化的日新月异，确实看到了拆迁所带来的巨大收益。但是，也经常能够看到，政府的债务在增加，城市夜生活在萎缩，服务业的发展仍没有在整个经济结构中占有重要位置。那么也就是说，我们看到了短期的效果，但是长期上来看，还是存在着巨大的问题。

其实，我们还是应该能够找到解决的办法，但是，首先应该清楚我们的目标。很多城镇政府的负责人认为所谓发展就是人口增长，建成区面积扩大。我们经常帮助地方来制订发展规划，制订规划的过程中，经常发现地方严重高估规划的人口和面积。一般是两个原因，一是希望城市做大，提升行政的重要性；二是为面积的扩张铺垫，试图获得更多的建设用地指标，这样政府会有更多的土地出让收入。实际上，一个城市的发展是不是一定要人口扩张？国际经验表明，除了一些特大型城市之外，一般的城市发展目标是让在城市居住的人的就业机会增加、收入增长和生活环境得到改善，城市扩张并不是主要的目标。所谓就业的增长和收入的增加，其实就是按照现有的就业结构，来维持稳定的就业率。通过拆迁，是不是会增加就业机会呢？短时间内会，但不一定是本城市的人就业，很可能是建设者，其完成了施工就会转向其他城市。而拆迁导致的成本增加和商业环境的破坏，很可能会损失就业机会。面积扩大短时间在政府看来是一件好事情，为城市未来的发展和人口聚集留下了足够的空间，政府还可以得到较为丰厚的土地出让金。但是面积扩大，超出了政府的基础设施投入能力，有可能为未来的基础设施建设增加成本。因为面积越大，基础设施投入的规模越大，财政支出的压力越大。而如果由于面积大导致了财政能力的萎缩，基础设施供给的不足，那怎么能成为城市发展的重要目标呢？

拆迁也和居民收入的增长没有直接的关系，因为拆迁导致了商业成本的增加，特别是对中小城市来说，拆迁对于原来依赖于低消费的商业店铺的经营者，可能就会丧失经营门面。当然政府也许给予同样门面的面积进行补偿，但是开发商未必情愿，而且还要被拆迁者承担一些必要的费用。但是以往的商业经营环境，很可能在拆迁中遭到了破坏。北京市平安大街的改造，拆迁走了很多原居民。从视觉上看，好像体现了民族特色，但是由于新的街道没有解决店铺的停车位问题，原来预想的古建筑特点加上商业经营环境更新的目标并没有实现，肯定是影响到了在此购买商铺的经营者的收入增长问题。虽然北京还算是一个特例，而且拆迁补偿的价位很高，其实从平安大街拆迁搬走的住户，拿到的补偿价格和后来飙升的房地产价格相比，肯定是心理不平衡的。

在许多城市管理者的心目中，拆迁建新城，一定会得到老百姓的拥护，而且旧城的人一定会搬到新城，这样老城改造的压力就会减轻。城市面貌的变化，城市的发展也就通过拆迁实现了。可是事实上并不是这样的一个发展轨迹。因为这些想法多是基于一种假设——居民愿意居住在好的环境和好的住房中。我遇到过的村庄拆迁的例子就给我很大的启示。在天津市西青区的张家窝镇，20世纪90年代，由于大量的农民从事乡镇企业，镇里决定实行村庄搬迁计划，在这里盖了农民新居，希望把原来的村落腾出来，发展产业。结果是一部分年轻人搬到城里去了，居住条件得到了明显的改善，可是家里的老人并不愿意去，虽然由于大部分村民的搬迁，村庄人气凋零，但是老人住在这里，乐此不疲。镇里也很无奈，毕竟不能采用强制的方式，只能等，等到十几年以后再说。另外的一个例子，就是我们在河南省永城市做规划的时候，就遇到了老城和新城的问题。政府认为建新城，促进老城居民搬迁，可以改善居民的居住状况，老城拆迁可以使得地下的煤炭资源得到开发。当然政府很明智，采用了先建新城，后拆老城的方法。可是新城建成了，确实也很漂亮，老城的人就是不愿意搬到新城去。政府肯定也不会采取强制的办法，但是原来的预期没有得到实现。原因就是老城的人生活成本很低，而且还有其经营的店铺，生活起来很方便。更重要的原因是，如果要买新房子，还要花费多年的积蓄。对于中国人来说，动用储蓄是件很痛苦的事情。

以上的两个例子应该说是比较好的，政府没有先通过拆迁来进行改建。事实证明，虽然政府最初始的预期并不是不想拆迁，只是程序上走了先建的路子，但是原来的预期并不是理想的结果。这当然取决于我们对城市发展规律的认识。

还有一个例子就是我最近在一个大城市郊区调查所遇到的情况。一个郊区小镇准备开发，准备制订战略发展规划。当然邀请我们去的主要原因是在产业发展上要有什么样的考虑，希望我们介绍一下全国各地的经验，并帮忙出出主意。区里介绍情况的时候，是在这个小镇全面进行拆迁的时候，特别是将镇中心区的商业街全部列入了拆迁计划，预计20多万平方米的拆迁任务。我们在讨论的时候，首先，需要确认这里未来发展的主要功能是什么，这个小城镇的中心区域拆迁了主要来做什么。区镇政府的官员回答，这里拆迁了以后还要盖商业区，功能是为这个小镇其他的产业和居住区作配套。我们又问到，拆迁以后补偿加上重建的成本是多少，回答在2亿元左右。我们又问到，拆迁的目的是什么，回答是改变形象，和周围的景观相对吻合。其实我自己心里早就有了答案。因为这个小镇的中心商业区是作为配套和服务功能，那么并不影响新建小区的整体环境。我给镇政府的答案是，这里没有必要拆迁，如果就是拆迁了，补偿的成本和重建的成本一定要平摊到商业的经营成本上，抬高物价，影响了小镇商业的集聚。而人们选择到郊区居住，物价较低肯定是重要的选择因素之一。再有，就是改变形象有很多办法，例如，由开发商拿出钱来补贴镇里的居民，改造外部形象，估计有一两千万就够了。这样成本没有太大的增加，居民也没有意见，甚至还欢迎，就业问题也稳定了。与原来的方案相比，开发商节省了1.8亿，形象也改变了，政府也没有太大的社会抵触的压力。按照原来的办法，很可能还会出现上访等问题，现在一切迎刃而解。

其实，发展有很多的办法，即使是同一个发展目标。但是我看到的很多地方城镇政府的官员，甚至更高一个层次的官员却非常热衷于推荐拆迁。原因在于，大量的工作实践，使他们没有足够的时间去考虑城市的发展思路和途径问题，因此，对于方法、路径以及可能带来的后果没有深刻的认识。当然，现在的决策方法也有很多问题，听取意见较少，参照其他地方的经验只看现实不看过程，急功近利，希望获得政绩效应等。但是，一旦错了，就会给社会发展带来不利的后果，给城市的发展增加了成本，造成社会抵触情绪，可能危害会更大。这就是我们从城市发展的目标理解中，来认识拆迁的问题的一个基本考虑。

（2009年9月）

# 城镇的街道交通建设和城镇的经营管理

几年前，我在一个小城市做调研时，当地政府的负责人向我介绍，城里的一条商业街塞车十分严重，已经成为城市政府管理的老大难问题。因此政府决定，把这条商业街整体拆迁改造，扩大街道的宽度，增加车流量。我问道，改造需要多少投入，他算了一下，说是需要几千万，但是在拆迁后，地价可以升值，政府的投入可以通过土地出让收益得到补偿而且还可能有盈余。我继续问到，居民对于这样的改造是否愿意，答案当然是居民不支持。但是，政府为了城市街道的畅通，为了公众的长远利益，必须这样做，最终也会得到居民理解。我又问道，那为什么不在这里安置几个交警，加大处罚措施，这样也会达到街道通畅的效果。我算了一个账，如果街道两端各放一个交警，上下午分两班，总共需要4个交警。那么按照交警一年的工资3万元计算，4个交警每年总共才12万元，这样就可以解决这个问题了。12万元乘以10年才120万元，相对上千万元，哪个成本低呢？当地官员无语，但是这并没有影响到他们继续实行拆迁和改造来拓展街道的计划。

如何来认识城市的街道问题，如何来理解街道设施建设和城市发展的关系问题，从那个时候起就深深地印在我的头脑里。虽然还有很多例子，都足可以证明我们对街道和城市的关系认识并不深刻。可是在近些年我国的城市发展史上，政府官员因街道决策的失误，而导致城市的服务业发展迟缓，商业环境的破坏，甚至是过量的投资和拆迁，毁坏了城市的景观形态等，造成严重的土地资源的浪费，这样的例子不胜枚举。

## 一、影响街道交通的城市要素

很多人看到了街道堵塞，第一个想法就是街道窄了，因此就想要扩充街道的宽度。很多政府官员看到北京堵车，也会认为自己这里将来也会像北京一样堵车，因此在规划中就提出了超前的设想，把街道修宽一些，这样就可以“未雨绸缪”。正是基于类似的思路，全国各类城市在规划中，都把街道作为非常重要的因素来考虑。因此城市无论大小，街道的尺度和标准基本一样，所谓主干道、次干道等。这样的规划标准和原来的计划经济思路几乎是一样的，自上而下按同一个标准来制订，地方也只能按照这个标准来“超前规划”或者“提早实施”了。

城市是有大有小的，人口规模对于街道的影响是不一样的。一个几百万甚至上千万人口的城市的街道问题和一个几十万人的小城市有着根本的差别。在北京郊区的一个小城镇，人口20万人左右，主干道按照标准修得很宽，双向6车道，加隔离带、自行车道和人行道，大概60米宽。白天我在政府楼上看，路上几乎没有几辆车。前些年，我去苏北的一个县，据说县城改造在全国是最成功的，领导还因此得到了升迁。十几万人的县城，中心的街道干道建设和上边列举的北京小镇几乎一样，但是车辆却寥寥无几。结果是自行车上了主干道，甚至行人也沿着主干道最外侧的车道行走，绿化带、自行车道和人行道基本上都成了装饰。

为什么车流如此之少，原因很明确。20万人的城镇，车的总拥有量不高，因此不会造成大城市那样的交通压力。还有，人口少，建成区面积也小，通勤里程当然也小，肯定也不会对街道带来严重的压力。因为在十几、二十几平方公里的范围内，人们上班和生活选择的交通方式很多。

当然城市的收入水平和街道交通也具有直接的关系。中国虽然近些年发展很快，但是也存在城市发展不平衡比较现实的因素。在沿海发达地区和一些特大城市，人均收入水平很高，所以汽车拥有量很高。例如，北京拥有汽车的人数已经超过了总人口的25%，达到了汽车城市的标准，街道交通拥堵已经成为制约城市发展的一个重要因素。可是相对于中西部的一些小城市或者小城镇，人均收入水平还赶不上北京郊区农民的人均收入水平，汽车拥有的数量远远低于大城市和特大城市。这样的城市距离汽车城市还有好几十年的距离，街道的发展还是应该让位于城市其他功能的塑造，而街道按照规定标准来修，肯定会造成很大的浪费。

街道交通和城市区位也有着密不可分的关系。如果一个远离于人口稠密区的城市，即使车的拥有量高一些，由于外部车流量少，也不会对街道交通造成太大的压力。在东部沿海的城市群，也要具体问题具体分析。虽然城市和城市之间距离很近，但是分属于不同的行政区，如果城市之间在就业、购物和社区衔接之间没有必然的联系，即使两个城市总的汽车拥有量很大，也不等于城市内的街道交通会受到严重影响。例如，在广东珠三角地区，很多城市和小城镇连在一起，平均每个城市都有几十万人，但是我们看到的街道拥堵的地方一般在城市的连接交通线，如高速公路和城际间交通干线。而在城市内部或者小城镇内部，街道拥堵的状况并不是特别严重，而且很多街道拥堵的原因在于人、自行车和机动车的混行。

城市的街道和产业的布局有着密不可分的关系。我在一些城市调研中经常会遇到这样的状况，工业区的用地尺度很大，主要表现在街道设施的修建上。我记得一个西部的特大城市的工业园区，主要干道都在双向8车道以上，更不用说还有绿化带和自行车道人行道分离了。同样，在中西部的小城市也看到类似的状况，工业区的主干道虽然没有那么夸张，但是也是双向6车道。但是，在我们经过此地或者参观时，白天很少看到车流。在询问当地政府官员时，回答是，应该在上下班时车流量大。其实，我知道这只是一个借口。因为工业区上下班的基本上是工人，有车族很少。而运货用车虽然在上班期间，可是也不会造成大量的街道拥挤。一个城市，如果是工业区、商业区和居住区混在一起，可能会造成街道拥堵的现象。现在在布局上已经把区域的功能细化和分割了。因此，从产业的分布上来看，只是在不同的功能区之间上下班会出现街道交通流量加大的现象，是否会达到拥堵，是否会需要如此豪华的街道设施，可能是需要认真考虑的。如果在小城市，这样的答案几乎可以是否定的。所以，我们评价街道的交通流量，很少有人考虑到城区内什么样的区域可能会出现街道拥挤的现象。什么样的产业和行业会加大街道的交通流量。再例如，物流业相对集中的地方，肯定会是车流量较大的地方，特别是农产品批发市场，涉及产品保鲜和每日的供应，一般车流量都比较大。但是对于工业品的物流，车流量的变化还是应该对应产品的销售周期，这些产品不存在保鲜问题。而城市的商业区，可能对街道交通有复杂的影响，例如，这里的人流量很大，也会影响车流量的增加。但是车流量的增加也会切割商业区的功能，影响到商业的环境和消费者的购物欲望，甚至街道噪音和扬尘的污染，会对商业的购物环境产生不利影响。还例如，城市的中小学的分布对街道交通的影响也很明显，上下班的时候，也是家长接送孩子上下学的时候，无论是停车还是在这个区域的车流量，明显增大。但是过了这个时候，车流量明显下降。在特大城市和中心城市，影响街道交通的因素很多。但是在中小城市，各种内部因素的作用相对要小得很多，而外部条件会产生突出的影响。

## 二、街道交通对城市的影响

很多人都认为城市的街道应该是畅通的，因此，城市的发展一定要把街道状况的改善放在首要的位置。对于已经进入汽车化时代的特大城市来说，街道交通拥堵已经是城市居民抱怨最多的一个话题了，街道交通的好坏直接影响着民意。凡事总是有两面性，当城市政府的官员力图按照超前的规划设计来进行街道交通建设时，一些副作用也会产生。

街道和市场以及商业的发展环境有着密切的关系。应该说城市发展的历史是离不开交通干线的，无论是沿着河流还是海岸线或者商业通道，一些城市的兴起，就是源于好的商品输送通道。在我国小城镇的发展，基本上都是沿着公路干线逐步兴起的。由于车流量的增加，汽车司机的栖息地沿着公路干线两旁伸展，传统的集市贸易也在这里形成了规模。有时候我们形容中国小城镇缺少规划的时候，经常引用的词句就是马路城市和带状城市，因为企业、商店、市场基本上都是沿着马路延伸，城市也就是这样被无数个小城镇连成了片，形成了现在的城市群。

当街道和公路干线成为了城镇内部交通的主要网络时，街道和商业的环境就会发生冲突。由于大规模的集贸市场的出现，交通产生了严重的拥堵，过往的司机就会抱怨集市妨碍了交通。而过路汽车带来大量的二次扬尘和噪音，也会对集市的环境产生严重的污染。交通和市场就是在这样相互依存、相互抱怨的环境下逐渐发展起来的。

没有街道，也就无所谓城市，街道把城市的所有要素从空间上连接了起来。有了街道，人们才可以出行，店铺只有沿着街道才能开办，商业沿着街道才能繁荣。但是，当我们对街道和城市的关系没有清醒的了解时，在建设街道时就会经常出现这样那样的误区。例如，当过分夸大了街道的功能，或者把街道的某一项功能过分放大，就会对城市带来负面的影响。

对街道交通功能的放大是由于人口增长，经济流量的增加，特别是汽车成为人们出行的重要交通工具时，城市的街道开始堵车。交通的堵塞引起了城市管理者对街道的关注。在一些城市，管理者往往还没有对街道的功能有着清醒的认识，就开始关注如何清理街道或者改造街道，以便于使交通畅通。因此我们看到了大大小小的城市都在进行城市的改造，整修街道是一个主要内容。在我去过的一个广东的小城镇，原来的商业街大概15米宽，商业十分繁荣，但是规划部门要求对这个街道进行拆迁，原因是不符合城区内街道交通功能的要求。因此，要求两边各拆迁十几米，使街道宽度达到40米宽。还好城镇的管理者十分清醒，他知道这个商业街的价值以及拆迁会引发什么样的效果。他没有按照规划部门的要求去扩大这条街道的交通功能，而是从保留这个街道的商业功能出发，维持了原来的宽度。商业没有受到影响，交通问题通过其他的方式得到解决。如果我们大部分小城镇和中小城市的管理者都能够认识到这个问题，我们可以保留多少城市的商业传统，可以解决多少商业就业问题呢？事实上，很多人想不到，街道宽了，等于消费的购物半径增加了，单位时间内可以逛的商店少了，就会大大降低购物者到这里集中购物的兴趣和需求。而且街道宽了，车流量增加了，人们只能在街道的一段来逛商店，进行消费和购物，要到达街道的另一端还需要多走一段时间绕行，而原来直接穿过马路就可以。前几天，我去了澳门大三巴，那条商业街每天人流熙攘，带来的商业和购物乐趣，也是一个旅游的热点。城市就是因为有了这些商业的街区，才逐渐兴盛起来。可是，当管理者忽视了这一重要因素，盲目去扩大交通功能，产生的最大负面作用就是商业功能的丧失。

街道视觉功能的放大。一般来说，在城市发展的历史上，街道并没有视觉的功能。随着经济的发展，城市的基础设施的改善，人们对于美化城市的愿望日益强烈。街道作为城市的重要基础设施，强化街道的视觉功能已经成为城市景观环境变化的一个重要内容。当然街道的整洁、干净和美化是两个不同的概念，但是很多城镇政府管理者在大量考察了西方现代化国家城市的景观设施之后，他们更愿意效仿城市景观美化的典型，而不愿意在原来的街道上去强化管理，使得街道变得整洁、卫生和干净。当街道的视觉内容被城市管理者无限放大的时候，街道加宽了，中间加上了绿化带，有的地方甚至要求在街道两侧加上绿化带，在北京最典型的就是四环路、五环路两侧的绿化带了，占用了大量的土地不说，而且导致了严重的土地资源和其他资源的浪费。市区内的街道视觉功能的改变最主要的还是对商业的影响。没有绿化带，人们穿越马路比较方便。没有绿化带，也会节省寸土寸金的土地资源。城市区域内的绿化带最大的负面作用可能就是影响了城市的紧凑感，增加了城市商业街区的消费者的购物半径。实际上，在世界上所有的大城市商业区或者城市中心区域中，很少有在街道上设置绿化带的。在中国，有绿化带的街道建设之所以被自上而下地在仿效，主要原因还是城市管理者对于城市的功能没有准确而又客观的认识。注重好看已经成为体现政绩的非常重要的因素，因此在街道建设中也比较普遍地出现这样的现象，毕竟上级领导来检查工作的时候，看着好看留下的印象比较深，而至于城市的商业是否繁荣，在领导检查的时候显然并没有得到更多的关注。

街道的设计注重直线效果，大多城镇仿造北京等中国式都市的街道构建模式。方方正正，在一般的城市都愿意有一条笔直通畅的大街，然后东西纵横。当然这样的城市也有着交通管理方便的特点。但是对于中小城市，特别是已经有了沿着传统的建筑街区展开的城市架构，一些城市管理还要进行拆迁，按照所谓的规则来设计城市的街道。我曾经写过一篇文章叫做《顺势而为》，城市应该沿着传统的街道延伸格式而塑造，减少以拆迁的方式来进行所谓现代化的整体改造。原因在于以下几个方面：一是有利于城市的紧凑，方便商业的经营活动。如果一条大路走起来太长，会减少人们的购物兴趣。二是在视觉上有利于增加人们对于城市变化的理解，增加城市形态的吸引力。在我们不厌其烦地寻找中国古镇的时候，我们注意到，古镇弯弯曲曲的街路，甚至包括宽窄不同的巷子，可以留给逛街的人无限的想象空间。而一目了然地通过一条街道就看到了城市的全部，显然降低了人们对于城市景观的吸引力。三是对于消费者和旅游者，人们在街道购物或者逛街的时候，需要有视觉的变化，而且在弯曲或者经常变化的街区中，可以增加购物的乐趣，也可以增加单位时间的购物消费空间。据我了解，虽然长安街和北京的平安大道旁边也有商业设施，但是没有哪个消费者愿意冒险纵观东西浏览整个街区。一望无边的街道设置，可能唯一的功能就是交通。

## 三、街道建设是有成本的

当然，每个城市的设计者都知道街道建设是要投入的。但是至于街道的投入和成本是什么样的关系，街道的交通流量和街道的宽度、长度设计以及成本之间的关系到底是什么，好像没有人关心。我去过很多城市和小城镇，经常看到街道设计得很漂亮，但是路面上车很少，也没有人流，显然这样的街道设计是给人看的而不是用的。问题是，街道投入的钱是否合理，是否造成浪费，肯定没有得到城市管理者的重视。我想作为一个城市的管理者应该有经营城市的理念，就是以最少的投入来解决最大的社会问题，因此要考虑到街道建设的成本问题。

街道的建设资金和街道的宽度、长度有直接的关系，这是最简单的一个常识。先不说街道宽度和长度对城市商业功能的破坏，如果街道的设计长度超过了车流量和人流量，就等于资源的浪费。在我所调查的城镇中大致有以下几种情况。一是宽度太大，当然路面的投资也要大。二是长度太长，也要涉及路面总投资问题，肯定会有一部分路面的闲置，造成了资金的浪费。

在没有开发的地方预修了街道，会导致资金的先期占用，肯定会造成资金周转的浪费，这是最普遍的状况。我在苏北的一个县级市，当地政府的官员作为炫耀领我参观了环城大路，双向6车道，路灯装饰得非常漂亮。可是环城道路两边绝大部分是尚未开发的农田，以后能否得到开发也是未知数。因为我知道，这么长的环城大路两边的开发量，作为一个县级市拿到土地指标也很困难。当然，在我的视野中这个环城大道路面几乎没有多少车流，因为路两旁的开发应该是一厢情愿而且很久远的事情。如果这样的环城大道路没有得到利用，是不是也是一种浪费呢？在北京的北清路以及一些大中城市的规划以至于建设中，超前的街道投入和建设是比较普遍的现象，其实完全可以先修得窄一点，根据需要随时加宽，这样可以使资源得到更有效地配置，这样资金预先投入的成本在政府这里是不需要考虑的。其实，在经营城市的理念中，一个最重要的概念就是确保资金使用。一方面，能得到最大的社会效益；另一方面，也不至于在周转中导致资金闲置。而过早地投入到了没有社会效益的基础设施项目中，实际上就等于资金被闲置，也就意味着严重的浪费。

街道的建设当然直接涉及了建设成本，每增加一米的宽度，也就意味着路面和地下设施投入的净增长。如果加上绿化带等，都是需要投入来支撑的。但是这并不是唯一的成本，因为我们还要计算土地成本和维护成本。

街道建设的土地成本可能是被很多政府官员忽略不计的，因为可能当时拿地还是很容易。每亩地几万元的补偿标准，当然在政府的投入里还是很小的数字。但是，在已经严格限制耕地占用的今天，土地的价值肯定是要攀升的。在稍微有一点经济发展潜力的地方，土地成本已经成为政府精打细算的重要因素。可是恰恰就是在对土地的需求十分旺盛的过程中，在街道建设中，土地被严重地浪费了，因为路修得太宽，其中一大部分没有利用价值。在我去过的许多城镇，我最注意的就是景观大道和工业区的道路。很多的设计者或者决策者，认为宽是超前的设计理念，而忽视了实际的交通流量到底有多少。当交通流量远远低于街道的设计宽度时，也就说明多余的街道所占用的土地是被浪费或者闲置了。举例来说，我去过一个河北很著名的小城镇，当地政府因为不切实际地给自己规划了过高的人口增长目标和建成规划区目标，当按照这个目标来设计道路建设时，显然街道的大部分都被闲置了。遗憾的是，他们向我汇报时，还在强调需要上级政府给解决资金和土地指标问题，而面对他们的如此浪费，我还能说什么呢。

街道的建设还有维护成本，这也是政府必须要考虑的投入内容。可是我经常发现，很多城镇政府的官员重建设，轻维护。其实维护也是要花钱的。街道宽了，加上绿化带，必须要有清扫人员，还要有灌溉系统。我认识的一个北京小城镇的负责人就向我抱怨，修五环路还要修绿化带，在他们所在的镇里，为了维护绿化带的灌溉系统，就投入了几千万元。当然，绿化带是给人看的。我曾经去过苏北的一个小城镇，工业区的道路绿化得很好，看起来很漂亮，当地负责人领着我参观时，作为政绩而沾沾自喜。我问他，所谓绿化一定要放在街道两侧由政府来出资吗？路两旁的工厂围墙内搞绿化，达到的也是同样的效果，这样政府还节省了土地和绿化的成本和开支。问题是对于政府官员来讲，他们对于街道视觉的理解和政府投入还没有建立直接的关系。

街道建设更为严重的例子还有征地和拆迁的成本，这样的例子不胜枚举。很多政府官员认为，街道的修建可以抬高两边的地价，可以开发房地产。当然这是一厢情愿的想法。可是我注意到了在很多城镇的中心街道两侧基本都是政府的办公楼，从政府这里看，沿街的开发如果都是办公楼的话，很难实现原来街道开发赚钱的设想。在大城市，街道开发确实有可能达到了这样的效果，但是直接的后果是城市就走向了街道开发，带动房地产开发，然后需要基础设施的投入，之后就是城市在摊大饼，而后的基础设施投入的压力导致政府的财政能力不足，继续出卖土地，最后形成了城市的土地无限扩张，一旦土地供给受到了限制，就会出现政府的债务危机。对于小城市和小城镇来说，街道盲目扩建的后果依然是如此。这里的原因是经济要素的聚集度不够，街道开发很难带来地产的开发，如果有了地产进入，也经常会出现烂尾的现象。我在安徽的一个小城镇，看到了这样的例子，街道修了很多年，两旁也盖了很多房子，绝大部分在闲置。更为耸人听闻的例子，就是街道两边的开发根本没有成功，政府在沿街面的建筑上，修建了景观墙，看似繁荣，走进去以后，空空如也。

## 四、城镇街道的设计和修建要注意的几个问题

首先，要合理地估计流量。当然，要建立在对人口和经济发展正常的增长速度的评价上。其实我们理解的城镇，绝大部分都是常规增长型。所以在计算人口和交通流量的时候切不可估计过高，否则之后的超前街道和基础设施建设，会给政府带来严重的债务危机。

其次，要量力而行。据我所知，相当一部分地方政府都在为吃饭财政所困扰，基础设施建设资金不足是普遍现象。因此，合理测算投资，根据实际需要来进行街道建设，应该是一般性的常识。问题是，很多政府官员对于街道的建设和投资的关系以及规划的要求，并不在行。这就需要规划专家在进行街道规划时，要考虑到政府的实际投资能力，人口发展的规模，经济的发展水平对交通流量的影响，从实际出发，量力而行地进行街道建设。不要只顾建设，忽视了其他成本和维护成本，更不要造成浪费。

再次，要顺势而为。街道的形成有其历史原因，是经济交往和社会活动的自然产物。长期以来，人们习惯的出行方式、商业活动决定了街道的走向，一些经济要素也随着街道而展开。实际上城镇的格局也是如此。不要为了简单的急功近利的政绩观或者追求视觉效果，而改变这种有着多年历史文化沉淀的街道布局。纵观国内外，例如，在欧洲的一些中心城市巴黎、罗马市中心的街道格局保留着几百年前的状态，没有人去破坏，只是通过各种方式维修，使得街道仍然成为历史文明的见证者。出现了交通问题，寻找解决方案时，也尽量回避拆迁，通过单行线等方式疏导交通。在我国的一些著名的古镇，我们也非常欣赏那些狭窄的巷道，界面虽然拥挤，但是商业繁荣。甚至传统的水陆交通和陆上的小街交错在一起，构成了我国独特的古镇景观，带来了旅游的发展。如果我们按照现在的大交通思路来改造城镇，带来的破坏很可能要远大于城镇的收益。

最后，要关注街道和产业发展的关系。街道是城市的血脉。传统的街道布局促进了城镇的商业繁荣，人们从街道中能体会到在城镇生活的方便，人们在街道中漫步的时候，随时可以把休闲和娱乐转化为消费行为，因而促进了服务业的发展。我们现在很多城镇只注重了街道的交通和视觉功能，往往忽视了街道和服务业发展的关系，因此一条街道改造了，商业却衰落了。因此，在规划街道建设中要注重多功能的统一，而不要顾此失彼。毕竟城镇带给我们更多的是就业和生活的方便。

归根到底，要“以人为本”，即在城市发展的决策中，要考虑到城镇居民的多向需求，而不是只满足政府官员的政绩需求；要重视实用，而不是关注视觉，很多问题就可以迎刃而解了。

（2009年10月）

# 城市中心的河流两岸应该怎么利用

最近去辽宁的一个重镇调研，该镇人口10万左右，财政收入不到2亿。目前正在轰轰烈烈地搞城镇改造，准备在3年之内，使城镇形象获得较大的改观。在调研中，我看到城镇中心有一条河流，已经进行了改造。河床和河岸都进行了整修，堤面也已经做了硬化处理。从规划上看，政府准备再花一笔较大的投入，把1公里多长的河岸两侧修建成城市中心的景观和生态走廊，以供城镇居民游览和休憩。联想起我近几年去的陕西咸阳、河南洛阳、浙江金华，城市中心沿河两岸都修建了景观公园。也许当地的城市管理者认为，修建这种沿河两岸分布的景观带供城市居民休憩，既有利于改观城市的视觉形象，也体现了"以人为本"的发展理念，而且还有可能带动景观带两侧的房地产开发，应该是一举多得的善举吧！不过，如果城市管理者真要是了解一下城市发展的历史，真正懂得城市的经营之道，我估计他们可能会有另一种不同的看法。

## 一、城市的河流两岸应该是商业走廊

世界历史上，许多城市都是沿着河流发展起来的。古代历史上埃及的尼罗河、古巴比伦的底格里斯河和幼发拉底河、印度的恒河等，哺育了以开罗、巴格达、新德里等城市为中心的不同类型的世界古代文明体系。河流在这里起到了十分重要的作用：一是古代的交通充分地利用了河流的运输功能；二是大量的人口聚集，水的供应也基本得到了保证。河流哺育了城市，河流方便了交通，带来了城市发达的商业。沿河两岸，商业店铺兴起，沿河的码头是交通聚集之地，同时也是政府税收的最佳场所。从这些方面看，河流的各种功能，促进了商业城市的繁荣，河流被城市充分地利用了。

如果我们看过清明上河图，就可以知道北宋时期汴京的繁华景象了：沿河两岸商铺林立，人流熙攘。尽管随着黄河改道，汴京的繁华已经不再，但我们也还是可以根据古代画家的描述，看出河流在城市发展历史上的重大贡献。在近现代城市的发展历史上，也不乏这样的例子和事实。上海的外滩、重庆的朝天门码头、城市的沿江商业带都告诉我们一个历史事实，河流为城市带来了商业的繁荣，河流在城市发展中独特的功能，就是河流交通的方便，使得商业可以沿河流两岸发展起来。

商业为什么能够沿着河流两岸发展起来？主要还是交通的方便。来往的船只停靠在河边，货物在这里交易最为方便。运输的人员要休息和吃饭，甚至要购买日常用品，有的还涉及异地风情的各种特产品的交易，在河流两岸以及码头的附近，则最为方便。正是利用了河流交通的诸多特点，很多商铺才由此应运而生。较低的交易成本和较方便的交易条件，使得那些针对交易产生的各种服务业也因此而沿河发展起来了。传统的物流依赖于河流交通便捷的条件，可以在这里发展。传统的贸易也要利用河流形成有规模的店铺。传统的服务业依托不断扩大的物流业和商品贸易，在河流两岸形成了为经营人员提供生活便利的重大载体。随着时间的流逝，各种商业规模的扩大，城市也逐步形成了规模，因此而演绎出了一部围绕着河流的城市发展史。

## 二、交通功能丧失的河流还有利于商业的发展吗

如果说过去的历史，河流是交通的主要通道，带动了商业以及城市的发展。而现在，河流的功能已经被各种公路和铁路、民航所代替，河流还会成为商业发展的中心吗？也就是说，我们现在看到的河流除了满足城市的供水之外，已经无法再利用河流的交通价值来为商业服务，我们如何利用河流呢？从另外的意义上看，河流好像新增了作为城市景观的价值。我们看到了地产宣传的广告，水景花园、别墅比比皆是，好像河流的利用可以更好地带动房地产的开发。那么，这些现象是不是意味着河流的价值只能体现在景观上？

一般情况下的理解，如果河流只具备景观价值，那么为了充分利用这一价值，在河流两岸开发地产应该是有较大升值潜力的。至少，土地升值可以为政府带来巨大的土地出让收益，而且也有利于房地产业的发展。按照这样的思路，河流两岸塑造景观形态，形成地产的景观需求，为房地产商的开发和销售埋下伏笔，正是政府和开发商所期待的。实际上，在我见到的大多数城市，之所以沿河两岸修建生态景观的休闲场所，就是为了给房地产的开发做铺垫。在这里，城市的管理者和开发商可谓配合得非常默契。

如果按照这样的思路，摈弃以往的河流两岸的自然发展路径，放弃商业开发，走景观路线，应该是城市河流景观塑造的出发点。因为河流一旦失去了交通功能，商业开发的价值和预期也就丧失了。如果简单地看河流和商业的关系，这种推论似乎应该无懈可击。可是，我们探讨的不仅仅是河流和商业的关系，而是河流的功能如何影响城市的发展。事实上，城市的发展和商业之间的关系，恰恰决定了河流两岸功能的可延伸性。也就是说，历史上，河流因为有利于交通，促进了商业的发展而带动了城市的发展。现在城市已经形成了，城市的商业或者服务业的发展仍然是城市的核心功能。因此河流主要还是应该服务于城市的商业功能，带动城市服务业的发展。

## 三、河流两岸发展商业和景观改造的利弊分析

从经济学上来讲，城市是要经营的。在发达国家，城市经营的理念就是对政府所能够掌握的资源，按照企业的方法来进行经营，至少也要按照理财的方式来经营。虽然政府的目的不是盈利，但是基本原则是通过最少的公共投入获得最大的社会效益，既要保证服务于居民的近期效益，也要保证远期效益。在中国，城市经营的目标就是如何使土地升值，增加政府的土地出让金收入。

从当地政府的角度看，现实的做法是：绿化，形成景观带，使周边土地升值，带动房地产开发，然后政府可以拿到一笔不菲的土地出让金。表面上看，应该是合理的。细算账，还有问题，就是政府支出偏

大。因为景观带要有前期投入和后期维护费用支出，景观带内的土地闲置，不能获得任何收益。从长远看，景观带并不能给城市增加收益。地产一旦卖出去，景观带就需要净投入来维护。

一个10万人的城市是不是要在城内设置景观带，本身就很值得争议。从城市经营的角度看，确实要有一个成本和收益的计算问题。如果不考虑景观带的建设，把河流两岸作为商业地产开发，可能是一个更好的选择。把河流两岸作为城市的商业中心，有以下几个好处：一是带动城市的商业繁荣；二是使两岸的土地得到有效利用，并带动土地升值；三是使商业和河流景观相结合，更有利于相互的促进；四是方便了周边居民的生活；五是政府减少了维护费用，还可以得到长期的商业税收；等等。算下账来，就应该一目了然，河流两岸到底应该怎样开发。

如果做好规划设计，对河流两岸的建筑类型和形态，做好视觉的规划。同时做好一些小景观设计，并不影响河流两岸景观的效果。现在南方一些古镇，河道两边的建筑群，一样也是城市的一道风景线。关键在于，管理者如何从经营和景观两个方面结合来看问题。

很多城市的管理者并没有城市经营的经验，以为只要是卖土地，挣得收益，并通过景观带的塑造，来改变城市形象就可以了。河流两岸的开发，看起来是一个不大的问题，在不同的城市却可能直接关系到上亿或者几千万的投资。如果谨慎地研究，制订出合理的开发规划，从城市居民的便利而不是只图好看出发，就完全有可能得出不同的决策方法来。

使我感到欣慰的是，当地政府及时调整了发展思路，重新确定了河流两岸的开发规划，让我看到了这个小城市未来发展的希望。

（2011年3月10日）

# 如何打造嵩县的旅游品牌

今天，我从个人角度跟大家谈一谈目前嵩县的发展，也就是如何用科学发展观指导思想来促进嵩县产业的发展、经济的增长和人民收入的增长。嵩县有非常丰富的矿产资源，金矿和钼矿对于嵩县的发展，从财政收入和居民的收入上都有较大的贡献。但是，研究嵩县的发展战略，金矿和钼矿的存在是基本事实，产量的增长，未来的收益和对就业的促进，已经形成了一个固定的格局。在未来嵩县的发展过程中，固然非常重要。但是发展潜力，或者它扩展的空间没有那么突出、明显。

我们来之前，李县长反复讲过嵩县旅游资源得天独厚，要发掘它的优势。我是比较爱旅游的人，对大自然有特殊的感情。说实话，听了之后还是半信半疑，有这么好的地方为什么我从来没有听说过？来嵩县之后，不到两天的时间，我真正地感受到了嵩县的美丽，感受到了大自然赐予嵩县如此之好的旅游资源。

当我登上了白云山之后，整个山的气势，它的风景秀丽，它的视觉的震撼，以及九龙瀑、天池山的伟人石等等，我相信如此丰富的旅游资源的组合，不仅仅是不亚于，甚至还超出了国内很多已经十分著名的旅游名山，嵩县的山和水已经为嵩县未来的发展构建了一幅美好的蓝图。

这样丰富的旅游资源，这么美好的自然景观，为什么不为世人所知，为什么还是仅具有较强的地区性的旅游特征，问题出在哪里？因为开发得很晚，因为处于一个偏远的交通位置，因为我们才发现她的旅游价值，等等。因此导致了当我们重视她的时候，打算形成她的旅游知名度的时候，却发现还存在着较大的困难。毕竟，她和现在全国

---

在嵩县调研时的讲话。

其他的一些著名的风景旅游胜地相比，还处于不太知名的状态。所有的旅游景观，她当红的时期，游客蜂拥而至；可是当一个潜在的旅游景观不为别人所知的时候，游客肯定很少，或者达不到政府和投资者所期盼的效果。

嵩县境内的白云山、天池山以及其他景区，集历史、自然、文化景观于一身，其旅游的内容丰富多样性在全国很少遇见。但是，问题在于它受限制在了一个没有名气的位置上。名气不大，影响了旅游的流量，影响了旅游事业的发展，影响了旅游产业的规模，也影响了旅游投资者的信心。我初步判断，当前嵩县旅游事业的最大制约条件，可能就是区位条件和交通条件。

## 一、如何认识嵩县旅游产业制约条件

今天，我重点讲一下旅游产业的发展问题，如何使嵩县从目前一个地域性的旅游景观走出去，形成更大的影响。实际上，你们的旅游景观所蕴藏的潜力，不仅仅局限在河南，不仅仅局限在中原一带，很可能是全国的，甚至是世界的。可是现在，我们只能冷静地分析现实的制约条件。

首先，你们不要把我当作专家、学者，把我当做一个纯粹的旅游者来看待。我从北京到这里来，坐飞机到洛阳，再坐汽车到嵩县县城，最少要五六个小时。如果乘火车，大概是七八个小时，到嵩县县城，要10个小时。从交通来看，到嵩县旅游显然很不方便。相比之下，由郑州、洛阳和太原到这里来旅游，特别是周末游，比北京方便得多。可是全国最大的旅游消费市场，既不是郑州，又不是太原，而是在几个重要的经济最富裕的特大城市或城市群。距离最近的就是北京和天津，毕竟这里距离长三角和珠三角经济区还很遥远。

从北京到这里10个小时，从嵩县县城往山上走，要花12个小时。双休日我能不能来到这里旅游？肯定有问题。双休日，我自驾车来到这里，需要开一天车，回去再开一天车，大部分时间都耗在路上了。本来我开车从北京来到这里，已经是很疲劳了，再开上山去，时间更长，路上疲劳不说，由于时间太短，可欣赏的内容远远不能满足自己的旅游预期。如果不开车，乘火车或者飞机，那就涉及从北京到洛阳，然后到嵩县的交通设施的配置，是否满足了旅游者的需求。试想一下，从洛阳到嵩县再到白云山，这样的一条交通线路，公共交通设施的配备到底怎么样？是不是有足够的车次，长途汽车的舒适程度，交通和接待设施的连接，住宿条件的安排，是否形成了一条龙的服务？从我的直观来看，还有很大的差距。

仅仅从这一点上看，由于这里距离北京、天津远，距离最大的消费群体比较远，所以旅游的流量不能迅速增加，这是一个非常重要的制约条件。而在这些条件中，有很多暂时还难以缓解，尽管县里的同志反复强调，很快要在洛阳建一个到嵩县的高速通道。这个高速通道，缩短了半个小时，会不会改变北京、天津到这里的距离？答案是改变不了，它只能扩展你们在中原地区的旅游消费者，只能有限度地扩展旅游流量。这样的话，对嵩县以及白云山为主体的旅游产业的发展，还是没有很大的提高，这也是现在面临的最现实的问题。

很多城市，旅游搞得很好，借助于非常好的区位条件。例如，北京郊区，景观比这里有一定的差距，但是旅游产业非常红火。一到周末，北京市民开车到郊区去玩。北京每年郊区接纳的旅游流量达几千万人次。又如，成都郊区也有很多著名的旅游景点，那里也可以大量吸引旅游消费人员。客观地分析，嵩县面临的旅游和发展的瓶颈，就是交通和区位条件，这使嵩县白云山旅游体系的发展潜力受到非常大的影响。

## 二、品牌和知名度对旅游产业的影响

旅游品牌的宣传和知名度与区位及交通条件，两者是相辅相成的关系。西藏远不远？可是那里是旅游的热土。九寨沟远不远？九寨沟交通也不方便，由于旅游知名度的攀升，旅游者也慕名蜂拥而至。环九线，旅游长度大概也得走几天时间，去一天回来一天。可是因为九寨沟的名气足够大，很多人忽略了交通条件和区位条件的制约，仍然想到九寨沟看一看，现在为了解决交通问题，那里还修了飞机场。黄山距离长三角经济区也比较远，实际里程或者不方便程度可能也不亚于嵩山和北京的距离，但是，每年有270万人的旅游流量。由于旅游人口足够多，带来了交通条件的改善，高速公路直通黄山脚下，黄山市也修了飞机场。这些例子说明什么？说明嵩县的旅游资源，在没有得到人们足够认识的前提下，我们面临的硬件是基础设施的交通、区位条件制约的因素。但是，如果在我们的品牌和知名度已经被世人所知的情况下，交通的制约将会变得微不足道。

所谓旅游开发的潜力和价值，就在于当有一天，旅游者到中国来，一定要来看白云山的时候，那所有的交通制约因素都不在话下，同时会有无数个投资者蜂拥而来。而嵩县就处在这样一个交叉口上，相当于20世纪80年代的张家界和九寨沟，那时还没有人知道，但是后来逐渐形成了品牌。而这个交叉口的前提条件是什么？就是你要通过战略的策划、规划，通过你的宣传、品牌的打造，改变旅游知名度，增加消费群体，扩大嵩山旅游景观在全国的影响，然后也同时会带来旅客流量的增加，同时也会带来投资者的增加。那么嵩县的未来，可能就会发生根本的变化。当前嵩山的旅游产业恰恰就处在这样一个十字路口，处于一个关键的战略选择时期。做好了，可以提前实现旅游发展目标；做不好，旅游的发展期还要推迟几年。

## 三、如何分析旅游的消费群体

### 1. 要面对决定旅游市场发展的消费群体

所谓消费群体，就是对游客的分析。我来的时候问过导游，到这儿来的游客，大多数是哪里人？大致包括哪些范围？每年的游客有多少？但是，得到的答案不太一样，有的说七八百万，有的说几十万。我也看了你们的研究报告，大概每年的游客是400多万，门票收入7000多万，整个旅游收入是10个亿，这个我也分不清真假。但是，400多万，这是什么概念？黄山2007年的游客流量是多少？是270万人次。如果这里的游客有400万人次的话，就超过了黄山，那就不用对嵩县的旅游业发展发愁了。2010年年初我到黄山调研时，黄山的旁边有一个著名的旅游景点，是联合国世界文化遗产，西递镇和宏村镇，是我们国家最著名的古镇。这两个镇去年的旅游流量是多少呢？是90万人次，这是具有世界级水平的旅游景点。嵩山的旅游人数必须搞清楚，要剔除重复计算，核实后才有可能确定未来的增长目标。

分析消费群体对扩展旅游产业十分重要。分析消费群体的目的就是根据消费群体不同特点，建立针对性的旅游服务和宣传。一是，消费群体的区域性特点。目前，嵩县的旅游消费群体基本是在中原地区。中原地区潜在的消费群体有多少？能不能把它扩大到京津消费圈，并在京津消费圈的基础上，扩大到长三角、珠三角区域，吸引浙江人、上海人、广东人，甚至东南亚的人到这边旅游？如果这样，嵩山的旅游景观和旅游架构会发生巨大的变化，这就是对消费群体的区域性特点的分析，这对未来的宣传重点具有十分重要的意义。

**2. 针对消费人群进行分析**

消费人群可以分为几类，如不同收入的消费人群，高收入消费人群、政府官员和公务人员、中产阶级白领以及一般性退休人员等。为什么要研究不同收入的消费人群呢？我们是要研究像白云山这种旅游，它对哪类消费人群最具有吸引力，我们的服务针对哪些消费人群才能发挥更有效的作用。例如，各类旅游景点都有两类接待设施，豪华型接待设施和一般性接待设施。针对不同的消费群体，提供的服务种类和价位不一样。那就要考虑服务设施的配备和结构，以便最大限度地满足不同收入群体的消费需求。

不同的收入群体消费特点也不同。国内有一类探险或者登山爱好者，全国各地的山友、驴友，各种类型、不同内容的探险者到处都是。例如，河北省张家口市有个小五台山，海拔接近3000米。但是，山里的旅游资源相对来讲是很贫瘠的。对于探险爱好者，他们能吃苦，他们坐火车，背着背包直接就去。这类消费群体大多属于白领，在旅游设施建设方面，要针对这些人的需要提供旅游探险路线。而针对低收入消费群体，可能考虑的是最简单的旅游方式，最廉价的旅游消费服务。他们的特点可能是要住很长时间，住在农家旅馆，待10天甚至半个月，我们当然也要给他们提供这样的环境。我在山上时曾经问过导游，这里有没有专门旅游探险的通道，他说没有。我觉得应该针对这类人群去做探险通道，这样他们也会带来更远的传播能力，扩大嵩山旅游的影响。

我们还可以从消费时间，来判断一个消费群体的消费特点。例如，大学的学生和教师，有足够的假期来进行旅游。对于他们来说，交通区位的影响不大，但是要求旅游的内容更丰富，可延续性时间特别长，并且具有一定的文化素质。

仅仅这些消费群体还不够，还要重视一些最大的消费团体，如公务消费团体。如果有一天嵩县成了全国会议中心，旅游事业就完成了一个重要的飞跃。庐山出名肯定与会议有关，蒋介石开庐山会议，毛主席也开庐山会议，庐山直到现在也是各种大型会议的举办地，全国许多著名的旅游胜地也都是会议集中举办的中心。可是嵩县一年在这里接待过几次会议，接待过几次全国的会议，会议消费群体，还没有被我们真正的认识，这恰恰是中国旅游消费最重要的群体。

对于中国来讲，不同的季节、各种公务会议频繁召开，这些会议所带来的影响是巨大的，消费潜力也是巨大的。嵩县政府的公关，不要只停留在4A级风景区、5A级风景区、旅游休闲名胜地上，只要把一些部委和大型企业的会议拉到这里来举办，即使无偿接待，一次会议也就等于一次最好的宣传，何况政府要开会，也不会不付钱的，关键在于我们的服务水准和设施配备能否达标。

北京有很多个部委，行业不知道有多少，大企业、中央级企业、国家企业就更多了，还有各种产品推销会，各种商业活动。如果白云山旅游，先解决公务消费群体，会议是一个非常好的消费。所以我们讲在几类消费群体中，我觉得真正能形成影响力，能对白云山起着重大宣传作用，就是在这里召开会议。

## 四、如何吸引投资群体

研究旅游产业的发展，我们也要研究投资集体。我注意了一下，我所看到的宾馆绝大部分都是当地修建的，当地的政府、政府部门和当地的企业，这未必是件好事。说明我们对于未来的潜在的投资集体，还没有一个清醒的客观估计。虽然白云山有非常好的旅游价值，尽管我们想方设法来争取投资，但是，当仅有的资源都被当地人瓜分了，就直接影响到外来投资者的兴趣。因为我们的资源有限，嵩县的九山半岭半平川，给投入者提供的投资空间是有限的。

全国的旅游风景区有不同的开发模式，但是据我所知，很多旅游景区的开发是市场化的，就是大型的战略投资者买断了景区，然后进行投入和开发，好处在什么地方呢？政府省事了。首先，政府不用投资，也可以减少投入导致的债务支出。其次，宣传的问题政府也不用发愁，市场自有宣传的方法，可能比政府的宣传更有独到之处，而且投入也会更大。最后，政府的管理肯定和市场的管理有很大的区别，企业的管理应该优于政府的管理，这是基本规律。

要认清政府和市场的关系。不是说所有的都可以让投资者去干，但是在一些旅游景区，可以尝试采取这种方式，引进一些大的投资者来买断白云山的景区，看看它会不会给嵩县的旅游带来翻天覆地的变化。假设这种方式带来的旅游人口流量远远大于现在的流量，旅游收入肯定比现在的高，而且还会带来宾馆业、餐饮业和其他旅游服务业的大发展。而旅游收入的增长肯定也会带来税收增长，这对嵩县政府来讲是好事。因此考虑到投资者的群体，对于旅游景区的管理来说，是不是要吸引这类的战略投资者，这应该是一个非常重要的因素。

作为旅游服务业，是不是也要引进一些大的投资者？但确确实实要遵循市场规律。首先，精明的投资者需要观望，观望你们这每年的游客人数有多大的潜力。其次，他要求政府给予非常好的地理位置。最后，他需要在政策上给予优惠，甚至要牺牲掉我们原有的一些部门的利益。这可能是我们目前要面对的问题，这里还没有比较好的旅游度假村，能提供各种娱乐服务，满足于各种会议需求，还没有所以急需引进外来的投资者。

我们也要注意小投资者。千万不要小看了这些小投资者。我注意到山上山下有很多农民宾馆，这种宾馆盖得不错，但是由于它是当地旅馆，完全被动地依赖于旅游市场。所谓被动依赖旅游市场，也就是说，没有主动去做宣传的愿望，只是等待旅游旺季的来到。可是在国内一些重要的旅游景点，虽然当地的小投资者也占有主导地位，但也欢迎外来的小投资者。例如，北京的一个企业家，手里只有几十万或者上百万资金，搞旅游度假村和大饭店肯定资金不足，但可以在这里投资开一家30几个床位的小旅馆。他一定不会让房子闲着，他会给北京所有的亲朋好友或者同事打电话，希望他们到这里来旅游，价格也比较合理。他自己在北京的公司，就主动成为我们的广告客户，主动宣传嵩山。如果一个小投资者，每人每年可以带来几百个客户，如果我们引进一百个小投资者，给他们小旅馆经营好的条件和位置，就可能会带来乘数效应，会引来成千上万的游客，积少成多，带来的消费潜力还是很大的。所以要多管齐下，要找一些大的投资主体，但也不要忽视了这些小投资主体的作用。这一点我想可能是我们未来促进旅游发展一个很重要的内容。

对于三类投资主体，一是景区的投资主体，二是大的金融、宾馆、度假村、酒店为中心的投资主体，三是百万或几十万的小投资者，我们给予优惠的条件，解决土地问题，允许盖旅馆，办酒点，他们招来的顾客会形成几何价值，会带来游客成倍的数量增长。只有分析了消费群体、投资群体，才有可能把握好整个未来的战略方向。

## 五、怎样去宣传嵩县的旅游品牌

首先，我们现在的宣传，内容过多，空间偏大，品牌过多。嵩县有天池山、木扎岭、白云山，还有陆浑湖等。这么多的品牌和内容，它能不能形成足够的影响力，我觉得这是需要深思的。实际上，很多商业上成功的营销经验应该吸取。例如，穿衣服是要看品牌的，但是很多品牌内又包括了许多品种。李宁公司的服装品牌有很多种。笔记本电脑中联想电脑也有很多机型。世界知名品牌有耐克、阿迪达斯，这些公司有运动衣还有鞋，甚至还有其他产品。旅游景观也是如此，例如，张家界旅游景区至少有四个不同的地方组成。九寨沟也是有不同的旅游景区，而且每个景区之间距离也不近，有差几十公里的。怎么来打造嵩县景区品牌，我建议就叫一个名字为好，不要那么多。游客来了以后，再说你去这个景区那个景区是另一回事。但是宣传上要突出一点，这是我讲的一层意思。

我为什么一直不提陆浑湖呢？我觉得陆浑湖在开展旅游上的价值并不是很大。我知道全国水库有很多，但是没人去，为什么？它是水源地，严格限制旅游，禁止开发。如果陆浑水库是洛阳的水库，它承担着洛阳饮水的主要功能，它未来也可能属于限制开发区，所以不要给它过高的希望，把它纳入白云山旅游的一个环节就可以了。

第二层意思，就是不要孤单地只讲嵩县的旅游。为什么我十几年没来过洛阳？我觉得洛阳就是半天的旅游，白马寺、龙门石窟，顶多再加上一个关林。路上花七八个小时，看半天不过瘾。可是如果半天的旅游加上我们嵩县白云山的旅游，恐怕它就是一个非常具有吸引力的旅游组合，是自然景观和人文景观的最佳组合。如果我们宣传嵩县，宣传白云山的时候，把洛阳的龙门石窟、白马寺纳入我们的旅游体系里边，那这里就不仅仅是一个区域性的旅游景观，肯定会具有全国性甚至世界性的影响。因为作为一个旅游者，在国庆长假期间，以及其他的节假日期间，在研究旅游目的地的时候，能够满足3天以上的旅游时间，可能是一个非常重要的考虑因素。可是仅仅洛阳满足不了，到白云山又没有名气。所以我们要借力打力，我们可以勇敢地把洛阳市，嵩县的上级领导所在地纳入白云山旅游体系，这样就把洛阳的旅游资源重新整合，使自然景观和人文景观有机的结合在一起了一个世界品牌和我们还没打响的具有潜力的旅游品牌结合在一起。如果我们狭隘地把嵩县的旅游和洛阳的旅游孤立的分裂开来，就丧失了很多机会，其实对洛阳来讲也会丧失了一个机会。因此在宣传上把洛阳的龙门石窟、白马寺和嵩县白云山的旅游体系配套，才能形成一个完整的黄金周景区的旅游度假规模。

我想我们要宣传，还要利用各种机会。利用什么样的机会呢？就利用我们去参加各种活动，参加各种招商、政府的公关时，邀请一些会议到这里来举办，尽管条件暂时还是相对简陋，但可以先办小型的会议，而这个会议的规模可以高一点，层次可以高一点。我们要扩大宣传力度，邀请新闻媒体来参观，要把宣传媒介对准国内的杂志。现在不像以前了，现在到电视台发一篇东西，可能要非常大的成本，全国有这么多杂志，我们在媒体上，登一些广告，可能要花很多钱。但我们请一个网络写手，或者请一个专门的旅游写手，一次花个千八百块钱，就可以在所有的网络媒体上和在各种大大小小的平面媒体上做好足够的宣传。

现在从政府的角度来考虑我们怎么打造嵩县品牌，也要转换思路。我看到宣传片上描述了很多内容，例如，中国十佳休闲生态县、卫生先进城市等。你问问旅游者，问他关心这个吗，他根本不看这个内容。他接受的最大的旅游信息基本上来自于媒体，而不是来自于政府。因此，如何利用媒体，进行低成本的投资，进行最大限度的宣传，以打造嵩县旅游的品牌，在这个时期尤为重要。

## 六、城市的发展和定位

嵩县的城市发展和旅游业也密切相关。我感觉嵩县在城市方面发展还具有一定的潜力。怎样在城市化发展、城乡结合、城乡统筹过程中形成一个比较好的城镇发展体系，形成一定的城市规模，可能也是嵩县人密切关心的一个问题。

我想就嵩县来说，现有的财力和人均收入水平不太匹配，财政收入3亿多，而农民年人均收入仅仅是3000多元，还是国家级贫困县。55万人口在这样的山区里，他们怎么致富，怎么实现收入增长，确实是一个问题。因此，嵩县的城市发展一定要和农民的收入增长、就业有着密切的关系，也就要求我们按照科学发展观看待嵩县的城市的发展，把嵩县城市发展跟推动农民的非农就业，推动农村人口向城镇转移结合在一起。

第一，我觉得嵩县城市发展要合理的确定人口规模。嵩县这个地方，九山半岭半分川，空间的限制，加上国家更严格的耕地保护政策的限制，城市的发展肯定要受到制约。但是嵩县由于它有55万人口，随着旅游产业发展，随着矿业的发展，还会有一部分高收入人口向县城集中，这也是一个不可避免的趋势。如果将来白云山旅游景区形成规模以后，还会吸引很多外来投资者，所以嵩县县城未来可能会发展成为小城市的规模。所以，在未来的五年、十年，如果按照常规增长的趋势，县城应该增加到十几万人。因为还要考虑到一个因素，好像原来县城只有3万多人，几年之内增加到8万多，这是非常规增长的因素。但是城市不仅仅是人口规模相对集中的地方，它也是各种要素和产业的聚集载体，我觉得嵩县目前面临的很大的问题，就是非农就业。

可以想象，未来的旅游业应该吸收一部分的非农就业人口。可是如果在这样的基础上，在短时期内容纳几千、几万个非农就业，恐怕难度是非常大的，所以在产业聚集过程中，认真考虑一下嵩县的城市发展和产业聚集还有什么相互的关系。这里的实际情况是，矿业很好，加工业薄弱。旅游业有很大潜力，工业的发展势头较缓，特别是劳动密集型工业发展不足。由于城市人口没有形成规模，旅游业没有形成规模，因此城市农业的影响、辐射作用也相对弱一点。只有城市发展到一定规模，旅游产业发展到一定规模，才会带动农业结构调整，同时也会带动非农就业。我们还要注意到，嵩县的城市功能，不仅仅要对县城的8万人口和未来的15万人口服务，还要对全县域55万人口服务。如果城市功能设计得好，还有可能会对周边的县市产生影响。

第二，城市要为旅游产业服务。如果一些旅游产业的宾馆、酒店，在山里面没有空间可容纳，那就会投资在县城。因此，县城作为一个小城市，也是旅游产业或者服务业集中的一个载体。将来嵩县和白云山的餐饮业、饭店、宾馆要互相配套，形成旅游资源的合理分布。问题在于，如果城市不形成规模的话，旅游业和服务业吸纳的人数是有限的。那未来的劳动力转移怎么办?

第三，嵩县的产业发展格局中，城市要不要有工业发展。很多人认为旅游景区不适合搞工业，但是旅游产品就特别需要工业来支撑。所以我们应该要形成自己的旅游产品。在考虑形成独特的旅游工业时，这些属于劳动密集型的工业行业，是否放在县城，也是必须面对的问题。是不是在城市发展的过程中，形成合理的县域城镇体系。嵩县有16个乡镇，可以考虑整个乡镇的分布，开辟独立的工业区。要通过工业小区，集中地解决非农就业问题。如果城市发展没有工业区，进城的农民会成为城市的贫民，会成为未来城市管理的重大负担。

## 七、城市的功能和景观

嵩县的城市从外表看，还是很漂亮的。但是进入城市内部，反差比较大。有些房子几乎已经是危房了，说明政府目前还没有能力进行危房改造。我觉得，未来城市塑造的重点还是应该解决老城区的改造问题，包括基础设施的改造。

从嵩县沿着马路两边的那些高层建筑看，我认为现在的城市发展过多地偏重形态。县城规划偏重于居住功能，楼层高，小区封闭，有一些生态的景观，城市的商业发展并没有和住宅建设有机的结合在一起。城市的功能是多元化的，特别是现在嵩县的发展阶段，更应该注重什么？是55万人口所需要的就业，城市为非农就业创造了什么样的方便条件？尽管沿着主干道夜间看到灯火辉煌，能感觉到表面的繁荣。可是从胡同往里看，显得非常冷清，门面房很少，人流也稀少。嵩县在这个发展阶段需要什么呢？需要城市给居民能提供最方便的服务，最价廉物美的产品，也带来最容易的就业。可是城市一旦建成高楼、生态小区，我们如何能容纳成本最低的就业。这些年，很多大城市，城管对无照商贩严厉打压，说明我们的城市管理有误区。我们不能因为城市要满足视觉功能，就忽视了城市的其他功能。有很多城市管理者，他认为城市应该像北京、上海、新加坡，有高层，有花园，有景观。其实，在国外像这种景观都是在郊区。例如，巴黎的市中心，到处都是商店、饭馆、咖啡馆等，是服务业集中的地方，意大利的罗马也是如此。越小的旅游城市，越是商业集中的地方，每一条街道，商业就会充分地利用，所以才能够体现出它这个旅游城市是一个消费性的城市，是一个服务城市。

可是在我们现在的城市规划中，更多地注重门面，把最好的景观留给了所谓的花园。嵩县在这么小的城市空间里要什么花园，周围到处都是花园，周边是水库是山，全都是美丽的自然景观。我们为什么在城市里还要复制这些花园。最好的地片，都留给了视觉，忽视了使用价值，忽视了资源的合理利用，这就是我们城市发展中，小城市发展中普遍存在的误区。所以我们要给城市定位，周边已经有景观旅游区，所以城市不要大，不要搞生态，重点在服务的功能。我们要把有限的空间留给商业、服务业，留给商家和店铺，这就是我们对城市规划理解的不同。

嵩县的城市发展，目前重点要解决两个问题。一是如何为旅游业服务；二是如何通过城市的功能创造更多的就业机会，引导一部分人口向城镇集中。目标是要解决财政收入增长和农民人均收入增长，我们城市塑造，要为这两个目标来经营。要解决老百姓的收入，就要做最大的努力，提供最简单最方便的就业条件。同时，改善基础设施、生活居住条件。不能建了新城市忘了老城市，所以未来县城发展的重点是老城的改造。我们要看到一个表里如一的嵩县县城，就像表里如一的白云山景观。在这方面，县委和县政府还要下很大的力，来解决老百姓的问题。要合理分工，搞好城乡产业布局。我来嵩县两天，讲的只是我个人的体会，有不对的地方，请大家批评。

（2010年1月19日）

# 古镇保护和小城镇的经济社会发展

2009年1月初，应黄山市有关部门邀请，我就小城镇的古镇和古村落保护以及如何带动旅游业的发展等问题，赴黄山市徽州区的潜口镇和唐模村、呈坎镇和灵山村，黟县的西递镇、宏村镇，歙县的深渡镇进行了调研。在当地听取了主管的负责同志对古镇保护和旅游业发展思路的介绍，并在调研期间，结合全国的其他地方的经验以及一些国际经验，对古镇保护和旅游业的发展，谈了自己的看法。现简要介绍如下，仅供参考。

## 一、古镇保护和旅游业发展的现状

我所考察的古镇大致分为以下三种情况：已经被外来的公司包装和开发的，如潜口镇和下辖的唐模村，宏村镇；当地政府所辖公司开发的，如西递镇；还有缺少资金，正在努力招商引资，等待开发的，如灵山村、蜀源村和深渡镇下辖的一些村庄。

当地旅游业发展虽然形成了一些规模，带动了农民人均纯收入和财政收入的增长。但是，总体上看，与工业兴镇还是有较大的差距，这些镇里的财政收入，最多不过2000万元，平均也就在1000万元左右，农民年人均纯收入也就在5000～6000元之间，略高于去年全国农民人均纯收入。

这里山清水秀，历史名人较多，人文景观比较丰富，具有丰富的人文旅游资源。特别是集中保护的明清建筑群，具有较高的观赏价值。西递和宏村镇在2001年被评为世界文化遗产之后，带来了旅游人数的大量增加，旅游人数年流量达到50万人次。在其他的一些地方如潜口、唐模和呈坎，每年的旅游人数也在10万人次左右。

由于一些村落的开发缺少资金，有些亟待保护的建筑群落还没有集中修缮，没有形成足够的旅游资源，旅游业的发展受到了一定的限制，如灵山和蜀源村，可能在当地类似的村落还有很多。

## 二、旅游业发展中存在的问题

在黄山市，人文景观和自然景观的旅游流量分布十分不均衡。同为世界遗产，2008年黄山的旅游人数达到270万人次，而平均到西递和宏村镇的旅游人数才50万人次，相差近6倍，说明在黄山市辖区内，以古镇和文化名胜为代表的人文旅游资源还有巨大的潜力可以挖掘。

当地政府过多地依赖于大公司的开发和投入，造成旅游收入的流失，当地人口从旅游上获得的收益受到了很大的影响。例如，宏村镇每年旅游收入的80%被公司拿走，只留下20%分配给县镇两级政府。唐模村是被安徽省的一个公司集中开发的，每年的旅游收入只留下10%分给村里。

多元化的开发渠道没有受到充分的重视。政府在发展旅游业上的思路上还有待改进，特别是如何通过规划旅游业让当地的人口收益，还需要拓宽思路。资金的短缺主要是对市场化的丰富的资金渠道缺少足够的认识。

古镇旅游的开放性不足，主要是因为被公司开发，收门票所限。因此影响到围绕旅游业的其他服务业发展不起来，规模很小，旅游者在这里的消费时间和消费内容相对单一。相比国际上的古镇旅游，基本都是开放的，但是带来的服务业却十分发达。应该注意到，徽派建筑相对集中的古镇村落基本是传统的封闭院落，本来就开放性不足，街面十分狭窄，除了在公共祠堂门前有相对宽松的空间之外，沿街的公共街面基本是高墙。所以在旅游封闭区内，各种店铺很少。这点和浙江、江苏的一些古镇形成了鲜明的对比。

古镇外空间环境的反差较大，没有得到充分的利用。这个现象基本比较普遍，在一些古建筑群的收费点外，自然环境很好，但是河道的整治，民房的规划和改造，都没有引起足够的重视。其实，这也是服务业发展的重要空间，可以弥补镇内空间狭窄的不足，这也说明古镇缺少统一的规划和开放性的开发思路。

在旅游区内，徽派的文化没有得到充分的展示。特别是针对消费者的不同需求，可以提供的有效的带有人文文化特点的服务明显不足。例如，徽派饮食的文化，展示明显不够。其实不仅仅是在古镇范围之内，即使在全国范围之内，徽菜的地位与其他新兴菜系相比，已经岌岌可危。

多元化的开放性的服务内容明显不足。特别是可以确保旅游人口留下来，满足不同地域旅游人口、不同消费水平人口所需要的服务，严重短缺。如在全国其他旅游城市，可以看到各种不同的菜系，满足旅游人口饮食上的需求，以及适应农家乐形式的多元化的消费旅游，在国际上，可以看到低成本的旅店服务，但在这里还没有完全开展起来。

## 三、关于未来发展潜力的分析

首先，要看到这里未来可能的区位变化。如果沪杭到黄山的高速铁路通车，那这里就可以纳入上海的一小时经济圈和杭州的半小时经济圈。因此未来的旅游人口增加是必然趋势，关键在于怎样吸引旅游人口，为他们提供什么样的服务。

黄山市旅游发展战略的调整，也会为这里的古镇游带来巨大的潜力和机会。目前，黄山市的旅游重心是黄山的自然景观。如果把重心调整为自然和人文并存的两类世界遗产的旅游发展战略，并调整相应的政策资源，可能会为徽州的明清古建筑群文化带来勃勃生机。

未来的老龄化社会，可以提供不定期避开黄金周的、丰富的老龄旅游人口资源。他们的消费具有低成本的特征，消费时间和消费周期较长，消费多样化。而与古镇建筑群相结合的山清水秀的自然景观，以及与淮扬菜系相近的徽州饮食文化，对这些老龄旅游人口具有较强的吸引力。

皖南是安徽面对长三角的门户，这里受到长三角经济区的辐射有着良好的区位条件，问题是如何针对自己的区位和资源优势，来确定未来的旅游和服务业的发展战略。研究不仅仅是让人们到这里来旅游，而是要提供多方位的服务，让他们留下来，多住几天，就会带动更多的消费。这里在地理上有优势，但是如何让人们留下来，可能还有更大的潜力可以发挥。

要发挥多元化投资主体的作用，目前看来潜力有，但是远远不够。这里存在着政府的定位问题，就是如何从大的招商引资的一元化道路，改为发挥不同规模和类型的经济主体的作用。这里既要有外来的个体投资者和小投资商，也有当地农民或者城市居民开办个体或家庭经营服务业的潜力。政府应该提供什么样的政策，可能是大有文章可做。

其实，这里的潜力巨大，关键是政策和目标要对接。每年来黄山的游客，如果多停留一天，或者多消费100元，270万的游客的消费就等于多消费2.7亿人民币。关键在于我们要拓宽思路，使旅游人口从单一的自然景观，转向多元的人文景观。从大规模的招商引资转向多元的个体招商，齐头并进，才可以有大的作为。

## 四、怎样分析古镇特点开展新型的旅游服务

首先，要分析古镇的形成的特点。一是，传统的古镇实际上就是宜居的村落，功能单一。二是，古镇有较强的封闭性，从社区的水口进去，之后就是相对狭窄的公共空间，高墙大院把邻里关系明显地分割开来，更很少提供开放性城镇所具备的商业空间和地点。三是，古镇是在土地私有化基础上产生的，所以在建筑上，继承了徽派的传统建筑风格，但是又能够体现鲜明的建筑个性，贫富差距也十分明显。四是，在私有化土地的基础上体现出土地资源和空间的高度利用效率。从道路、水系等公共空间的界面上，就可以看到，很少有空间的浪费。

分析以上特点，就可以知道，我们现在要利用古镇开展旅游，就是要在保持原有古镇传统风貌的基础上，综合这些特点，开发现有的旅游景观资源。

首先，要改变传统的宜居特点，使得古镇的发展和商业、就业的

发展结合起来，增加古镇的多元化功能。例如，要研究怎样增加古镇的服务业功能，也就是说要开展旅游业，有哪些服务业可以在古镇发展起来，我们给这些服务业在什么地方提供发展的空间。更具体地说，是在古镇内还是内外结合地形成旅游业发展的空间。在西递和宏村，已经看到了这样的变化，但是规模远远不够，旅客只能是走马观花。

其次，要改变古镇传统的封闭性，使古镇发展成一种开发的格局。虽然一些古镇因为公司垄断，封闭收费，变得更加封闭，但是我们可以采取以下做法，增加古镇的开放性。一是对尚未开发的古镇，要增加开放度，尽量减少收门票的方式，把目标定在游客的消费上。对于已经收取门票的古镇，当地政府应在相邻的空间内，开辟更多的具有古镇特色的开放空间，来增加旅游业的服务。例如，在西递和宏村镇旁边的河道附近，按照古镇的特色，让当地居民在这里经营各种适应旅游和农家乐的服务业。让旅客从封闭空间走出来的时候，愿意在这里享受到人文和自然景观的结合，增加在这里的消费预期。二是要区分投资能力的大小，在政策上更为宽松地解决居民和投资个体兴办服务业的用地问题。为什么最近几十年，国内农村的建筑再没有出现具有鲜明文化传统的建筑群落，原因就在于平均分配的宅基地无法给个性化的建筑提供充分的空间。所以，在古镇的服务业开发思路上，要根据服务业投资规模和门面的大小，在对建筑形式和特点按规划提出要求的前提下，解决用地政策问题。三是要充分地提高土地的利用效率，不要按照现代的尺度，来进行古镇的景观和公共基础设施建设。要充分体现古镇的道路和公共空间紧密的特点，在新开发或者新建设的古镇服务业发展的空间，体现出徽派传统建筑文化的特点。

## 五、古镇旅游和徽文化的集成以及如何让当地居民受益

在考察期间，感觉到古镇景观比比皆是，但是对于古镇文化的宣传和定位，存在着一定的问题。例如，皖南古镇村落，这样的旅游定位，似乎是小了一点，可以把古镇为代表的建筑村落的集成从更大意义入手，比如说，中国徽州文化传统的集成来总结当地古村落的特点，来扩

大知名度。因为从国际上看，对于皖南可能熟悉度要小一些，但是对于中国徽派文化，无论是建筑还是文化历史人物以及名胜等，甚至包括徽菜，都有可以发掘的余地。但是现在从我们的视觉上，或者参观的直观感觉上，旅游的内容还是较为单一，弱化了更有文化底蕴的重要内容。

从另一个方面看，作为徽州建筑文化代表的旅游名胜，还存在几个方面的严重不足。一是，已经讲过的徽文化的集大成。二是，包容性极强的其他地域文化的引进。虽然黄山旅游人数很多，但是在当地很少看到体现出吸引外来人口的针对性服务。有些是文化层次上的服务，有些是消费上的综合地域性的服务。例如，在旅游人口如此众多的黄山市地域范围内，很少看到其他菜系的饭店和饮食业。从这一点比，与旅游大省四川就有很大的差距。而著名的徽菜，在安徽本身的影响以至于在全国的影响，可能相比于其他旅游大省的菜系，也显得十分微弱，处于江河日下的状态。这说明徽派文化要开发，还要扩大影响，可能还有许多工作要做。

在看到古镇的保护资金短缺的同时，我也深深感觉到，招商引资还是以GDP为中心，忽视了多元化招商的想法。已经年久失修缺乏保护的古建筑，资金来源到底如何解决，我们都是寄希望于大投资商集中解决，其实还有很多分散解决的方式。比如，向全国发布信息采取认购的方式，或者建立古镇保护基金，或者对私人购买古建筑产权的保护，或者由政府出面收购，然后由私人长期承租等。还可以允许全国各地的城市企业家和个体经营者购买单个的古建筑，允许他们购买的前提是要求他们按照规划进行保护，他们会充分利用自己的能力把这些资源的效益发挥到最大化，还能保护好古建筑资源。

在旅游业的发展上，我也感觉到我们都是以大规模开发和招商的方式，但是忽视了个体和小规模投资主体蕴藏的巨大潜力，这些经营者带来的示范效应，直接会影响到当地居民效仿和受益。纵观国际的旅游城市，基本都是开放性的旅游，而且当地的经营主体基本上都是本地人或者外来的小型服务业者。无论是在日本还是在欧洲，小镇服务业的经营主体大多是当地人，形成小旅馆、小商店、小饭馆和各种小的店铺，虽然小，但是各具特色。他们是开放性旅游最好的受益者，也是我们当地政府公共服务的主要目标所在。皖南这么好的人文和自然景观资源，并没有使当地居民特别是农民人均收入水平高出全国其他地方很多，仅仅是保持在平均线上，这和我们多年来习惯于招商引资，忽视了当地人发展服务业就业的潜力有很大的关系。因此，在为古镇旅游和徽文化旅游定位，可能重点是要考虑到如何不让巨大的利润和资源流到开发商手中，而是更多地让当地人受益，这一点需要认真地总结经验，并建议研究改进。

## 六、建议采取改革的思路和一些办法

首先，要做好发展规划，把未来的旅游定位从自然资源，转向自然资源和人文资源并重。因此要调整发展战略，把政府公共资源的一部分，从过多地向黄山开发，而适当地倾斜给以古镇文化为特点的人文旅游资源。当初成立黄山市的时候，希望以黄山来带动整体地域包括农村的发展，现在看来，黄山的旅游面貌大有改善，但是整体地域的旅游资源的优势，特别是以古镇为特征的人文优势，还没有得到有效的发挥。

其次，要认真地总结其他旅游热点地区的先进经验，发挥徽文化集大成的作用，也是未来旅游战略的重点。要考虑用改革的方式，发挥多元化投资主体的作用，来带动人文旅游资源的充分利用。这里涉及原来集体经济组织和个人的房产，集体建设用地使用方式的改革。如果在这一方面允许各种经营主体来参与购买或者长期承租和租赁，可能会吸引很多外来人口或者城市人口到这里定居和兴办小型服务业。政府也可以采取各种优惠措施，鼓励他们到这里来参与古镇保护和兴办服务业。

再次，政府的工作职能要根据旅游业发展的方向进行调整。例如，如何考虑培训当地居民经营餐饮业和旅店业及其他服务业；如何引进人才进行示范引导；如何鼓励银行进行小额贷款来支持当地居民兴办休闲式的家庭旅游业；如何投资改善基础设施条件，为旅游业的发展提供良好的基础设施环境。当前刺激内需正是好的时机，在这方面向上争取资金支持也是可以大有作为。比如说，一些古村落的村庄环境治理，道路改善，给排水设施的建设等，都可以通过各级政府的支持来完成。

最重要的是改变观念，要把政府的职能和市场的作用有机地结合起来。要了解这里古镇旅游的市场潜力，也要明确政策可以带动各种规模和形式的市场资源的进入。但是，关键在于，政府的服务目标到底是什么，是GDP增长还是城乡居民受益。只要这个问题得到了调整，那么发展战略的问题也就迎刃而解了。

（2009年1月）

# 对云南弥勒县发展的几点看法

来弥勒县仅仅一两天的时间，只是走马观花。但是让我很惊讶，没想到弥勒这么好。中西部地区无论是城市还是小城镇我都去了很多，没有想到像弥勒这样一个县城，经济发展水平较快，城市的发展建设和自然景观又这么好，还有十分丰富的旅游资源。看来我是有些孤陋寡闻了。让我意外的可能有两个原因：第一，是我的知识浅薄，走过的地方还是太少；第二，可能弥勒县对自己这么好的发展特点和优势没有及时宣传。今天是一个小型的座谈会，时间比较紧，我只是谈一下自己的观感，供你们参考。

## 一、关于弥勒县未来的城市定位

因为在座的都是弥勒人，大家都关心弥勒未来会是什么样子。像参加座谈会的西山镇、弥阳镇的干部，也会关心自己的小城镇未来到底是什么样的。在座的有县里的干部、各部门的干部，都很关心县里未来的前途。当然，对于我们来说，首先应该关心我们居住的地方，我们的县城将来的发展前景。

我个人认为，弥勒县的发展不应该以县城的城关镇来定位，而应该以小城市来定位。当我们研究县域、县城和小城镇以及农村的发展时，研究的重点在于经济要素最活跃的地方，你只有把这个龙头抓住了，才会对全县具有带动的作用。我想弥勒作为小城市的发展，就是作为我们未来发展的重要战略目标。

什么是小城市？我国规定的是5万人到20万人属于小城市。而在国外，起点可能就更低一些。在美国，3000人以上就叫小城市。所以我们这个弥勒县城把未来定位于小城市，怎么都不为过。

那为什么定位于小城市比较合理呢？我们要考虑到区域条件、资源对人口的承载能力、自然资源自身的承载能力、各种要素聚集程度以及弥勒县与周边各大城市之间的关系。云南全省的中心城市发展不足，只有一个昆明市是特大城市，其他地县级城市基本属于中小城市。在一个大城市和中等城市极为缺乏的地方，为什么我们在制订城市发展战略目标时，不把弥勒县定位为一个中等城市呢？这是一个十分具有争议的话题。很多城市都愿意把自己的城市定位为一个中等城市，而不管是否有这样的可能。你们也可以注意到，在我国，特大城市像北京、上海，都不希望自己的城市扩大，但是人口却偏偏向那里集中。而一些中小城市往往把自己的规划目标做得很大，希望自己将来发展为大城市或者中等城市。城市有自己发展的规律，无论是扩大发展的规模，还是限制发展的规模，都很难被人为限制。关键在于，像弥勒这样一个县城，定位一个中等城市的目的是什么？是希望我们的生活环境改善呢？还是希望增加大批人来扩张我们的人口规模？问题是，人口增多必然会带来管理上的负担，恰恰和改善人居环境的目标相悖。例如，弥勒要是成为中等城市，现在的15平方公里的建成区就要增加到30平方公里或50平方公里。那县城四面环山的盆地，基本上就会被人口占满了，被建筑占满了，自然环境将会受到重大影响。人口多了，如果产业没有足够的支撑，财政收入没有相应的增长，政府负担这么多的人口，那必然导致现有的人（就是已经在城镇居住的人）的人均生活质量水平下降。

要维持一个中等城市的水平，不但要有产业支撑，而且还要有足够的基础设施供给。这个基础设施的供给，比如说排水、供水、电力、通讯、道路、公共环境、公共卫生等各项公共服务设施。按我们现有的产业，弥勒县应该算是小康的日子，假使弥勒要发展到中等城市，我想一定要以发展工业为主，就是以大量的新兴工业来带动就业。因为要定位一个中等城市，人口高速增长，容纳就业的最大潜力就在工业，只有发展工业，才能快速地吸引劳动力的聚集。但发展工业带来结果的往往是破坏。包括对环境的破坏，外来人口大量增长带来的弊病，一定会降低原有人口的生活质量。所以，我觉得这种定位、目标，不见得合理。

## 二、弥勒县未来的产业格局

这里应该定位一个小城市，最多不能超过20万人口，10万人口是最佳。为什么呢？因为我们未来产业的发展目标非常清楚，第一个产业就是工业“三红”（红糖、红酒、红烟），这个不算是高污染行业，已经形成了既定的规模，它容纳就业的人数也已经达到了一个边界，这就是我们现有的工业基础。其他的工业企业在未来一定时间内，如煤炭、水电在结构调整中都会遇到一些问题。尽管现在弥勒县城的城关镇弥阳镇的工业基础还依赖于煤炭，但是我觉得当未来城市发展的定位明确之后，煤炭的生产也会面临着结构调整，因为它毕竟是一个高污染的行业。例如，北京有一个门头沟，门头沟原来的产业主要是煤炭，因为门头沟地下全是煤矿，整个区域旅游发展就受了非常大的影响。门头沟有两条国道，基本上都乌烟瘴气的，只要车开进那条路上，整个环境全是灰尘和二次扬尘，煤炭生产还会带来大量的事故。北京市政府在奥运会之前，大约在2006年下发了一个决定，门头沟所有的煤矿关闭，重点推动旅游产业发展。这对门头沟整个生态、环境带来非常大的变化。经过近几年经济结构调整，旅游产业发展，整个门头沟的自然景观和环境状况业已明显好转。

定位于小城市，和产业的发展有密切的关系。因为我看到目前的产业发展目标基本上都是围绕着旅游业。而旅游业发展最大的一个特点，不是常住人口增加，而是人口的流量增加。流量越增加，留下的消费就越多，给当地创造的人均收入和财政收入都会大幅增加，并会带来全县服务业结构和农业结构的调整。世界上所有的中小旅游城市，很多著名的旅游胜地，人口并不多，但是旅游流动的人特别多。法国有一个夏莫尼滑雪场，小镇大概有15000人，但是每年的游客流量是700万人次。你们都知道达沃斯，达沃斯的小镇人口25000人，每年的旅游流量大概是1500万。25000人的一个小镇，居然能容纳上千万的旅游人口！你想想这个小镇的生活水平会怎么样？这说明一个城市的发展，并不一定有人口扩张，并不一定有规模的扩张，关键在于整个存量资源的整合，服务业结构的调整，服务设施的供给。如果把弥勒县旅游产业发展作为未来重要的产业发展目标，就一定要稳定现有人口，把增加旅游流量作为城市发展的目标，这一点是至关重要的。

刚才我讲的第一个观点，也就是未来弥勒县的战略目标定位于一个小城市，这是一个非常明确的战略目标。第二个观点，这个小城市的产业，在现有的工业发展基础上，要重点发展旅游业。而旅游业发展目标就是要增加人口流量，稳定现有人口。尽量利用现有存量资源的发展和整合，不要盲目地扩展面积，占用耕地，目前还有很大的潜力可挖掘。

## 三、弥勒未来的城市结构和形态

弥勒未来城市的形态结构应该是什么样的？弥勒人很关心城市的发展，可是城市的发展具体留在我们的视觉中到底应该是什么样的形象，似乎还没有清晰化。大家希望自己的城市是像北京、上海，还是像昆明，或者就是一个有独特魅力的小城市呢？当然，作为一个小城市人，肯定喜欢上海、北京这些大城市的豪华、繁荣，高楼大厦，宽广的街道，那样的城市规模，寄托着许多小城市、小城镇城市化的想象。因为我们没有办法到那里定居和生活，所以很多城市的管理者希望把自己生活的空间塑造成一个小的北京或者上海。因此我们看到了城市无论大小，城市的形态上行下效，在很多小城市甚至小城镇看到了一些大的广场和公园，看到了与小城市的特点完全不相称的街道和建筑形态。反过来，我作为一个北京人来讲，我喜欢去小城市和小城镇转转，我还是喜欢它小的特点。因为我在这里看不到巨大的水泥森林，看不到严重的环境污染，看不到交通的拥挤和嘈杂。这里和自然融合得更为紧密，这里的低密度和低楼层建筑，狭小的街道，林立的店铺，甚至还有古老的建筑形态，让我感觉到了传统城市的回归。可是如果将小城市和小城镇复制成特大城市、大城市和中心城市的建筑形态、建筑规模、层次的结构类型等等，那就等于小城市迷失了自己的特点。小城市有小的特点，小不是光体现在城市常住人口，还包括整个城市的街道、公园、广场和整个的建筑上，它体现为小、紧、窄、密疏有机结合为一体。

昨天我住在弥勒县的旅游度假村，这里有着很好的自然景观，周边是优美宜人的生态环境，但是在度假村居住的人很少。从另外一个角度出发，我感觉不到旅馆有什么生气。除了泡温泉之外，或者去参观弥勒大佛和玉皇阁，或者参观阿细跳月和红酒酒庄，按照旅游路线安排的旅游，仍然是属于被动旅游。

可是世界上好多旅游城市，绝大部分不是被动旅游城市，旅游者还有很多主观的消费需求需要得到满足。所有我住的旅馆，出门可能看到酒吧、咖啡屋、饭馆、商店等一系列的购物街，都会填充我旅游的内容，使我的旅游生活很丰富。旅馆内部所提供的一些必要服务设施，这只是消费内容的一种。像我们这样的旅游城市，要给人提供更丰富的旅游消费形式，更多元的旅游消费内容，而并不是把消费者封闭在一个垄断的，虽然生态环境很好的，但是单一的设施空间内，这是城市发展和设计中要认真面对的问题。也就是说，我们要考虑，一个旅游城市，除了旅游度假村外，城市的形态、结构以及其他功能中，到底能够为旅游提供什么样的服务？

我们这些旅游的参与者，在城市的所有活动并没有和城市有机地结合在一起。因为居住地距离城市很远，而且城市的整个功能，并没有满足一个旅游者所需要的多种消费形式，例如，购物、夜生活、开放的酒吧、更为丰富的饮食、特色小吃等，这些在宾馆和度假村是无法提供的。因此我们需要利用城市另一方面的特点，来对旅游者、消费者提供更多的需求，要发展商业和服务业，特别是要发展旅游者需要的各种消费形式的服务业。

什么样的城市才能发展这种消费性服务业？旅游城市要有非常丰富的商业环境。而这样的商业环境不一定非得要满足豪华的视觉形态，不一定要有更高级的设施投入。香港最繁华的地方不是在维多利亚湾两边，香港商业最繁荣的地方并不那么豪华和漂亮，里边的店铺、地下商业街、市面商业街非常繁荣，街道很窄，到处是卖东西的，你去了以后有强烈的购物欲望，买完东西就想吃一顿，随便走到一家小店，就可以安心地坐下来享受一顿美味。

我们在这里算是比较高档的消费者，所以可以享受到比较高端的服务。可是绝大部分低端的消费者，希望出了酒店以后，或者就是住在一般的旅馆里，出门随便吃一碗米线，吃吃云南的各种小吃，完全可以充实享受带有弥勒地方风情的旅游生活。可是酒店是不可能提供这种消费的，即使到酒吧，也感受不到城市酒吧的那种乐趣。因为在宾馆、度假村安排的旅游，并没有让我们真正地融入当地的城市和社会。而城市的生活区、服务区、商业区、人口的稠密区和我们的旅游度假村距离太遥远。

我还要关注一下城市未来的发展规划。据我所知，城市的改造要修建一条中央的干道。但要注意到，如果设计一个以景观为主的主干道，强化了交通通道的功能，结果会把城市的功能彻底地切割掉了。我们到这里希望看到和昆明、北京、上海不同的消费购物环境，这种购物环境更多地带有地方的、民族的特点，更多地带给我们小城市物美价廉的特点，而维系物美价廉就是要重视城市改造可能会带来的后果。在未来的城市规划中，如何来构筑商业服务区，如何促进个体私营经济在服务业蓬勃发展中的作用，使大投资商和中小服务业提供者建立一种相互对应的关系。使得到弥勒县来旅游的人，充分享受到这种多元化的消费环境，这是至关重要的。所以在城市的旅游目标、规划目标上，应该更紧密地结合在一起。

在这里，作为政府官员原来想象的旅游，是所谓的草坪、绿地、湖泊、水光山色和高档的宾馆设施，其实这只是满足了旅游的单一的居住功能，而作为旅游城市的开发和规划，要通过更新理念，把城市的居住功能和消费功能结合在一起，使得旅游者更为方便的享受到充满民族和地方特色的、物美价廉的旅游乐趣。

## 四、城市怎样才能和旅游更紧密地结合

首先，我们要关注旅游消费的群体。据说每年有120万人次到这里旅游，假定这120万人次的大量消费基本都停留在酒店的消费，或者参观那几个旅游景点的门票消费。可是我们这个城市还应该有其他的消费服务，可能并没有从这些旅游的人口中获得收益。其实旅游产业的概念，

作为旅游的服务业要想方设法盯住旅游者的钱包，尽可能地提供各种消费服务。但是钱包是不一样的，有私人消费者的钱包，有公款消费者的钱包，私人消费的钱包还要分不同类型的收入群体。

比如说丽江，我们到那里原来喜欢看纯自然的丽江古城、民俗，还有去看香格里拉，去看一些大自然独具魅力的景观。可是最近有很多杂志的文章，甚至包括世界文化遗产的授予者联合国教科文组织对丽江旅游提出意见，说它商业化了。为什么丽江可以变得如此商业化？确实因为这里有服务业的需求，到这里旅游的人要买东西，要去酒吧，要去餐馆，要去体验各种夜生活，难道当地能不给提供这些服务吗？一个旅游者到丽江只是看，不消费是做不到的。旅游服务业的发展就直接产生了实际的效果，即使世界文化遗产被拿掉了，它也不会影响到旅游者到丽江去旅游、到那儿去消费。可是我们再看看弥勒县城，能给人提供这样的消费场所吗？我们为什么没有？就是因为我们在城市的空间规划上，在城市的发展思路上，在城市的总体结构设计、建筑形态和产业布局上，更多地注重了大，忽视了小；更多地注重宽，忽视了它的窄；更多地注重了视觉，忽视了城市的功能；更多地注重了生态和所谓的环境，忽视了旅游业所能带来更多的服务业发展的机会。

比如，曼哈顿的街道也很窄，巴黎、罗马的街道都很窄，但是很繁荣。为什么我们现在设计城市中无论大小都要有主干道一个模式？我写了好多文章，希望对城市的理解、对景观和结构的理解要重新认识。许多城市的发展和设计理念就是从主干道开始，从视觉广场开始，然后就是房地产开发，卖楼盘，这是许多城市政府热心的城市发展思路。

旅游城市不应该是这样，旅游城市要提供各种尽可能的消费服务。作为一个旅游的小城市，我们没有必要搞大开发，搞大马路，搞大广场，而是要更多的利用城市现有的空间，提升土地的效能，发展服务业，满足服务业经营的必要条件。

服务业也讲规模效益，什么叫规模效益？就是消费半径越小，我的购物能力越强，消费半径越大，我的购物兴致就降低。例如，一个人在街上逛商店，在单位时间内，比如说半小时可以逛十家店铺，我的旅游兴致就会增强。可是半小时之内我只能逛三家店铺或者两家店铺，我的旅游兴致会大大降低。那么为什么很多城市的商业、服务业发展不起来呢？本来的街道较窄，逛商店很方便，在很短的时间内，可以看到不同类型的商店。可是突然因为城市的改造，修建了很宽的街道，加了隔离带，再加了绿化带，肯定会影响到旅游购物的消费时间。同理，如果一条路修得特别长，作为旅游者和消费者看到了一望无尽的街道，他的消费兴趣和游览的兴趣会大大降低。作为城里人去理解，城市有它吸引人的东西？就是因为方便、紧密，有不同的街道，有不同类型的消费店铺，不断的变化，会增加旅游者对这个城市的感觉、兴趣还有方便。

所以，我想在发展旅游产业的过程中，在设计城市的景观、形态、结构、建筑类型的时候，我们要调整一下思维方式。不要把视觉的东西，作为旅游的唯一重要内容。也不要把生态、休闲的内容作为城市内旅游最重要的景观。其实，我们在云南看景观，不是要在城市里看，而更多的是要在大自然中看。在城市景观和街道结构设计中，要更多地满足旅游者多样化的消费内容，才能增加旅游者到这里来消费的兴趣。也可能他觉得喜欢这里的夜生活，可以在这儿多住两天，就是让他从一种被动的旅游消费，转化为主动的旅游消费。

我们作为政府的管理者应该习惯一下换位思维，把自己作为旅游者来理解和观察城市。你们出去旅游的时候，你们是希望主动的消费，还是被动的消费？你们希望一个大团队，拉到一个大饭店，吃集体餐，还是在街里逛，想吃什么吃什么，想看什么看什么？当我们转化心态的时候，政府的角色和政府的决策，就会发生变化。

因此，我们不要想着我是政府的管理者、决策者，应首先把自己到别的地方旅游所带来的感受，转回到我们自己的城市设计理念和形象景观、功能的塑造上，可能就会更符合科学的发展观。

## 五、如何打造城市的旅游形象

如何打造旅游形象，对于弥勒县旅游产业的发展是当务之急。云南的旅游很出名，我来过云南很多回，却不知道弥勒县，当然更没有听说过阿细跳月。对于一个一般的旅游爱好者来说，知道了没有时间来和根本不知道还是有很大的差距的。因此我想，作为未来把旅游产业放在如此重要位置的弥勒县，在旅游的宣传上还是有很长的路要走。

在我接受了你们的宣传材料后，也没有把太多精力放在弥勒县城上。对于你们城市的发展，周围的旅游要素的分布以及旅游接待设施条件，基本上无从了解。那说明什么呢？我们在宣传上可能还是有误区，误区在哪里呢？我们更多地注重了传统文化、民俗的东西，然而忽视了另一方面的特点和优势。

比如说，我们重点介绍了“阿细跳月”，而淡化了其他的旅游内容。

还有弥勒大佛，依山而建的，拍出来的照片很雄伟。这是中国唯一的以弥勒佛为主题的一个县和一座山。当年无锡有灵山大佛、海南有观音大佛，它不去讲一些其他的东西，只夸大佛。到番禺有一个莲花山观音大佛，很多人去了就看。我们要讲以山为一体的弥勒大佛，你说这个有吸引力呢，还是说与弥勒佛同名的县，文化的渊源、源流更具吸引力？很显然，后者没有震撼力，在宣传上这就是一个弱点，就是没有突出重点。前几天我刚去过山西太原的晋源区，当地有蒙山大佛，隋唐时期的蒙山大佛，据说仅次于乐山大佛。现在所有的宣传照片都是蒙山大佛，把佛像造型和山体结合一起，仰视起来，真有天下第一的那种感觉。如果把弥勒县、弥勒佛放在一起的话，我觉得在塑造旅游形象的时候，是一个挺重要的因素。对于佛教信徒，以及相当一部分旅游者来说，会有很大的吸引力。

关于“阿细跳月”，它的文化影响力和震撼力，怎么和现代的内容结合起来，要引起我们的重视。我们说看重原生态，但是我们不能沉迷在原生态。他可能表演得很好，可是表演的节奏很慢，就会与现代的节拍脱节。因此我们要着手研究现代社会、现代的舞蹈、现代的生活节奏，怎么和“阿细跳月”更紧密地结合在一起，既有它传统的原生态的味道，又融合了很多现代因素，增加了它的动感，增加了它的节奏。如何增加这种强烈的震撼，可能县里要在这方面下点工夫。所以你要注意到旅游文化、原生态文化的塑造，一定要和现代社会的审美观结合在一起。另外，我希望在对外宣传性的演出中，还是需要队伍的年轻化。改变传统舞蹈结构和增加一些变化，在3~5分钟的表演时间之内，让舞蹈的语言更加丰富，提供的舞蹈信息更为明确和简练。虽然都是“阿细跳月”的内容，但是我们不能停留在历史中，因为时代在前进。

还有就是要增加我们对原生态的体验性旅游，增加一些农家的旅游接待服务。不一定非要住在宾馆里，到野外体验原生态的时候，体验好的民俗文化的时候，可能更有味道，当然我不知道会不会涉及你们少数民族的禁忌，这个我不清楚。可是要讲感受，感受也是一个主要的内容，比如，旅游的感受。有人说丽江最早确立了感受性的旅游，现在就属于商业性的旅游。很多的国际旅游者喜欢体验性和感受性的旅游。很多国际旅游者和国内的高端旅游者，可能更感兴趣的是“阿细跳月”，更感兴趣少数民族内容。你们能不能在这些少数民族村寨，多搞出几个点来增加外国人和大城市的游客，去追踪中国传统文化的更深层次的内容，这方面还有很大的发展潜力需要挖掘。

要不遗余力、不失时机地打造一流的品牌。要让全国甚至全世界的旅游爱好者充分地、全方位地了解弥勒县，而不只是只知道有一个“阿细跳月”，要让他们知道弥勒现代化小城市的公共服务设施、接待条件、自然景观和“阿细跳月”，还有弥勒大佛同等重要。因为一个旅游者到一个地方旅游，它主要取决于几个条件：第一，它能提供旅游内容的多少；第二，是城市的旅游设施怎么样。如果我们只知道它的旅游内容，不知道旅游设施的情况，那么旅游者就会担心到底会不会享受到良好的服务。所以要展示自己的旅游内容和旅游设施，实际上我们已经拥有了非常好的旅游内容和旅游设施条件，只不过外界不知道。我们没有注意的温泉品牌，在宣传上也存在着一定的问题，比如“湖泉生态园”，其实“湖”并不重要，因为湖太多了。虽然云南有1000多处温泉，但是这里的温泉可能给你增加了一个重要的旅游元素，如果能在温泉文化中增加大自然的魅力和多种文化要素契合的魅力文化，它就超出了和度假、休闲、度假村那种比较落俗套的格局。温泉最独特的一点，就是它一定要和山水、景观和文化结合在一起。

以往弥勒县宣传的康体、休闲、度假，实际上在旅游上够不上品牌。这只是大城市郊区的一种非常正常的消费旅游的度假形式，那只能说明你有这种服务设施条件，可是没能构成旅游品牌。但是如果把我们

的重点 “阿细跳月”少数民族文化风情，还有天下第一弥勒大佛，著名的温泉旅游度假胜地等这些旅游优质要素相组合，那么弥勒县就会有更加清晰的定位，就会有更大的吸引力，就会有值得期待的美好愿景。

弥勒县正处于发展的关键期。在确立了未来以旅游为主导产业拉动经济和社会的发展目标时，特别需要精心策划，策划城市品牌，策划城市形象，策划城市发展的特点和目标，策划城市所具有的独特魅力和优势，进行整体的城市营销，以此来建立一个非常具有震撼力的战略和发展品牌的展示。让世人知道弥勒县，让弥勒县走出云南，走向世界。我对弥勒县的发展充满信心。

（2009年10月30日）

# 关于崇礼县如何打造东方“达沃斯”的几点思考

我与河北省张家口市崇礼县的干部接触有五六年了，目睹了近两年崇礼县发生的天翻地覆的变化。一切缘于在20世纪末对我们还是十分陌生的产业，如今都在逐渐地转变为现实。可以说滑雪产业带动了崇礼县经济和社会的全面发展，使崇礼县从一个毫不知名的贫困城镇，居然开始设计自己未来的前途，梦想成为中国的“达沃斯”。这听起来似乎非常遥远，但是不是真的遥不可及呢？归根结底，还是要看眼前脚下的路怎么走。

## 一、可预期的发展前景

崇礼县的发展取决于两个条件：一是北京庞大的消费市场；二是崇礼独特的自然景观和气候条件。虽然，目前已经通过滑雪产业的带动，和交通区位的改善，把两个条件有机地结合在一起。但是如何进一步巩固现在的冬季旅游发展态势，扩展旅游资源容量，现在的规划和发展战略思路非常关键。

首先，我们可以分析崇礼县发展的外部条件，主要是北京的消费市场。北京的滑雪产业发展的规模远远超过了崇礼县，每年上百万人的滑雪人次，为各滑雪场提供了充足的客源。其中绝大部分参与滑雪者受到收入能力和兴趣的制约，基本上一年只能随着单位的活动参加一到两次。他们的滑雪消费只是郊区旅游消费形式的一种。因此，即使看到了北京有如此庞大的滑雪旅游消费市场，其中绝大部分暂时还不能纳入崇礼重要的旅游资源。因此要清醒地看到，北京的滑雪消费者只有其中的一少部分，对崇礼有着特殊的兴趣。两个条件来决定这部分人，一是收入的能力，二是滑雪的水平和兴趣。以这两个条件来判断，我们根据现在到崇礼县来的滑雪人数，基本可以推断出大致的数量。按5个月雪期来算，周六日的客流量平均1000人，加上平时的客流在200~300人。现在的崇礼县滑雪旅游人次也就是在10万人左右。而且其中绝大部分是重复流量。当然，滑雪旅游的一个重要特点是投资大，消费趋势长。所以这部分人带动了崇礼服务业以至农业休闲旅游的发展。

滑雪旅游人数的增长趋势到底有多大，这一点在未来的发展规划中具有非常重要的作用。从近一两年万龙雪场客流量剧增的情况下，我们欣喜地看到，北京以及全国的滑雪市场已经稳步地提供了一批愿意来崇礼县滑雪的爱好者，而且每年呈上升趋势。但是，会不会达到高速地增长，在10年内能否达到百万人或至少50万人的数量？从我的判断来看，很难做得到。一方面，国际和国内雪场的竞争，分散了一批滑雪爱好者。另一方面，宏观经济形势的波动和收入群体相对的分化，使得这些滑雪爱好者的数量只能是常规增长。这就意味着，在现有基础上翻番的可能性有，但是到了一定时期，滑雪旅游人口的上升就会出现边际递减阶段。那么规划10年内，来崇礼县滑雪人口在20万左右，就已经会对崇礼的发展带来巨大的效益。

以上判断只是根据现有的资源容量进行分析的，毕竟崇礼的发展面临着两个瓶颈，水资源和基础设施的配套。前者决定了滑雪产业的可扩展规模，后者则决定了未来有多少投资商的进入。假定这两个瓶颈问题在一定时间内得到解决，外部条件的变化就可以更加有利于崇礼旅游经济的发展。

分析外部条件变化的第二个因素，就是考虑到北京市冬季消费群体扩张的可能，当然要取决于我们能够给消费者提供什么。因为我们也要注意到，为什么在北京的滑雪人口会那么多，其实主要是这批滑雪人口和北京冬季的会议经济紧密地联系在一起。北京每年的11月份开始，进入了所有单位的年终总结时期。大部分经济实力较好的外企和国有单位，一般都选择郊区的度假中心，开展各种年终联欢活动，其间也包括圣诞节的庆祝。由于这一时间正好和冬季滑雪期吻合，所以也推动了北京郊区滑雪场的兴起。

北京郊区的消费旅游可能具备几个条件：一是一个半小时以内的车程半径；二是条件比较舒适功能齐全的度假村；三是各具特色的消费服务；四是比较好的自然景观。相对比照崇礼县，路程虽然远了一个小时，但不是根本的问题。关键是中间两个条件目前急需改进。崇礼县没有高档大规模的度假村，消费特点单一，这是不利因素。但是自然景观仍然可以说独具特点。如果我们把北京的会议经济作为这里刺激消费和拉动旅游需求的热点，可能崇礼县的旅游潜力还会极大地迸发出来。我在和崇礼县的干部交流的时候，反复讲到增加旅游内容的延展性，要争取把北京的会议经济吸引过来。这就要求继续改善投资，提高服务水平，提高投资的档次和增加功能的多样性。解决了这些问题，很难说崇礼未来的冬季旅游人口会是多少，滑雪旅游的人数也会大幅度增加。

第三个外部条件的变化，是旅游季节的延展性对于北京消费者的吸引力。北京市逆城市化现象最突出的特点就是消费的郊区化。在2个小时车程的半径内，周末旅游经济带来了郊区服务业的飞速发展，而且一年四季都处于旺盛时期。北京市民的春、夏、秋季的消费形式基本上集中在郊游、农家乐、采摘、爬山和度假村等内容上。北京市的周末经济和冬季会议经济不同的是，旅游消费人口基本以家庭为单元，同事和各种团体结伴而行。要求的服务也是追求物美价廉。在长假和学校暑假期间，北京市民的旅游半径可以扩展到内蒙古坝上地区。

针对北京市春、夏、秋季的旅游消费，可能崇礼县还没有充分的应对措施。我们只是宣传了这里的四季景观，但是能够提供什么类型的多样化服务，还没有统筹规划。其实，这里仍然蕴含着巨大的旅游资源，有足够的开发潜力。例如，我在和崇礼县干部交谈时，他们在评价地理区位时，把这里称作平原到坝上的过渡带。其实这里海拔已经在1200米以上，气候和自然景观与坝上基本一致。过去讲出了口外既是坝上。而北京人热衷于旅游的坝上地区，恰恰是一个重要的消费热点，因为坝上意味着没有炎热的夏季。说白了，这里除了没有蒙古包和大面积的草原，其实也就是坝上地区，关键是我们以什么样的形式来按照坝上的模式和北京市民的消费需求来打造新型的坝上旅游景观。只有这样，崇礼旅游的季节可以无限延长，旅游人口可以无限上升。未来的崇礼县的旅游景观优势才可以得到充分发挥。

分析了以上三个外部条件，其实就是要求我们如何做好内功，从长远的战略眼光，来规划崇礼县未来以旅游为龙头带动经济和社会发展的战略性思路。

## 二、政府现在该做些什么

为什么要这样提出问题，这是我在地方调研上遇到的最普遍而且也是最复杂的事情。说普遍，就是大部分地方政府都要做事情，但是做什么，经常是随机和短期的行为。说复杂，就是急功近利，利益纠缠或者政府越位的事情时有发生。我们看到这些年崇礼县的各级干部们为了打造旅游品牌下了很大的力气，起到了很好的效果。从预期目标来看，当前这个时期尤为重要，因为战略和决策往往决定了我们未来的发展前途。举例来说，为什么亚布力和北大湖都是很好的滑雪旅游胜地，反而被崇礼县后来居上。有客观因素，区位条件的差异。主观因素在哪里呢，在于品牌和观念以及管理上。如果没有万龙滑雪场国际化的管理水平，崇礼县的旅游业能否发展到今天，尚是一个未知数。对于崇礼县政府也是如此，只有把崇礼县的政府行为提高到国际的管理水准，也就是按照中国“达沃斯”的目标来塑造崇礼县形象，崇礼县才有可能带来翻天覆地的变化。

要清醒客观地做好长远发展规划。崇礼县的规划就是要以旅游业发展为龙头，来带动全社会经济发展，农民收入水平的提高，全县的脱贫致富。规划的内容是什么？在我看来，首先要确定旅游保护区，把重点的适宜于发展冬季旅游和春、夏、秋季旅游的自然生态区域保护起来，严格限制其他产业的进入，为旅游的投资者和开发者留有足够的发展空间。前些天，我曾经了解到，县政府对于发展风电事业有较大的兴趣，因为可以带来GDP的增长和充足的税收。但是，如果在旅游区建立风电塔，势必造成旅游景观的破坏，还会形成旅游企业和电力企业之间扯不清的矛盾，互相争夺资源，也会破坏了政府曾经和旅游投资企业签订的协议，毁坏了政府的形象，对未来的旅游投资者造成心理压力。因此在规划上要明确重点发展的产业，明确空间的保护区域，明确政府和企业的职责，明确政府未来可能的基础设施配备的条件。

要从现在开始提升城镇和旅游景区的发展品味。近几年，崇礼县城的房地产发展非常迅速，地价攀升，各种服务业的发展出现了繁荣的景象。即使在旅游景区附近的村落，农民也在旅游业中尝到了甜头，纷纷开办了农家乐的家庭旅游业和饭馆。由于投资者进入的门槛较低，使得城镇房地产发展缺少统一的规划和设计，城镇未来的形象和现在的发展势头形成了明显的反差。所谓旅游，就是在休闲中满足视觉和消费的不同的需求，城镇形象也是如此。所以从现在开始，政府应该从更高层次地要求，严格限制本地开发商的进入，吸引国内著名的品牌开发商开发，重塑崇礼城镇的立体景观。对于旅游景区内的房屋建设，也要进行规划和设计，鼓励北京等大城市来的小投资者和农民合股经营农家旅馆、餐饮业，让他们来主导房屋建设的品牌效应。

要搞好基础设施的配套服务。其实这方面崇礼县政府已经做得很好了，上级也给予了足够的支持。我们目睹了崇礼近年来基础设施配套的变化，从交通设施的改善，高速公路的修建，景区道路的建设和电力的供给，还有县城河道的改造等。是不是这些就够了呢，当然距离完善的服务，还有很大的差距，例如，水的问题，排污设施的问题，还有城镇管理和垃圾清理的问题，等等。摆在县政府面前的基本都是项目审批和资金的困难。问题是要从规划入手来解决基础设施的配套问题。如果没有很好的规划，很有可能就会造成资源的浪费。因此，县政府应该在规划的基础上来确定基础设施项目的优先顺序，特别是要注意适度的规模。防止在基础设施建设后，维护成本的上升会带来财政的压力。

科学合理地确定发展目标。前些天在和县里的干部交流过程中，了解到已经委托规划单位做了规划，规划的内容确实有些令我瞠目结舌。规划的县城人口20多万，规划的县城建成区面积为24平方公里。不知道这样的规划目标是县里的领导的个人意志，还是规划院盲目的设想，在我看来缺乏现实依据。首先，按照“达沃斯”的目标，也就是一个小镇的人口，就是庞大的人口进入计划和打造的品牌发生了矛盾。其次，对于旅游人口的增长缺少科学的判断。从国际上的经验看，旅游人口的特点是流动，所以热点旅游城市的人都不是很多。随着旅游人口的增多，会需要增加旅馆，但是到了淡季，旅馆就人去楼空，留下的只是管理人员。即使很多人在这里买房产，也是在冬季旅游短期居住所用，并不能成为常住人口，他们的消费行为也是短期的。就算是北京郊区的重点旅游小镇，当地人口也没有大量增加，除非城里房地产居住区规划到这里。因此，考虑到人口的增长主要是当地农民会有多少人进城。按照旅游区域就业人口增长的需要，还要把当地人口的居住和重点服务旅游的高档居住区在空间上分割开来。在现有县城人口两万的基础上，再增加一倍多一点，也就是理想的目标。县城的建成区面积，也最好限制在5~8平方公里的范围内。合理规划人口目标的好处就是不会导致基础设施投入的浪费。如果按照现在规划的人口和建成区面积来设计道路和各种基础设施，投资的数额和将来管理的费用都会成为财政的严重负担。这已经是国内很多县城规划失败的教训。

要及早地进行建设用地空间的储备。我国耕地占用的形势越来越严峻，按照现有的土地指标的分配办法，到了崇礼县已经所剩无几。因此，县政府应该从现在起，未雨绸缪，做好建设用地储备工作，这里要说明的是三点意思：一是不能轻易地把土地出让给低层次的产业和开发商，要提高土地的利用率和土地的价值。二是要想尽各种办法，整理土地，腾出建设用地空间。可以采取挂钩的形式置换集体建设用地，还可以直接在集体建设用地上，采取长期租赁的方式，允许农民和城市居民合股开发。三是可以利用山地和坡地，进行建设用地开发，这样会减少耕地的占用。

要在做好发展规划的基础上制订产业发展规划。虽然已经确定了以旅游为龙头带动其他产业的全面发展，但是不等于排斥其他产业的进入。首先，要明确限制什么样的产业不能进入，要确定限制企业的目录，例如，污染严重的企业，和旅游业发展相冲突的企业等。其次，要在县域范围内，非旅游开发区的中心镇，建立工业开发区，积极招商引资，发展劳动密集型产业，带动非农就业。再次，是要围绕着旅游的配套服务，积极引进技术和人才，开展农业休闲旅游，发展特色农业。产业的规划最重要的内容是做好空间布局，在什么地方发展什么产业，要有明确的规定。

要把市场资源的开拓放手交给企业来做，政府不能越位。前一部分做的市场分析，对于政府的规划和引导投资者会发生作用，但是具体怎么吸引客流，发展什么样的旅游服务形式，这方面企业家考虑得比政府要清楚。政府千万不要自作主张，去号召甚至主动开办什么旅游服务形式。其实投资者一旦把资金投入进来，建成了度假村和各种服务设施，他自己会考虑到如何减少淡季，扩大旅游的需求，如何吸引旅游资源。历史的经验教训往往是政府搞什么失败什么，原因是政府角色是管理和服务。经营企业，如何运营是企业家的长项。可以试想，马来西亚的投资商打算投资几十个亿在这里，他当然会考虑如何使投资发挥效益。只是政府要及时解决他们需要公共服务的难题。

要加大对干部培训的力度，提高干部的素质。好的管理就会有好的服务，一定会带来好的收益。问题是管理团队的水平亟待提高，这方面我们应好好学习万龙管理团队的经验。现在崇礼县已经提出了走向国际化的目标，打造国际化的旅游城市。那现在我们就应该问一下自己，我们的团队水平达到了这个标准吗？举一个例子，前些天我问了一下县里某个部门的领导，是不是经常上网，他说没有时间。现在国务院总理那么忙，每天还要有一个小时的上网时间，我们一个县里的干部居然没有时间上网。实际上网络可以提供无限国际国内市场需求的信息，也会提供无数城市管理的好经验。其实，上网仅仅是一个很小的要求，但是反映出我们还没有完全适应如何打造崇礼的城镇品牌。反之看一下城镇的管理，与河道形成鲜明反差的是街道环境的脏乱差，垃圾污水在非主干道比比皆是。解决这个问题的办法有几条：一是招聘高学历人才，进入干部管理队伍。二是多出去看看，加强对国际和国内经验的学习。三是请专家讲课，加强对干部的教育培训。四是加大对电脑和网络的投入，要求所有的干部主动和国际国内接轨。

加强区域的旅游合作和协调。旅游是多元化多层次的消费服务体系。在张家口市域范围内，要了解旅游资源的配置，协调开发，提高旅游资源的配置系数。崇礼县的发展要和赤城县结合起来，那里的温泉条件得天独厚，就是投资水平低，管理水平低，档次上不去。如果崇礼县开发了，势必会对赤城县产生影响，开发那里的温泉资源，形成相互依托的合理配置，从而实现共赢。但是我比较担心的是恶性竞争，当地政府可能为了吸引投资，开始重复建设，导致资源的严重浪费，分散了旅游资源，影响了旅游品牌和规模的形成。这一点张家口市政府要及早协调和规划，形成互利发展，发挥各自旅游优势的大好局面。

崇礼县的发展，还面临着许多问题，但是我认为当前解决以上问题，是当务之急。在此基础上，要抓紧根据发展的条件和制约因素，尽快地起草项目书，解决水资源短缺和基础设施投资资金及用地问题。以上的观点我们还要进一步整理，结合发展规划，详细地进行说明，有不当之处，敬请讨论和批评。

（2009年3月）

# 关于对乾陵周围景观开发的思考

在陕西省咸阳市调查期间，我顺便参观了一下乾陵。乾陵位于乾县，乾县处于关中平原中段北侧，渭北高原南缘，辖区总人口55万人。乾县工业发展近年来有所突破，但相对东部地区发展水平仍然较低，全县规模以上企业仅30户；旅游业是乾县第三产业的龙头，2007年接待游客130万人次；目前相对收入水平还较低，2007年全县仅实现财政收入6370万元，城镇居民可支配收入7813元，农民人均纯收入3069元。

乾陵是乾县旅游的支柱。乾陵是唐高宗李治和女皇武则天的合葬陵，是第一批全国重点文物保护单位，位于乾县城北6公里的梁山上，依山为陵，雄伟壮观，登陵远眺，视野开阔。从史书记载和考古勘查分析，乾陵可能为唯一未被盗掘的唐陵，也成为驰名中外的旅游景点，2007年旅游接待人数已经突破百万人次。

参观的同时，就乾陵附近开发景观生态旅游的问题，我与乾县县委书记进行了简短的探讨。事情的起因在于，乾县的县委书记兴致勃勃地拿来了由陕西省城乡规划院编制的一份开发规划。从开发规划和县委书记的介绍中，可以看出这样的一个清晰的思路。

## 一、修建生态走廊、招商引资的设想

目前，乾陵每年的游客达到100多万人次，但是基本上都是参观了以后就走，很少有人在这里消费。县里近些年一直在考虑，如何通过招商引资的方式，把游客留下来，在这里消费，并以此带动乾县经济的发展。

根据当地对区位条件和县城以及乾陵的优势分析，县里打算把县城和乾陵的通道进行改造，加宽道路，修建生态走廊，并招商引资，发展第三产业。初步预计先开发4公里长的生态走廊，引进80多个项目（包括观光采摘、旅游生态宾馆、垂钓、餐饮、娱乐和人文景观等），全面拆迁改造。规划院的设计主要是围绕这个生态走廊的开发进行的。估计打算吸引各方面的投资要达数亿元以上。

如果这个项目成功，既改变了乾陵周围的生态景观和视觉形象。又大大拓展了乾陵的旅游开发的内容，并通过各种项目的集合，来增加乾陵旅游客人的消费时间，带动乾县服务业的发展。据县委书记介绍，许多投资商已经看中了这个项目，纷纷表示了投资开发的愿望，招商引资已经不是问题。

## 二、是否有经验可借鉴

我在和县委书记讨论时，问了一个问题，像这样在一个著名的名胜古迹旁边搞大规模的人文项目开发，是否有国际和国内的经验可借鉴。据我所知，在像乾陵这样一个著名的名胜古迹前，策划这样大的开发，好像在国内还没有先例。比如，北京的长城和十三陵周围，人造的景观很少，只有十三陵附近有一个大明宫的人造景观，经营一直不太景气。著名的还有南京的中山陵，虽然离南京城很近，旁边的植被景观也很好，但是，几乎没有人造景观开发的痕迹。

从国际上，也很难找到类似的先例。最著名的古代陵墓遗址当属埃及的金字塔，整个陵区范围之内，包括方圆几十平方公里之内，几乎没有人造的景观。而且还限制人造景观的开发。离巴黎较近，也是在一小时交通圈之内的凡尔赛宫，旁边也没有开发人造景观。

纵观国际国内，大多人文的历史名胜古迹，很少有类似这样大规模开发的人造景观。究其原因，一方面，是限制开发，担心破坏了古代遗址的人文环境。另一方面，作为投资者和商人来讲，一个最明白的道理是，人造的景观再好，也无法和历史的名胜古迹相媲美。因此，相形见绌的角度下，很难再去吸收游客在这里停留下来。

## 三、为什么游客不在这里更多地停留

据县委书记讲，他所忧心的是，绝大部分来乾陵游览的旅客，很少在这里停留，甚至都不在这里吃一顿饭。当地有这么好的历史景观，但是却不能带动当地服务业的发展，他认为是一种遗憾。因此，他的想法是，能不能通过开发的方式把游客留下来。哪怕只是消费一顿饭，每年100万人，也对当地的餐饮业会有很大的刺激。

我简单地帮助他分析了一下原因，最重要的是距离西安太近。一个小时的交通，加上一个小时的参观，无法留在这里吃饭。而且从餐饮业的供给能力来看，西安肯定是餐饮消费的最佳选择。

从西安近郊的旅游线路上看，也存在着一定的问题。乾陵和法门寺外加茂陵，是同一条旅游线路。可能在乾陵尚未挖掘的前提下，法门寺的旅游价值可能远远高于乾陵。如果先看乾陵，属于过路性的旅游，顺便看一下，然后到法门寺，恰好是在法门镇里，参观消费可以融为一体。而在法门寺的参观时间也比较长，从寺庙到文物展览，参观长度怎么也要在两个小时左右。所以从消费竞争的角度，法门寺占优。

## 四、人造景观会增加游客的消费动机吗

在讨论时，我感觉到了书记开发的初衷。但是我觉得，还是缺少分析。

首先，对游客的构成要分析。如果是国际的游客，短短的在西安几天，能来乾陵已经是不错了。这要感谢旅行社所做的工作，因为来中国到陕西，本来就很短的行程，西安周围那么多旅游景点，法门寺、兵马俑、华清池、华山还有西安老城等等。为了尽快在短时间内走更多的地方，人们当然只选择著名景观，有国际知名度的景观。所以很少有人会在人造景观下停留下来。

对国内游客也要分析。游客来陕西省的时间，估计最长的也就一个星期，一般黄金周都是5天左右。他们能在陕西停留多久，他们的消费

目的是什么，可能都要进行分析。对于国内游客和国际游客有相似的地方，就是没有来过陕西省，或者来的次数很少，希望能把陕西的重要旅游景点都看一下。在有限的时间里，能够看的一定是国内有知名度的历史名胜，人造景观基本没有吸引力。即使是以生态为主题的景观，效果也不会很好。

如果国内的游客和国际的游客对生态为主的人造景观兴趣有限，那最有可能的消费人群，一定是陕西当地的游客。相比之下，人为地塑造生态远没有自然生态的效果要好。西安南部的秦岭山脉，距离又近，植被又好，可能是当地旅游消费者的首选。

其次，对景观特点要分析。很多内容已经在对旅游人群的构成中分析过了，因为任何一种景观的形成，并成为旅游资源，一定和旅游群体的兴趣取向有关。著名的历史名胜古迹，从旅游的价值上来讲，是不可替代的，也是绝对稀缺的。而人造生态景观和消费场所，在空间上是可以复制的。而且，投入的越少，复制的概率就越高，投入的越大，复制的概率就越小。可复制的特点就决定了人造的各种景观在旅游上的竞争性。所以当选择了人为地开发人造生态乐园时，也就一定要考虑它可能存在的竞争风险。因为风险也就意味着原来评估的独特性的优势已经不复存在，失败会导致资源的严重浪费。

对人造景观的分析，还有一个因素不可或缺，就是这类人造景观是依附于乾陵的。如果旅游人群在选择了乾陵之后，没有参观人造景观的愿望，那等于过去政府所做过的开发可行性分析，就值得商榷了。

## 五、社会风险谁来承担

可能原来我们在进行开发性分析的时候，对以上问题没有足够的考虑，因此，没有评估到一旦项目形成的时候会造成资源的浪费。其实，后果远比这些要严重得多。虽然投资主体是市场化的，但是动用的社会资源的一部分要由政府和农民来承担，而且造成的破坏也是无法挽回的。

一是对农地形态的转换是要付出代价的。虽然评估时可以说明一部分农地由耕地转为生态用地，但是地上的附属物一定在开发的时候，要发生实质的用地性质的转换。因为投资者的最大利益动机，就是利用生态用地的条件，来开发建设用地，以期获得最大的土地收益。

二是对农民住房的拆迁要承担社会成本。在没有明确的预期收益的情况下，拆迁的补偿不可能很高。农民搬迁的兴趣是否强烈，农民的就业问题如何解决，农民的新居是否符合农民的预期心理，等等。是不是还要动用政府的强制性权力，而且后来的代价，就是农民的上访，我们是否做好了心理准备。

三是对乾陵的景观是否产生破坏。从照片上我们已经看到了乾陵之所以在关中大地上气势磅礴地耸立，主要原因之一是视野的开阔。如果陵区大门之前的景观发生了变化，会产生什么样的效果，很难得知。毕竟乾陵已经躺在这里上千年了，而且据说是唯一保存完好的帝王陵墓。如果外围景观发生变化，是不是仅仅会影响到我们的视觉，还会有什么其他的深远影响，尚无法预测。但有一点是十分清楚的。就是人造开发的后果一旦形成，就不可逆转。

## 六、政府该做些什么

在和县委书记短短的几十分钟的讨论，我清楚地感觉到，他们对于乾县发展的急迫心理。我仅仅是一个过路客，县委书记亲自来征求我关于开发的意见，也说明了他对这个问题的审慎。

我们和地方领导不一样，是因为我们有足够的时间去考虑事情，有足够的时间去学习。但是对于县委书记来说，大量的社会事务和应酬，已经耗尽了他们的时间。因此他们在决策时往往顾及不到我们所考虑的内容。

一是从乾陵开发的长远趋势看，目前还是应该保护好环境为主，生态的塑造应该以政府为主，做好景区周围的绿化。考虑到未来有可能的乾陵考古发掘，还要预留好展览馆和文物保护的用地。

二是修建通往乾陵的景观路线。当然不是开发性的修建，也不是形象工程的修建。这一点应该向北京的明陵和南京的中山陵学习。道路不要过宽，双向2到4车道，就可以了，也不用修中间的绿化带，更不要自行车道和人行道，主要是两边的林木要葱郁。

三是把餐饮消费的重点引向县城，这需要修建好县城和乾陵的通道，当然也要注意，不搞大型的视觉性景观大道。同时，在县城适当的地方，利用民间的力量开发餐饮一条街。不要豪华，要注重特色，要符合国际国内旅游人群的消费特点，要物美价廉，发挥陕西小吃的特色。这次我在陕西期间，有一点非常遗憾，就是当地为了体现小吃的特点，尽其豪华之所能，各种小吃一顿饭全端上来。其实，旅游消费在乎的不是豪华，而是简单。在于怎样方便，还能享受特点。其实，一顿饭一到两样特色小吃足矣。这一点我们要学习日本、韩国的餐饮开发。实际上，我们在餐饮一条街开发的时候，就可以注意这一点，一个餐馆一两种小吃，这样就很好了。

四是在不改变乾陵周围村落布局形态的前提下，充分利用当地农民自身的优势，发展农家乐。政府可以补贴给农民，允许农民在自己的宅基地上，按照规划的形态，修建院落，兴办符合陕西特点的餐饮休闲场所。既体现了陕西民居的餐饮休闲特点，又有利于当地农民的致富。

一个地方的经济发展，是一个长时间的历程。这里要注意的是，要发挥民间和企业的力量。政府要把钱花在政策引导上。需要政策培育，但是政府的行为一定要符合客观规律。另外，在发展的问题上，一定不能急于求成，这样，好事也容易办成坏事。中国和西方国家的最大区别是，我们政府的效率很高，一个决策往往很快就可以得到落实，这也是东部的经验。在西方发达国家，一个政府的决策往往要花费几年或者几十年的时间才可以落实，而一旦达成共识，落实得也很快。这里和其他地方的区别是，重要的文物古迹，决策要十分慎重，一旦决策错误，会造成千古遗恨。

（2008年4月）

# 关于南京汤泉镇旅游开发思路的几点意见

近日，应邀去南京市浦口区汤泉镇调研。汤泉镇位于南京北部老山风景区，面积50平方公里，距南京37公里，开车30分钟即可到达。汤泉镇所在的老山风景区，森林覆盖率达80%，地下温泉资源丰富，有15个温泉自然溢出泉眼，水温可达47度，温泉水所含矿物质资源丰富。汤泉镇的经济发展状况较好，农业以种植苗圃为主，农民人均纯收入可达1.04万元，工业以发电和供电设备为主，已形成一定规模，其中制作输变电塔的企业在亚洲名列前茅。服务业的发展主要是开展旅游业和房地产业为主，在境内已经建立了几家大型的旅游度假村和房地产别墅开发项目。最近，汤泉镇政府已经在积极准备申请“中国温泉之乡”，拟按照市里领导的意图，把汤泉打造成“长江国际温泉城”。

据介绍，15平方公里的温泉开发区，其中的9平方公里，已经被几家旅游开发企业和地产商所分割，但是目前开发的目标尚不明确，资金筹措也遇到了一定的问题。镇政府也在寻求制订发展战略和规划，试图通过温泉的品牌资源打造东方的国际旅游名城。

在座谈中，我就汤泉镇的旅游发展定位、发展思路和可能要避免的问题，以及一些经验和建议，简要地谈了几点看法。

## 一、如何给汤泉镇旅游发展的目标人群定位

在我接触到的许多小城镇，关于旅游目标人群定位问题，看起来很简单，实际上经常出错。就汤泉镇而言，对于温泉资源的认定问题，也就是对于未来可扩展的人群定位。温泉全国很多，世界上也很多，一个温泉是否具有国际性旅游价值，带来大量的外国人口到这里来旅游。可

能还是和很多其他的因素相关。如与温泉配套的其他旅游资源的国际知名度；温泉资源本身在国际上同类产品的独特性；依赖的中心城市是不是国际著名的旅游城市等等。

北京有一个小汤山镇，也是国内知名的以温泉疗养著称的小城镇。我们多年在小汤山抓试点，对这个镇非常了解。但是这个温泉镇的主要游客还是中国人，基本是北京人。这里大型的度假村和旅游娱乐中心基本是以北京的团队消费为主，会议经济在这里是一个主要的旅游特色。外国人到北京旅游，基本不到这里来。所以，在小汤山镇的旅游定位中，很难把她定位为国际旅游城镇，尽管她可以充分地利用北京的国际旅游品牌。

吉林省有一个著名的旅游胜地——长白山，天池的风光，自然保护区的森林资源，火山熔岩景观，著名的瀑布以及地热温泉资源，构成了长白山作为旅游名胜的基本要素。据我所知，到长白山旅游的人，很少在山上住，在山上泡温泉的人所占比例更低，绝大部分游客看完了天池和瀑布，尝一尝温泉煮出来的鸡蛋就走了。长白山温泉的知名度和温泉的景观、品质可能远远超出汤泉镇的温泉，但是并没有成为一个独立的国际品牌。

站在我国具体的国情下考虑温泉的发展，冷静地分析温泉在旅游经济中的作用，其实温泉的旅游明显地带有地域性的特点。改革开放前，我国温泉旅游的功能局限在疗养、治病和休假等方面。现在随着国力的增长和收入水平的大幅度提高，温泉的作用更突出在休闲消费上。根据我国温泉的分布特点，大量的温泉吸引的更是周边中心城市的人口。因此，仅按照这一特点来评价温泉在旅游发展中的功能定位，客观地评价可能会减少未来开发中的浪费。所以，在定位过程中，应该强化汤泉镇的温泉主要是对周边的几个中心城市的吸引作用。它的消费人群一定是以当地人为主，而不是外国人或者远道而来的其他内地人。如果从这个方面去寻找未来的旅游发展人群，可能会更为符合实际一些。

实际上说到这里，可以清楚一个问题，所谓旅游战略的定位，就是要吸引旅游人口的战略定位，明白汤泉镇的旅游人口来自于什么地方，我们这里能够提供什么样的旅游消费。

## 二、汤泉镇的旅游优势在什么地方

所谓旅游优势就是你可能给予未来的不同类型的旅游人口提供什么样的旅游服务。这里也没有复杂的理论，只要是客观和清醒地分析当地现在可以提供的服务和未来可以提供的可能的服务。

从我在汤泉的直观感觉来看，这里虽然打的是温泉牌，但是还有几个因素可能正是汤泉可以开展旅游的重点。

**1. 是毗邻特大城市的区位优势**

如果没有这个优势，汤泉镇的旅游价值要大打折扣。就像北京的小汤山正是依靠北京才发挥出来独特的温泉旅游资源的优势。如果我们把汤泉的旅游目标现期界定为南京的大众消费群体，那么很清晰地可以看到，南京作为一个国内重要的特大消费城市，蕴藏着巨大的消费潜力，汤泉在距离南京仅仅半个小时的车程内，这样的区位条件可以说是得天独厚。在我们即将面临汽车消费的时代，这样近的距离，使得汤泉镇的旅游开发的价值大大地飙升。

**2. 是绿色覆盖的山水景观**

老山风景区是浦口区以至于汤泉镇的旅游亮点，很重要的原因是森林的覆盖率和蜿蜒的低山交映。对于长期在城市里居住的市民来说，无疑是周末旅游休闲度假的最好去处。到这里可以呼吸新鲜空气，满目全是绿色和水面，与城市里的水泥建筑构成的物质景观形成了鲜明的反差。而全国的特大型消费城市中，能够提供这样丰富的绿色山水景观条件的也就是北京、成都、杭州和南京等。汤泉镇独有的资源优势当然在这里可以得到很好的利用了。

**3. 汤泉镇尚未完全开发，无论是温泉的地面资源还是城镇的人文景观塑造，都还有待于重新规划**

虽然我们看到了原来规划中的一些思路在图示中有所表现，但是在发展战略思路没有明确的时候，这些规划还都可以调整。即使是已经开发的项目，目前对于汤泉的资源也没有形成太大的破坏。因此，当前如何明确发展思路，明确规划的目标，是汤泉镇是否能够完全地按照旅游模式定位，形成汤泉的旅游品牌成为首要的任务。

## 三、怎样规划汤泉镇的旅游品牌

汤泉镇已有的旅游资源基本局限在温泉、区位条件、绿色的山水景观以及尚未被开发的资源环境几个方面。是不是仅有这些就可以构成汤泉旅游业发展的主要内容呢，根据汤泉现有的旅游流量已经说明了问题。其实，在进行旅游规划的时候，一定要考虑到几个方面的因素：

消费人群的心理和需求。例如，南京或者长三角大城市的人为何要到汤泉来旅游，这里能够保证提供什么样的旅游产品？旅游人群的消费能力如何？在这里的旅游消费时间是多少？例如，仅举泡温泉为例，一个人一次泡温泉最多在40分钟以内，其他时间要做什么？

不同收入水平的旅游人口的消费需求。一般情况下，我们只是考虑度假村的建设。从现有的汤泉镇度假村的设施来看，可以满足公费或团体消费和中等收入水平以上的消费人口。对于收入相对较低、时间比较充裕的退休人群，这里可以提供什么样的消费服务和消费设施。

不同年龄阶层的旅游人口的消费需求。年轻人更注重的是游玩和锻炼，中年以上的旅游人口相对比较安静，比较休闲。携家眷的带有儿童的旅游人口可能要提供丰富的娱乐设施。有品位的中老年人口更愿意享受旅游文化。而在汤泉现有的旅游设施，尚没有考虑到这样的多层次的消费需求。

不同消费习惯的旅游人口。旅游人群中，到汤泉可能泡温泉只占用一点时间，其他的时间要享受各种类型的消费形式。从吃、住、购物、娱乐和休闲等方面，是不是汤泉已经做好了充分的准备。例如，对于喜欢吃的人，这里有没有一定规模的特色饮食，可满足大众的旅游消费。这里有没有比较丰富的旅游产品可供游人购买。这里有没有山水相宜的传统的农家小院，可让旅游人口体验到自然和传统的回归，等等。

所有这些需求的满足，就构成了汤泉镇旅游品牌形成的基本要素。所谓旅游品牌看起来可能只满足某一种条件，例如，上黄山，只是受到黄山风光的吸引，到九寨沟可能也只是为了欣赏九寨沟独特的自然景观。毕竟仅这些景观就是世界独一无二的。但是温泉旅游，郊区旅游，更需要的是配套服务，在没有独一无二的特色下，满足多元化的大众消费需求，形成独特的综合的有文化内涵的旅游品牌，也是规划旅游发展前景的最重要的基本考量。只有这样，在汤泉镇对外的旅游宣传品牌形成的过程中，可能给南京以至于上海的旅游者打下一个深深的烙印，“吃在汤泉，玩在汤泉，休闲在汤泉”，仅仅就这几句话，可能在规划设计中有无数丰富的内涵。

## 四、汤泉镇可以发掘哪些旅游内容

全国的经验都可以借鉴。例如，四川郊区的农家乐，形成吃住一体的休闲文化，让旅游人口到这里回归自然。四川邛崃的平乐古镇，通过镇区的“修旧如旧”的再塑造，重现了古镇景观，在人流嘈杂的小城镇中可以提供茶馆文化、饮食文化、购物文化和名胜古迹等多重的旅游内容。四川温江的“国色天香”旅游景区，把自然景观和大型的综合游乐、购物设施结合在一起，加上规划的美轮美奂的花卉环境塑造，大大地丰富了城市郊区对城市人口的旅游吸引力。每年的旅游人口达到600万，目标人口2000万。这些经验肯定要值得学习。

还有北京郊区的雁栖湖镇，那里距离北京比汤泉镇距南京要远很多，自然景观也远不如汤泉秀丽，但是旅游人气远远超过汤泉。其实服务的内容很简单，一是饮食，二是休闲。大部分人在这里只逗留不超过一天，但是旅游人数的火爆，在北京京郊旅游中已经形成了著名的品牌，但是没有人能够明确地说出品牌的内涵。

其实，旅游的意义不在于品牌，关键是能够提供的旅游消费的内容。对于汤泉镇来说，就是在现有品牌的基础上，增加旅游可延伸的内容，增加消费者在这里消费的时间和费用。仅仅就这两个方面，就要下大力气研究，而不能停留在以往的决策习惯上考虑问题。

因此，当前首要的任务是出去学习，看看别人是怎么开展旅游服务业的，怎么根据消费者的需求来增加消费内容，延长旅游消费时间，逐步积累经验，为形成品牌和综合的旅游服务能力来创造消费条件。

还有就是根据不同类型的旅游人口的需求，来增加旅游消费的内容。喜欢吃的，就要开辟饮食文化的旅游内容，就要发展农家乐等多种物美价廉的旅游服务。喜欢住宿和高档消费的，就要规划好现有的度假村，提供高消费的服务内容。喜欢购物的，就要发展好旅游商品经济，并以镇区现有的街道为载体，规划成为古色古香的旅游商品一条街，或者学习四川温江“国色天香”的模式，把玩和购物融合在一起。喜欢休闲的，就要在汤泉的农村，利用山水自然景观，提供乡村民居特点的小型农家旅馆，满足在这里长期休闲的中老年游客和消费群体。

当然可以发掘的旅游内容很多，有的是要通过政府来规划，有的则需要发挥市场的作用。问题是如何把两者有机地结合在一起。

## 五、如何发挥旅游产业市场机制的作用

我们经常遇到的情况是，许多地方政府在进行旅游规划时，往往主观性决策多，站在政府的角度考虑问题多，贪大求洋的多，喜欢一揽子开发方案的多。很少有政府换位思维，站在旅游者和不同类型的投资者的角度考虑问题。而且，造成这种现象的也有很深刻的体制原因。一是，官本位意识强，只要是当了官了，就认为自己无所不知，所以也敢大胆决策，其实不知一旦决策造成的后果，可能得好多任政府来偿还。二是，喜欢大手笔，容易体现政绩，上级领导看得见。三是，喜欢大投资，投资规模大，GDP增长的快，土地也可以卖出好价钱。从一个理性的规划者来看，政府下决心规划一定是好事情，问题是在选择什么样的规划。

实际上，在地方经济和产业发展中，市场的角色往往会起到决定的作用。在旅游业的发展方面也是如此。因此政府在规划中，一旦尊重了市场规律，一定会起到好的作用。那么市场的作用究竟体现在什么方面呢？

首先，是投资者的选择。一般情况下，有了好的资源，投资者一定会光顾。投资者的进入，他必须要考虑到市场的后果，他会主动地去迎合消费者的习惯，主动寻找消费者到这里来消费。这些任务政府是不

能替代的。可是究竟要选择什么样的投资者进入呢？投资者也分为很多类，有大投资者，动辄上亿的投资，兴办大的旅游企业，进行垄断式开发。也有小的投资者，没有能力进行垄断性开发，但是会把一些零散的资源整合好、利用好，农家乐就是其中的一种。大的投资者面对的是集团消费、公款消费，小的投资者面临的是个体消费、小的群体消费或者家庭消费。一个小旅店，经营者一定要办出特色来，他也会根据城里人的需要，进行装修改造，提供富有个性的消费服务。而且他自己也会主动去城里寻找消费伙伴，并且也有自己独特的经营模式。

其次，是政府的选择，选择什么样的投资者，对未来的发展前景最为有利。答案很简单，不同类型的投资者都应该欢迎，但是要区别对待。哪些投资者占有哪些资源，哪些资源可以在投资者的选择中政府会得到最大的收益，或者当地的就业得到充分的保障，或者资源可以得到最好的利用。

当政府在投资者的选择中得到了答案以后，消费者的来源也就清晰了起来。大的投资者带来了集团消费，小的投资者带来了分散消费，但是分散消费的数量一旦达到规模，收益也不亚于集团消费。北京雁栖湖镇的“山吧”，每年的消费群体不低于大型度假村，在节假日往往还供不应求，同时也带动了整个一条山沟无数个“山吧”的出现。四川成都郊区的农家乐消费群体，不亚于度假村的消费群体，而且已经成为了成都郊区主体的旅游消费模式。那么在这样的选择中，汤泉镇究竟如何决定呢？当然更多的应该交给市场去选择。

## 六、发展汤泉的旅游业，政府应该做什么

当然，是要做好规划。但是现在规划的意义不同于以往，要在充分认识现有资源和潜在资源，充分了解市场机制的作用，充分认清政府责任的前提下，做好政府该做的事情。

**1. 要保护好资源**

汤泉镇的温泉资源只有15平方公里，那么保护好这部分温泉资源是政府义不容辞的责任。因为一旦这地表的温泉资源被分割掉，被一些

企业所垄断，这些资源则不可再生。什么样的情况下资源可以被分割掉呢？就是一定要限制任何形式的地产在温泉分布区的开发。房地产开发对于温泉资源的破坏就是把可以让大多数人收益的温泉地表资源，垄断给少数居住者和富人。结果是限制了旅游业的发展，因为大多数游客是无法进入别墅区享受温泉旅游资源的。同时也要限制度假村的开发，因为度假村的发展只对有能力的公款消费和集团消费发挥作用，如果全部资源交给了这些投资者，意味着排斥了极具有潜在消费能力的分散的以家庭消费为主体的旅游者和中低收入的旅游者，也排斥了老年的长时间消费温泉资源的消费群体。

**2. 做好规划，对镇区所有面积的旅游开发资源进行规划的整合**

规划的目标就是增加人口的流量，减少资源的占用。因为汤泉镇旅游资源的多样性，不能把开发仅限制在温泉的地表区，而是沿着老山风景区进行深度开发。一些极优品质的开发项目，如老年产业园区、总部开发区、高档别墅区，尽量利用老山的景观资源，如果这些开发区的消费者想享受温泉资源，可以充分利用方便较近的交通资源到这里来进行温泉消费。对于现有的温泉地表区内的度假村，可以参照国际和国内其他地方的先进经验，引进借鉴，提高现有的度假村的消费品位，提供旅游消费的多样性服务，吸引南京、上海等地的旅游消费者到这里来消费。对于镇域内的分散的农家院落，也按照农家乐的形式予以规划，允许城里人到这里来购买或租赁农家院落，经办农家乐形式的消费旅游场所。同时，也要对镇区进行规划，按照“修旧如旧”的模式，形成古镇景观，把镇区办成旅游商品、餐饮、酒吧、小旅馆等各种小型服务业的经营场所。也要规划城镇的景观、色彩，整个镇区和旅游业、文化、历史相适应的建筑风貌等。

**3. 搞好环境的保护**

在汤泉镇还有一些大型企业，虽然已经有了一定规模，在条件允许的情况下，还是鼓励这些企业搬迁出去，这样有利于当地的资源不被污染和破坏，并明确未来限制工业企业在这里的发展。

**4. 要进行改革的尝试**

在这里要进行一些有利于旅游产业发展的一些政策性的突破。如何开展城乡资源的互动，允许城里人到这里经营租赁农村的宅基地；如何招拍挂镇区的商业店铺；如何在产业置换过程中，进行农村集体土地的置换；政府利用什么样的政策吸引投资者和消费者；在促进农民就业和村庄集体建设用地的改造上，政府要怎样给予农民更多的参与开发的机会等。

要走出去，多看看国内和国际的先进经验。例如，如何吸引国际上的温泉文化。日本号称是温泉的国家，箱根的温泉、北海道的温泉、九州的温泉，在世界上闻名遐迩。但是，日本的温泉旅游伴随着一系列的日本文化，温泉只是旅游的要素之一，在温泉享受日本文化的多重内容，吸引力可能更大。那么汤泉的温泉如何打造文化品牌？国内的经验更多，四川、北京郊区的经验可能对汤泉镇开发旅游更有参考价值。

（2009年9月7日）

# 关于武汉江夏区覃庙小镇开发的几点想法

近日，应武汉市江夏区的邀请，我赴江夏区进行了调研，调研期间，重点考察了流芳街道及其覃庙集镇。

流芳街道位于江夏区东北部，区位优势明显。武广高速客运铁路、沪蓉高速公路和武黄高速公路贴境而过，距武昌火车站30分钟车程，至武汉市中环线只需10分钟，至天河机场约1个小时。流芳街道人文历史和旅游资源也比较丰富，境内有国家级重点文物保护单位：明代楚昭王墓群和华中地区目前最大的寺庙灵泉寺。龙泉山、凤凰山等地方名山与梁子湖、牛山湖、梧桐湖在这里交相辉映。

流芳街道行政面积100平方公里，现有人口21000人，2008年，完成财政收入1.17亿元，农村人均纯收入达到6579元。

流芳街道所属的覃庙集镇镇区人口3250人，是武汉城市规划中南部组群的一个重要区域。2008年8月，江夏区政府与武汉当代集团签订了战略合作协议，拟采取土地一级市场开发方式，对覃庙集镇规划的2.71平方公里约4800亩的区域，进行投资开发建设，重点发展教育、旅游、居住和休闲产业。计划用3年时间，将覃庙集镇建设成为在全国享有较高知名度的绿色文教新型小城镇。

调研过程中，我与湖北省发改委、武汉市发改委领导以及江夏区政府、流芳街道以及武汉当代集团的领导进行了座谈。在座谈中，我就江夏区城市和小城镇发展，流芳街道和覃庙集镇的发展定位、开发思路、开发重点和需要避免的问题，以及一些国内外经验，简要地谈了几点建议和想法。

## 一、应准确理解“小城镇、大战略”的含义，探索切合江夏区实际的小城镇发展之路

我认为，可以从三个方面来理解。

一是“小城镇、大战略”的提出，是从当时中国城镇化管理体制最薄弱的环节进行的突破。长期以来受城乡二元结构困扰，城乡居民利益相对固化，农民难以进城，“小城镇、大战略”提出后，在全国范围内开展了小城镇综合改革试点工作，在用地制度、户籍制度等方面进行了一些探索，现在小城镇当地的农民转为居民的体制束缚较轻。

二是“小城镇、大战略”主要还是基于东部地区的经验总结。全国“千强镇”大部分在东部地区，东部这些镇大多是走的低成本扩张发展的战略。东部地区列入“千强镇”的小城镇平均人口9万，平均财政收入几个亿，例如，广东的虎门镇就有100万人，财政税收超过了很多中西部地区的地级市，城镇建成区的面貌和大城市相比也没有大的差别。那么，这些小城镇是怎么发展起来的？基本上都是严格遵循低成本的产业发展思路。1984年以后，乡镇企业开始发展，大量低成本的劳动力，大量低成本的土地构成了我国以县域经济为基础、乡镇企业为主导的农村工业化进程的重要要素。农村工业化的进程推进了沿海地区经济的发展。20世纪80年代，广东、浙江、江苏等东部沿海地区70%的GDP来自于县以下。但是，当时也存在城镇环境脏、乱、差和“村村点火，处处冒烟”的问题。但有了税收，就有了改造的余地。现在东部地区已经改变了这种状况，城镇面貌大为改观，原来的传统产业也得到了升级换代。工业园区向小城镇集中，特别是广东、浙江、江苏等地出现了城乡连片，中国的很多产业都是从小城镇发展起来的，像温州柳市的低压电器等产业发展迅猛，基本垄断了国内和欧洲市场。认识小城镇的发展一定要认清小城镇发展的历史，江夏区并不适用东部小城镇发展的模式，因为我们没有低成本的工业化进程，现在又面临着严格的土地控制，所以不可能复制东部小城镇的发展模式。

三是从中国未来的城市化发展战略而言，中央已经明确了我国的城市化就是要坚持走大、中、小城市和小城镇协调发展的道路，小城镇

的发展空间还是很大。所以，还是要立足自身实际，明确独具特色的城镇发展战略。

## 二、江夏区的城市和小城镇发展应该努力探索，走自己的路

**1. 要正确理解并把握好武汉的发展趋势，才能更好地促进江夏区的发展**

不理解大城市的发展就不能很好地理解大城市周边小城市的发展，我们不能简单复制东部小城市发展道路。江夏区有独特的优势，例如，有特定的地理优势，处于一个核心城市—武汉的郊区，武汉的发展不可避免的会对江夏产生影响。目前，全国超大型城市（如北京市）逆城市化的趋势非常明显，旅游、消费向郊区的扩散效应十分明显。而上海则内敛性极强，还处于人口高度集中的阶段，上海的辐射不是向周边小城镇辐射，而是向一小时经济圈之外进行辐射。上海市民的城市心理很强，他们喜欢城市密集区的生活，而把旅游消费一部分功能辐射到长三角的其他城市，像浙江、江苏等省份的城市，所以上海没有形成对郊区的逆城市化辐射。上海在近十年里城乡的反差很大，上海郊区小城镇的发展严重滞后于长三角其他地区小城镇的发展，严重滞后于上海城市的发展，上海市郊区农民人均收入增长速度也低于北京。

**2. 要找到和武汉同类型的城市并学习其先进经验**

成都、杭州和武汉的城市规模基本相当。杭州市地处东部发达地区，在经济水平、经济总量特别是自然条件和城市的发展模式上和武汉相比类同性不强。杭州周边的小城镇和乡镇企业的发展非常迅速，这个情况和武汉并不是很相似。相比较而言，成都和武汉有着更多的相似性，成都市区人口接近1000万，而且成都和北京一样已经形成了逆城市化的进程，成都向郊区扩展的速度在全国已经产生了非常大的影响，但成都城市发展的思路和武汉相比也有着不小的差别。成都是个消费城市，它向外发展蔓延对周边区县的带动作用很强，所以在成都周边形成了不少的功能区，但是在成都的发展战略中并没有提出城市圈的概念，它也没有涉及所谓的”一小时城市圈”。成都到目前为止，还是在强调

中心城区的发展。我们在对成都的几个区县做发展战略的时候，强调成都的几个发展轴，如成（成都）德（德阳）绵（绵阳）经济轴和成（成都）双（双流）乐（乐山）经济轴。成都的经济发展主要围绕着这两个轴来进行，根据现有的经济结构分布决定整个产业发展的空间区域布局，尽管成都郊区有很多和武汉类似的区域和县城，但这些县城都是在成都的辐射下按照市场的影响趋势发展的。成都没有提出大城市圈的概念，北京也没有。北京1700万人口，北京的辐射能力要比武汉强得多，为什么北京没有提出大城市圈呢？因为北京经济辐射能力有限，和周边中等以上城市的产业关联性较小。北京的发展战略按照市场的趋势只是在对郊区进行消费扩张，一部分产业向郊区转移，大量的消费人口向郊区转移，这是北京城市发展的一个很重要的特点。这样，我们通过分析成都、武汉、北京的情况，可以看出武汉周边的发展和北京、成都的周边区县有很多类同之处：一是，武汉的城市人口有800万，在全国而言，也是个特大型的城市；二是，在人口集聚过程中一定会形成一定的消费扩散区域，或者产业扩散区域，但这些产业区域在行政区域的严格限制下只能向半小时里程的郊区进行发展。所以无论是从产业的转移、居民居住的转移、群众消费的转移，半小时应该是个合理的范畴，要是跨出这个区域可能不能满足人们消费的心理和消费的直接需求。那么，我们就要研究武汉市在人口相对集中的过程中如何对郊区的小城镇辐射，同时在这个辐射过程中它可能对小城镇产生什么样的影响，我觉得这将是我们研究并确定江夏区城市和小城镇发展战略的非常重要的一件事情。

**3. 要找到武汉城市发展的独特性，使得江夏区或者覃庙小镇的发展主动融入武汉扩张趋势**

武汉和成都、北京相比，也存在着一些区别。首先，就是居民的消费心理和消费习惯。其次，就是汽车拥有量，北京市有380万辆汽车，北京市1700万人口除去郊区365万人口，城区只有1300多万人。按目前国际上汽车国家和汽车城市的标准，25%以上的汽车拥有量就达到汽车城市的标准，北京已经是一个汽车城市，城市中有车族也一定会把消费转向郊区。而上海的汽车拥有量只有160万辆左右，没有形成汽车城市的规模，也就没有形成开车去郊区消费的规模，取而代之的是乘坐火车等公共交通工具去长三角一带的城市如苏州、杭州等地消费。如果未来武汉市人口进一步集聚，人均收入水平得到进一步提高，伴随汽车拥有量的进一步增加，武汉向郊区发展的趋势会得到进一步的增强，人们会选择郊区适宜休闲、旅游、度假的半山区、森林区、湖泊区去消费。而这些在江夏区内都完全具备，所以江夏区未来的旅游产业的发展前景很好，再加上随着未来轻轨、高铁等交通设施的建设并投入运营，这些都构成了江夏区吸引武汉旅游人口的重要的基础条件。

## 三、江夏应准确定位，精心打造休闲旅游度假、文化教育等产业

### 1. 要明确旅游目标市场定位

在这里，我要指出的是覃庙、流芳街道以至江夏区，未来最可能发展成为地方性的旅游休闲度假基地而不是全国性的。所谓全国的概念，首先要有全国标志性的品牌。目前，江夏区所拥有的旅游资源都不具备国际性和全国性的旅游价值，所以我们现在的旅游人群基本还是要定位在武汉。那么就要考虑这样一个问题：我们可以给武汉人提供什么让他们在这里消费？首先是灵泉寺，这样大规模的寺院会带来很大的人流量，进而结合灵泉寺周围的自然景观以及楚王墓群、婆婆树等景点，这些可能会形成郊区旅游的一个重要亮点。我们未来做旅游规划的时候，不要局限在覃庙这4800亩的土地上，而应该在流芳街道100多平方公里的土地上尽可能多地拓展旅游内容和旅游形式，延长游客的消费时间。

### 2. 要通过多管齐下的投资方式提供多元化的旅游休闲模式

所谓多管齐下就是要大投资和小投资相结合，拓宽投资渠道。大投资首先包括在景区边界修建规模大、功能齐全的度假村，为团体消费、会议经济提供服务。其次，就是修建大的主题公园，像四川温江的“国色天香”就搞得很好，目前年人流量是600万人次，目标流量2000万人次，远远超过了黄山年270万人次的游客量。此外，千万不要忽视小投资。小投资者带来的吸引城市消费群体的作用不亚于大投资者，它面对的群体主要是城市中个体收入相对较低的群体，与大投资的度假村相

比，小投资者有着成本低的优势，并不需要将大笔的成本转嫁到住宿和餐饮的价格上，这样就可以满足老年群体以及低收入群体的消费需求。像欧洲的冬季滑雪胜地达沃斯，小镇人口2.5万人，每年旅游客流量2000万人次，它就是依靠个体的家庭旅馆吸纳了大量的旅游人口。到目前为止，在中国特色的旅游经济里，我们过多的注重了大投资、大产业的引进，忽视了利用我们现有的制度条件、产权条件可能带来的小投资的介入。如果将以上方面互相结合，那么我们在促进旅游品牌、增加旅游内容、丰富旅游形式、增加消费时间的时候，就会有不同的主题、有不同的投资类型和投资规模的选择，而这些将是今后在规划中应该重点考虑的方面。

**3. 要努力寻找和当地休闲旅游生态结合的开发模式**

谈这个问题的时候，一定要搞清开发与拆迁的关系，我是坚决反对大面积拆迁的。大面积集中拆迁在城区中可以搞，但在郊区和城乡结合部并不适合。拆迁之后要补偿成本，如果一个度假村要补偿拆迁费用就意味着要提高消费价格，并且这还是一个长期的过程，因为拆迁的成本很高；如果要降低补偿成本就会造成补偿不到位、农民上访、农民就业问题等一系列社会问题。像西安市的郭杜镇，现在已经变成大学城，但“城中村”的现象依然存在，原因就是大学所需要的服务水平和农民的教育水平并不匹配，这样就无法解决农民的就业问题。另外，农民进城要完全改变消费方式，需要交物业费等一系列在农村不需要交纳的费用，原来自给自足的生活习惯现在完全被改变了，而这就需要有稳定的工资性收入来支撑，但当农民的就业技能带来的工资性收入不能满足生活需要时，就会对他们未来的生计造成威胁。对于江夏区来说，就是在保持农村原有的自然风光的特点和原有的就业习惯和状态的基础上，真正塑造一种有品位的田园生活，让城里人到这里来消费。张家界和黄山的门票收入很高，可以补偿得起拆迁安置费用，但是江夏区目前还没有形成高规格的旅游效应和旅游收入。所以，在经济发展中，政府和企业都要充分考虑经济成本和社会成本。

在我看来，覃庙小镇的功能主要是旅游配套，既然是配套功能就没有必要全部拆掉之后再来重建。拆掉重建会将成本转嫁到商品价格上，就会降低人们在这里的消费愿望，而小城镇是低成本的聚集过程。郊区消费很重要的一个特点是要价格低，只有成本降低之后才可以吸引消费者。罩庙集镇的拆迁费用大概估算是两个亿，如果拿出两千万来对街区进行翻修改造，给房子加顶，刷漆，给门外立廊柱，一旦改造好会达到几个非常好的效果：第一，街区形态改善；第二，不伤及老百姓的切身利益；第三，整个价格不会受到影响；第四，当集镇面貌改变之后，会有市场化的小投资主体主动来商谈店铺的置换，而不需要政府操心；第五，还会增加小城镇的景观形态的品味和个性化特点。这样还可以使农民增加租金，出让收益或者合股的股息收益，化解了农民的就业问题。四川省邛崃市的平乐古镇在这方面就做得非常好，由政府出资对临街房屋的屋顶、墙面等进行川西古民居风格的改造，花钱不多，效果却非常好。世界上一些著名的特色小镇，房子产权都是自己的，公共街面才由政府负责修建。要想保留小镇的个性化，就要允许保留它的原有产权，在不拆迁的情况下让小投资者进入，配合政府补贴进行置换，这样才能形成真正有中国特色的小镇。

**4. 产业园区、大学园区、老龄产业区，旅游景区要综合开发，和谐发展**

珞珈学院建在罩庙后可能会成为这里主要的消费主体和税收主体，但是大学区以外的其他地方搞什么？可以搞老龄化社区。我国从2000年就开始进入老龄化社会，“十二五规划”的一个重点就是如何应对老龄化问题。和儿童产业相比，老龄产业更具有发展优势，从婴儿出生到高中毕业，一般有18年的时间。而中国目前平均寿命达到73岁，城市更高，有的城市的平均寿命可以接近80岁。中国老年人55、60岁退休到80岁期间，接近20年的老龄服务需求是多样化的，老年的康复疗养、休闲服务等会带动中国整个老龄产业链的形成，涵盖各种学习教育，休闲娱乐，康复疗养产业。而老年人社区最适宜的地点就是在环境优美的城市郊区。目前，老龄群体消费潜力非常大，现在北京等大城市的老年社区的消费都很高，这在以后也必将是一个新的经济增长点。

除了老年社区，总部经济区也是一个很好的选择，成都市的温江区已经有了成功的案例。总部经济区由公司来兴建，环境设计优美，同时修建了各种不同规模的办公楼，并按照企业的税收额度免费赠送给企业总部，而区政府和开发商对这些企业的税收收入进行分成。总部经济区选址有两个要素：交通便利，环境优美，这两点江夏区都具备。所以，我们要对这100平方公里的土地做一个全盘的规划，并不一定要按传统的思路拆旧建新，而是要保留性的开发，通过产权置换，通过内容更新，这是解决这里旅游业发展的一个很重要的途径。在分工上，对零散的地方要充分利用，创造各种不同类型的经营模式，保留下来发挥独特的功能。在集中区域，在小城镇塑造上也要进行大胆的创新，不要一味地进行拆迁，在中心区商业功能保留的前提下，由政府拿钱，或者公司拿钱把功能问题解决，剩下的交给市场来做。然后按照我们的思路兴建总部区，教育区，老年产业区以及宜居的住宅。

而对于浅山区，要大胆尝试，搞活机制，充分利用环境。美国洛杉矶有个比弗利山庄，原来是个秃山，后来给了几个富人，让他们自己来开发住所及环境，后来形成一片风景优美的特色富人区。而我们在浅山一带，也可以尝试将这些土地的使用权分开拍卖，不拍卖给地产商，而是拍卖给单个的人，让这些人自己去开发浅山环境。这样做不是搞大规模别墅区，只是分散的别墅住户，真正的别墅是要和环境融为一体的。充分利用环境，进行浅山开发，山的价值才能得到充分利用。这样不但可以使浅山得到有效利用，改善了环境，政府也能通过土地使用权出让得到相应的收入。

要在环境塑造上下足工夫。目前，龙泉山的环境尚需要进一步优化，我们要加大力度去搞好环境塑造，覃庙和温江的特点十分相似，温江的条件还没这里好。要下大力气进行环境规划，不要搞超前的、现代的、未来的模式，传统的地方才能住得舒适。并不一定要修很宽的路，道路要和环境相协调。在整体环境规划中，要充分考虑到环境塑造和环境成本之间的关系。要把重点放在基本的水、电、道路、通讯等基础设施配套上，同时要突出小的特点，该密的地方密，人口要聚集，形成聚集的商业服务效应，该疏的地方疏，甚至把一些内容完全分散在100平方公里的土地上。这样在政策上也不会有太大的突破。

**5. 要创新用地模式，利用多种形式解决用地问题**

在集中开发用地的方面，可以在整个开发区内做土地增减挂钩试点。江夏区可以借鉴北京顺义区宋庄镇、成都双流等地的集体建设用地使用模式，搞活集体建设用地，促进城乡土地要素合理流动。

此外，还要强调指出的是，希望地方政府重新考虑战略规划问题，特别是原定的大拆大建的方针需要重新去思考探索。以上这些想法是我们通过国际和国内的经验总结出来的，希望能在全国的一些小城镇来进行试验和推广。如果按照这种方法试验，可以减少很多社会矛盾，降低社会成本，使小城镇的发展更符合科学发展观、和谐社会和“以人为本”的要求，也更符合政府和市场相结合的开发思路。

（2009年9月20日）

# 秦皇岛市辖县调研的一些感想

2009年6月15日~17日，应秦皇岛市政府的邀请，我考察了昌黎县、抚宁县和卢龙县的县城改造和拆迁项目，顺便向当地的负责同志了解了有关规划的想法和发展的预期目标。考察留下较深印象的是北戴河、南戴河以及黄金海岸近些年发展中所出现的巨大变化，作为我国北部沿海的夏季重要的旅游度假区，城市的景观建设和形态塑造，几乎可以和欧洲的沿海旅游城市相媲美。城市的发展和建设、城市的规划近些年从观念上已经取得了重大的突破，因此在城市的基础设施投入和建设上，因地制宜，体现了城市的资源特点。生态和环境的保护，城市低成本的形态改造，对居民拆迁的补偿，以及沿海景观的塑造，都达到了国际的先进水平，至少也是在向这个方向努力。但是在调研中，也发现和秦皇岛、北戴河中心区比较，市辖的几个县在发展和规划思路上还是需要进一步理清观念，应实事求是，特别是在针对城镇的发展目标和行政管理体制格局上，仍需要下大力气进行调整。我仅就所见所闻，发表以下几点意见供参考。

## 一、昌黎县城的功能定位应该进一步明确

来到昌黎县城，首先参观了新区道路工程建设，观看了昌黎的规划蓝图，之后又参观了县城拆迁改造项目的展示厅，听取了有关拆迁工程的介绍和未来街道改造的方案及图片展示。我了解到，平均每户补偿30万元左右，相对于昌黎县城的房价每平方米2000多元，拆迁项目对居民的补偿还算说得过去。特别是门面房的补偿是以旧换新，面积还有所增加，这样的话对拆迁户来讲有了较大的升值预期。看到昌黎旧县城，近

些年没有太大的变化。与北戴河和秦皇岛的旅游地位实在不相称，通过拆迁，发展县城经济，应该是对未来的发展具有带动作用。

昌黎县城的定位应该和北戴河形成互补的优势。昌黎县长介绍说，未来的县城人口为20万人，准备规划成为一个宜居城市，整个城市的规划和设计理念也是按照宜居城市定位的。从图片上看，城市的景观设计分割成为无数个房地产小区，被绿树和林荫所包围。可是，就我个人对昌黎县的直观了解，昌黎县城在发展定位上，至少从规划介绍的情况看，还是没有找清自己的位置。昌黎县城距北戴河20多分钟的车程。昌黎县城自身的旅游资源十分丰富，既有黄金海岸，又有海拔近700米高的碣石山风景区毗邻县城，山水相宜，从旅游发展前景方面，确实和北戴河有互补的地方。北戴河风景区从其特殊的地理和政治角色，发展旅游经济，受到很多非经济条件的制约，而且作为旅游消费地，北戴河提供的消费特点比较单一。特别是作为夏季中央机关的办公区，直接限制了京津两大消费群体的消费需求，所以在北戴河人们可以玩，但是购物、饮食、居住等其他消费受到了一定的影响。昌黎同样具有丰富的旅游资源，发展却是刚刚起步，因此在县城功能定位上要考虑到如何与北戴河形成互补的优势，既满足旅游的娱乐需求，同时也要满足旅游的多方位的消费需求。例如，购物、饮食和居住，同时还可以提供不同地理景观的山地旅游。

昌黎县城应该定位于旅游商业城市。昌黎县目前来讲不应该定位于宜居城市。因为旅游消费和购物消费，使得县城应该重点发展各种适合旅游需要的服务业。城市功能既要满足旅游的功能，也要满足其他消费的功能。所以昌黎县城应该以旅游商业的发展作为功能定位的目标之一。这样可以使人们在北戴河消费的内容增加了，既可以在北戴河游玩，又可以在昌黎县城购物进行其他消费。为什么这里不提秦皇岛市区作为旅游消费城市呢？因为秦皇岛的中心城市地位，已经被京津所掩盖了，人们到秦皇岛的旅游，重点是要看在北京和天津看不到的东西，买在北京和天津买不到的用品。秦皇岛作为城市，显然彰显不出中心商业城市的特点。而昌黎县在具有良好的旅游资源的同时，作为小城市的特点，更能发挥其作为旅游消费小城市的独特性。例如，我们可以把几个旅游点连成一个1～2日的消费过程：朗格斯酒庄葡萄酒文化的参观与购物——县城的饮食与小商品或者海产品的消费及购物——县城提供丰富的小型旅馆和各种其他消费——碣石山的山地旅游（包括寺院的参观）——黄金海岸。

昌黎的城市规划设计应该围绕旅游商业城市进行塑造。按照当前的发展阶段，我认为昌黎县的人口不宜过多，应该注重人口的流量和消费的流量，尽量减少城市的长期居住人口。首先，从发展阶段上，昌黎县城不适宜作为宜居城市。人口不够多，外来人口也不会选择这里选择定居，常住者的收入水平更需要满足就业。其次，目前的产业也不足以支撑当地作为宜居城市。非农就业水平不高，没有特大企业和高收入群体在这里定居。再次，未来的旅游商业城市的发展也和宜居城市的发展定位相冲突。因为宜居城市要求的城市景观和商业城市的城市景观具有不可调和的矛盾。宜居城市的街道重点是绿化，环境要求是安静。而商业城市街道，主要是店铺和各种服务业的门面房。商业城市规划的设计主要是充分利用城市的街道，拓展商业服务的空间。旅游商业城市需要喧哗，需要满足游客的夜生活，还需要在城市规划中提高建筑和街道的密集度。这些都是和宜居城市的规划目标有着根本的冲突。

昌黎县城规划的人口不宜过多，应该保持一个小城市的特色。按照昌黎县负责同志的介绍，为了提高城镇化率，昌黎县城改造之后的目标人口为20万，准备吸收大量的当地农村人口进入昌黎县城。从国际和国内的经验看，这种想法不一定现实。因为当地农村人口进城需要较低的门槛。而按照宜居城市的标准，虽然看起来房价不高，但是住进去的费用会很高。如物业费、电费、水费已经一切商品化的消费，并不是一个低收入的农民就可以承担得起的。作为一个旅游商业城市，需要的是增加商业的流量，保持城市的特色和吸引力。如果大量的城市人口，增加了基础设施的压力和维持其他就业增长的压力，反而会降低旅游和商业发展的功能。虽然上级政府给县里提出提高城市化的压力，并没有要求人口都一定集中到县城来，可以在县域内规划出其他的小城镇，发展工业，引导农民集中。绝不能把大量的农村人口集中到县城，而放弃未来旅游和商业发展的潜力。从这个意义上讲，昌黎县城人口在5万～10万最好，规划人口再多，必然影响到城市的功能的发挥。实际上就是要增加人口流量，减少常住人口。应按照这个思路来进行县城的规划。

昌黎县城的空间形态应体现出“矮”、“密”、“紧”的特征。在听取汇报和参观城市规划展示的时候，我了解到，县城准备修建一些高层建筑以体现城市的气派和规模。其实我觉得大可不必。很多地方的领导，提到城市建设就是要建大马路和大高楼，认为这才是城市的基本象征。即使是一些小城镇的官员，也经常在规划中提出这种要求。他们不知道高层建筑产生的背景是在人口密集，土地价格畸高的情况下，为了集约利用土地，获得最大的利益空间，才有了高层建筑的产生。对于一个10万人左右的小城市，建设高层建筑并不好看，而且也没有必要，反而可能破坏了城市的整体景观。当时我曾经问过县里的负责同志，是否去过欧洲和其他发达国家，是否见过在这些国家的中小城市有高层建筑。他也同意我的观点，但是也显现出无奈之处。其实在昌黎这样未来极有发展前景的旅游商业城市，建高楼并不可取，楼高在5～6层就可以了，这就是我说的要“矮”，沿街的店面更是要高低错落，增加观感上的多样性。商业街区的建设要给予消费更多的变化，以促进多样化的消费心理的形成。所谓“密”，就是要增加城市建设的密集度，提高容积率，既可以有效和集约地利用土地，也和北戴河的相对“疏”形成鲜明的对比。所谓“紧”，意味着街道要窄不要过宽，街道的设计要更加注重商业的功能，交通的功能放在次要的位置。很多城市规划者比较看重城市的交通功能，但是忽视了城市的其他功能。道路过宽，一定会牺牲商业的发展。而道路窄，城市的布局相对“紧”，会降低服务业的成本，增加商业的流量，可以使消费者在最短的时间获得最大的消费空间。多样化的服务业的发展，特别是旅游商业的发展，要依赖于城市规划的设计者，能否考虑到消费人口的消费需求。而世界上所有的商业城市，无论大小，无一例外，城市规划都有明显的“紧”的特征，而确保这一特征的实现，街道的“窄”是重要的前提。

对于昌黎县来讲，城市功能的定位确实可以直接影响到未来的经济发展。如果商业和旅游都发展起来了，每年整个秦皇岛夏季旅游人数1800万人次，其中的一半哪怕是10%的游客到昌黎县城住一个晚上，痛快地消费一次，会带来什么样的好处呢？答案是显而易见的。

## 二、抚宁县城的行政中心应该放在哪里

到了抚宁，我发现在秦皇岛下辖的县城里，这是一个规划和建设都比较好的县城。街道整齐，路也比较宽，环境比较好，城市也比较干净。在抚宁县城里，总是有一种感觉，县城未来的发展前景究竟如何定位，一时难下结论。据当地的负责同志介绍，该县42万人口，但财政收入十几个亿，是秦皇岛下辖县中经济状况最好的。但是这里距海岸18公里，距秦皇岛市中心也有一定的距离，发展旅游经济显然不是十分合适。听介绍，未来的发展战略是要把县城人口增加到十几万人，而现在仅有5万人。如何吸引人口？就是寄希望于把秦皇岛中心区的产业和一些居民吸引到这里来发展或者居住，把当地打算去秦皇岛和北戴河居住的人留下来。这样可能构成了未来县城人口增长的重要来源。

当时我发表的看法十分明确，这种思路肯定是不现实的。人往高处走，水往低处流，人口定居选择秦皇岛的趋势是不可阻挡的。而寄希望于秦皇岛的人到这里来定居，也缺乏现实依据，因为这里除了城内有一座不大不小的山之外，实在找不到更吸引人的景观。离海岸还有一定的距离，产业发展也不是十分突出，主要是因为行政中心在这里，可以把一部分行政资源集中到县城搞建设。一个没有突出产业、突出资源和突出景观特点的城市，面对着秦皇岛和北戴河那么吸引人的城市，在未来10年内吸引5万以上的人口到这里满足城市扩张的要求，在规划上确实欠考虑。但是，对于这个县城的定位，我当时还没有更多的思考。

临近中午参观了南戴河之后，我的想法清晰了起来。因为南戴河的发展以及现在的城市规模，完全具备了一个中小城市发展，特别是一个沿海旅游城市发展的一切要素，而且目前已经初具规模。南戴河的旅游资源并不亚于北戴河。但是发展期较晚，而且也没有受到各级政府行政资源的支持，开始就走向了市场化进程。虽然在发展中由于认识的肤浅，曾经走了一段弯路。最近在备受旅游消费市场关注的前提下，上级政府开始重视了这里的规划和建设，试图对南戴河和北戴河在行政区划

上进行调整，以便统一管理。当然，在目前国家对行政区划的调整进行严格限制的时候，这一设想的实现还有待时日，从我接触到市一级领导所了解的情况看，决心还是很大的。主要是对于主管南戴河的抚宁县政府在规划见识上的信任度不够。

我在这个问题上有自己的看法，恰好也充实了我对抚宁县未来县城发展定位的思路。我对当地负责同志提出的建议就是，应该及早规划，把抚宁县的行政中心迁移到南戴河。好处有以下几个方面：一是有利于行政资源和市场资源的整合，防止行政资源被原县城所分割。事实上已经被县城分割了很多。二是可以充分借助于南戴河的知名度以及南戴河的旅游资源，带动抚宁县的经济发展。因为在抚宁县，南戴河是经济要素最活跃的地方，而只有经济要素相对活跃的地方才能够吸引更多的资源向这里集中。三是行政调整的难度较小，不需要通过过多的审批程序。因为只是涉及行政中心的搬迁，不涉及区划的调整，在现有的诸多方案中可以尽快实施。四是县政府发展旅游经济的观点已经逐步适应了现代化高标准的要求。从我们参观的目前的海岸带的资源整合中，一些项目已经完全达到了发达国家的标准。说明县政府对旅游资源的认识已经站到了一定的高度。五是可以借助行政中心的搬迁，确立南戴河和北戴河相对独立发展，资源互补的优势。北戴河长期以来，行政力量垄断了绝大部分旅游市场资源，而市场仍有投资和消费的旺盛需求。如果考虑到未来京津旅游消费人口逐步扩张的前提下，不同收入群体的消费需求有强烈的投资和消费的动机。目前，只有南戴河可以提供足够的空间，而且不受行政力量的干预。

如果未来抚宁县的行政中心放到南戴河，抚宁县城怎么办？可以把抚宁老县城作为工业发展中心，吸引一些不适于在旅游区发展的产业向这里集中。目前的基础设施水平已经足够支撑县城产业的发展。在适当时机，可以考虑更大的调整方案。例如，把抚宁县改为南戴河市或者南戴河区，充分利用南戴河未来旅游资源的影响力。

作为未来的重要旅游发展区，南戴河的城市规划是不是要走北戴河的路子？我认为可以区别于北戴河的发展模式，为市场化的旅游城市的发展走出高度集约的路子。在这里，应该珍惜每一块旅游资源，毕竟海岸线的长度有限。可以发展以高层建筑为主体的市场化旅游设施，以便提供更多的旅游服务空间。在欧洲的一些沿海风景区和美国的沿海风景区，甚至在巴西里约热内卢的沿海风景区，高层建筑的发展可以用最小的空间满足最大的消费人口的需求。关键原因是这里海岸线的资源极其稀缺，北戴河已经被大量的行政资源分割，而南戴河要利用有限的空间资源，一定要发展密集的高层建筑，开办高档和中档的旅游饭店等。让更多的人口可以在夏季享受海滩旅游的乐趣。但是，据我所知，目前，当地的规划对于发展高层建筑还是持基本否定的态度，尽管已经有少量高层突破了行政管制的障碍。关键在于认识上的差异，这里如何满足更多的旅游人口的消费需求？提高容积率是唯一的办法，也可以创造更多的经济收益。而景观城市在这里可以放到次一级的地位考虑，毕竟北戴河可以作为很好的参照。当然，对于高层建筑的布局和形态，规划部门还是要有严格的约束。

## 三、卢龙县城的改造和规划给我留下的疑惑

此行调研的最后一站是卢龙县城。虽然是走马观花，却看出不少问题。从高速公路出来，一条景观大道直通县城，长度估计在几公里，宽度令人哑舌。双向6车道的快车路，外加绿化带、自行车道、人行道。看上去至少60米宽。进入县城，崭新、气派是第一印象，到处都是准备和正在开工的建设工地。投资5000多万的县政府办公大楼，更是十分耀眼夺目。政府大楼前广场隔街过去，是一片占地几百亩的景观公园。远远望去，还有一些地产项目已经具备了一定的规模。我也参观了卢龙的旧县城，一座历史悠久的古城，城墙在西北部保存的还相当完整，古城内一些重点文物也得到了保护。只是看上去旧城十分破旧，人口居住相对拥挤，基础设施配备严重滞后，低矮的平房比比皆是，道路破乱不堪，即使是早期的居民住宅楼，明显流露出70年代建筑的痕迹。当地政府没有足够的资金进行旧城改造，只能把所有的希望寄予未来的新城建设，也确实起到的了十分明显的效果。算起来，仅仅两年的时间取得了这么大的进展，可见当地政府的工作魄力。

在参观结束后进行的座谈会上，我询问了当地关于未来规划的设想。据负责人介绍，到2020年县城规划12万人口，规划面积12平方公里。目前县城4.2万人口。已经形成的建成区面积达7平方公里。据介绍，卢龙县是秦皇岛经济水平比较落后的县，财政收入不到3亿，人口40万~50万人，农民年人均收入5000元多一点。在当地负责人介绍完情况之后，我提出了几点看法和意见，当然仅供他们参考。

一是如何实现规划的人口目标？改革开放30年来，卢龙县城的人口仅达到4.2万人，其间经历了我国经济增长最为迅速的时期。未来的11年，我国宏观经济面临着国际金融危机的影响，经济增长速度受到严重的遏制，在如此不确定的经济形势下，卢龙怎样会一支独秀，平均每年增长7000人，在11年后达到现有人口的3倍。何况这里目前没有什么大项目的进入，经济发展水平落后，不足以形成吸收人口进入的重要条件。

二是按照12万人口进行的规划，而且已经形成了7平方公里的建成区面积，在人口不能按照预期目标实现的情况下，会不会造成基础设施投资的浪费。假设投入的问题已通过融资得到解决，将来人口和产业进不来，谁来偿还投资？

三是已经建成的大尺度豪华的新城空间，未来的维护费用谁来承担？空间如此之大，将来是否有利于发展商业和服务业，成本如此之高，是不是抬高了进城定居的门槛？我举例询问县政府对面的几百亩的景观公园，未来维护怎么办，县财政是否能负担？如果县财政把未来的公共支出全部都用于县城的管理和维护，农村的公共服务怎么办？负责人回答，准备在景观公园下建超市，超市上交的利润可以作为维护费用。可是我反问，在新城只有两三万人口的条件下，能建多大的超市，如果超市承担了景观公园的维护费用，在人口集聚程度没有形成一定规模时，超市的经营能否盈利还是一个有待验证的问题，更何况承担景观公园的维护费用。

当然我作为一个比较超脱的研究人员，可以客观地提出很多他们无法解答的问题，不过新城的投资已经形成了，未来的债务负担一定会给下届政府造成很多麻烦。想一想，全国这样的例子不是太多了吗，为什么到现在仍然难以制止？为什么规划人员仍然从技术上给予足够的支撑？为什么上级政府一再提出许多盲目的不切合实际的要求？例如，大拆大建，要求每个县城都要搞污水处理厂，都要完成一定的拆建目标，要三年大变样。县一级政府是执行者，很多问题他们无暇考虑，但是上级的要求不得不执行。结果是，违背了经济发展规律，违背了城市发展规律的后果由谁来承担？

在卢龙县，看到了这样的现实我无话可说，而且我清楚地知道，新城建了，财政面临着未来偿还能力的问题，城市面临着能不能形成产业集聚的问题，旧城的改造遥遥无期，旧城人口的居住环境问题如何解决？他们向新城搬迁有足够的资金能力吗？这次我没有去农村调查，但是我担心的是政府的精力都放在新城建设上，农村的公共服务问题如何摆在重要的位置上？带着所有的疑惑，我启程回到了北京。

（2009年6月）

# 安徽黄山市耿城镇考察印象

耿城镇位于黄山北大门附近，是黄山著名的旅游风景区北面的一个镇。自然条件优越，山水景观宜人。耿城镇距黄山市的黄山区政府所在地，大约在5公里左右。全镇人口9152人，镇区人口3500人左右。当地农民人均纯收入6000元左右，高出全国和安徽省的平均水平。由于土地出让的速度较快，外来的投资较多，2007年该镇可支配财力在1.5亿元左右。如果按人均财政收入计算的话，这个镇可以在全国列入比较高的水平。

## 一、发展中存在的问题

镇区人口较少，仅仅3500人，城镇化程度很低，与经济发展的实力不太相称。

村庄正在整体搬迁，许多村庄已经开始逐步集中，农民新居的外观和设施都比较好。但是不知道为什么，镇政府没有利用这次村庄搬迁的机会，把分散的村庄集中到镇区去。

村庄搬迁对农民的补偿费用较低。据了解，除了涉及开发拆迁的补偿可以抵补搬迁成本外，相当多的村庄居民自己要承担搬新居的费用，大约平均每户要10万元左右。通过这种方式要求农民搬迁，可能成本高了一些。

镇区工业发展由于生态的限制受到约束，服务业发展特别是镇区的服务业发展相对落后。提高财政收入能力的主要途径是批地招商，形成旅游度假区，而这些旅游度假区相对于镇区是完全独立和封闭的服务单元。

规划的目标值得注意。从现在的规划图看，基本上是以招商引资为第一目标，在此基础上确定了规划的分区原则。但是，规划并没有涉及镇区的人口集中问题，当地农民未来的居住环境和就业前景问题，也未涉及镇区的发展和黄山区政府所在地到底是什么关系。

耿城镇的财政能力较好，但是辐射空间区域内人口有限，未来的发展受到了一定的限制。镇区没有形成规模，资源相对分散，为未来的基础设施配备提高了成本。如果财政的收入全部转为招商引资的基础设施的成本，那么财政收益提高最终的目标到底是解决当地农民就业和集中问题，还是为了GDP的增长，这一点是十分令人担忧的。

## 二、一些想法和建议

（1）耿城镇应该从重点调整规划入手，制订未来的城乡居民统筹的发展战略。要把解决当地居民的收入和就业问题放在首位，其次，是解决农村人口如何利用当前的有利时机向城镇集中。比如，在尚未规划搬迁的农户和村庄，是不是可以考虑向城镇集中？

（2）应该在规划中解决镇区的发展问题，比如未来镇区的人口规模，产业结构，围绕着人口规模和就业的问题，如何安排基础设施的配备等。镇区人口的规模要切合实际，要考虑到可能增长的人口来源。一定不要把人口规模的规划定得过高。

（3）要把大规模招商和小型个体服务业的招商结合起来。要利用有利时机，吸引投资者兴办度假村，开发房地产。也要注意招商过程中，对镇区商业和服务业的发展，吸引一些有特点的小型个体经商者，开办各种服务业。

（4）开发房地产或者吸引外来人口特别是黄山区的人口到这里来居住，一定要靠近镇区，形成人口的密集度。最好避免分散开发，防止因基础设施的战线过长，抬高投入和未来的维护成本。

（5）对农民的搬迁应该提高补贴标准，尽量做到让农民少花钱或者不花钱。要把农民搬迁的居住条件和服务业的就业结合起来，形成人气。否则，未来人口增长了，农民的就业问题得不到解决，永远是个麻烦。现在镇里有财政实力，把钱补贴到农民建新居方面会得到农民的拥护。

（6）农民向城镇集中，也可以采取灵活的招标方式，好的地块，好的门面可以招标向农民拍卖。政府补贴基本的房屋价格，但是门面房的出售和转让要遵循市场的规律，换和卖相结合。要区别本地人和外地人，对本地人要优惠，要利用银行的小额贷款支持他们兴办服务业。对有条件返乡就业的农民和当地集中居住的农民，在遵循自愿的原则下可以转为城镇户口。

（7）规划的镇区规模和产业结构要和黄山区的发展相结合，做好衔接。也可以把这里作为黄山区的副城区。考虑到耿城镇的财政实力比较雄厚，可以把相邻的几个乡镇合并过来，增加耿城的空间地域面积和可控的人口规模，加强耿城镇对周边农村的带动能力。

（2010年11月9日）

# 关于歙县深渡镇考察的印象

深渡镇是1995年我在体改委农村司工作时，联合国务院11个有关部门共同指导主抓的57个小城镇试点之一。当时给的政策不谓不多，从政府职能转换到户籍制度改革，土地政策、财政政策都有较大的突破。时隔14年，我第一次来到深渡镇，令我吃惊的是这个改革试点镇并没有像其他试点那样，发生翻天覆地的变化。据当地镇长介绍，财政收入最高的时候，曾经达到1000多万元，现在只有700万元左右，财政收入比以前还有一定的下降。主要是因为这里确定的自然和生态景观以及环境保护的要求，把原有一些工业企业关闭了，直接影响到镇里的财政收入。老街基本上和以前一样，只是听说最近引进了一个较大的度假村和房地产开发商，正在沿着新安江进行建设。镇里的商业也不是十分发达。

从镇长和县里领导的介绍来看，这里确实是一个区位条件非常好，从黄山到千岛湖，深渡码头是乘船旅游的必经之地。而且是有着丰富人文景观和自然景观资源的小城镇。从镇里乘船向上游开去，沿岸还有很多传统的村落，颇具特色。在乘船参观时，听当地的负责人介绍了这里的发展思路，主要是利用深渡码头，向上游发展，为游客提供山水相间的自然景观，也在沿岸的村落准备开展农家乐休闲服务的旅游。在镇区，准备发展旅游度假村，进行招商引资。目前已经成功地谈成了一家，县里和镇里还准备继续加大开发力度。此外就是发展特色农业，增加农民收入。

我个人看，乘船往上游走，让旅游者去体验自然景观的话，深渡镇可能与相邻的千岛湖旅游相比，有较大的劣势。所以在确定发展定位之前，仅仅以当地政府的眼光和对旅游资源的理解，可能会造成发展思路上的错位。

依我个人意见，这里最大的区位优势就是从黄山到千岛湖的必经之路，码头经济一定会给旅游带来重要的商机。问题是，在发展思路上如何使长三角到黄山的游客，能够在这里留下，过上一夜，才有可能促进当地的消费，带动经济的发展。所以我希望当地政府能够调整一下思路，把这里作为黄山到千岛湖旅游线路的重要节点来进行开发，近期的重点就是发展这里的码头经济。

码头经济可以包含两个方面的内容：一是水路的商品集散地，虽然有历史，但是没有充分发挥作用。二是旅游的休闲地，就是充分利用当地甚至更大范围的人力资源和徽州文化资源，为游客创造集休闲、消费、购物和休息等多重形式的旅游空间。

如果要把码头这个去千岛湖的必经之路，作为旅游的重要栖息地，政府就一定要做好规划，从景观规划入手，形成当地自然生态和人文景观综合的旅游特色。在新安江的入口，重新塑造古镇景观和开放式的旅游消费重镇。当前，政府应该认真规划现有码头周围的发展空间，研究以什么样的方式，塑造什么样的形态，来带动旅游经济的发展。

这里要强调的是，政府要分清自己的职责，什么应该由政府来做，什么应该交给市场。规划肯定是由政府来规划，高效地利用土地资源，形成空间形态相对密集的旅游服务区。并可以利用现在启动消费这个大好时机，申请上级政府的资金，搞好基础设施配套建设。空间规划过程中一定要明确和当地山水相宜的城镇色彩和建筑特色。

什么要交给市场去做呢？发展服务业的投资要由市场来解决。但是要特别注意，不能够仅仅依赖大规模的开发商来建设深渡镇。这种开发模式，好处是一次投资效益大，政府可以通过出让土地得到一定的回报，而且还会带来GDP的增长。但是一次性投资之后，当地的可持续收益就难以体现。因为这种投资带来的结果是一个封闭的旅游度假村形式，和当地旅游服务经济发展的紧密度较低，很少会带来城镇的繁荣。

因此，我们建议要多头并进，如果有大规模的投资者，欢迎进入，但是在地块上要慎重，对于码头附近的商业发展区，决不能交给开发商去开发，那样会增加土地成本，不利于个体的服务业经济的发展。而要发展繁荣的城镇旅游服务经济，小规模的经营主体才具有最活跃的创造力。

如何吸引小本经营的投资者进入呢？政府需要转换思路，大胆向全国各地招聘商户，兴办小型旅馆、特色饭店、酒吧和咖啡馆，以及各种商业服务和零售的投资商户。政府应该允许他们在这里购买和租赁房产，也鼓励当地农民和原来进城打工回乡的创业人员，来这里兴办服务业，给予一定的优惠政策。在集体建设用地的使用上，在银行的小额贷款等方面以及政府的公共服务上给予特别的支持，鼓励他们发展并形成示范效应，带动当地农民致富。

结合未来的中国老龄化社会的出现，在旅游人口中一定会产生一批不受旅游周期限制的老龄旅游人口。他们的旅游特点是要求享受自然景观，而且要求低成本的多元化服务。在沿江上游的村落里，鼓励当地农民开展农家乐休闲服务，并在当地修建基础设施，进行村庄环境治理，保护好古宅和特色民居。在这些村落里，政府应开展培训，指导农民开展各种服务形式，吸引外地的老龄人口在这里度假休闲和进行消费。政府也可以鼓励农民和农村集体经济组织在这里修建适合长期休闲式旅游的老龄人口度假公寓或旅店。

当地政府的负责人在谈到发展思路的时候也有些对政策的担心，主要是对于农村的集体建设用地和宅基地是不是允许开发、是不是允许城里人来租赁或者购买，心里不十分托底。其实主要的政策边界是，一是，要坚持尊重农民和村集体经济组织自愿的原则；二是，不能占用耕地。至于农民通过集体建设用地的有偿使用，能够发展旅游经济，使农民就业空间得以扩展，农民收入得以增加，围绕着旅游形成了特色的农产品经济，那又何乐而不为呢？

（2011年3月18日）

# 大厂县城市化要注意解决农村人口转移问题

中新网2011年11月18日电 第五届大厂发展论坛于2011年11月18日在北京举行。本届论坛以“首都经济圈国家战略与大厂城市化”为主题，探讨在首都经济圈国家战略背景下，京东大厂如何坚持城乡发展与统筹并重、通过一体化格局与首都形成补充，实现京东绿色崛起。

国家发改委城市和小城镇改革发展中心主任李铁在论坛上表示，“十五”到“十二五”期间，我国计划城市化率以每年1.35%的速度增长。但高增长存在很大的问题，现在的城市人口有2.2亿是没有户籍的城市人口，他们未来去哪里，他们是不是能享受到与城市居民平等的待遇，这个问题非常重要。城市化概念的核心是农民向城市转移。大厂城市化，也要注意解决大厂县域农村人口向城市转移的问题。

李铁还表示，环北京经济圈的发展是一个现实问题，到底怎么和北京形成互补关系，怎样吸引北京的各种要素流通到环北京经济圈的14个县市，值得这些地区的每个县委书记思考。

李铁认为，大厂的城市化发展，有几个前提一定要考虑。第一，大厂和北京到底要形成什么样的关系？如果是互补，补什么？第二，与北京周边的十几个县市相比，大厂有什么样的优势？第三，大厂的城市化进程，是立足于本地人口的城市化，还是通过吸收北京外来人口来弥补城市化的差距？他表示，这三个问题是大厂考虑城市化发展战略的重中之重，在这个基础之上才能考虑到其他的问题。

李铁认为，大厂的城市化发展战略、劳动力转移问题、互补性产业发展问题，可以从几个方面来考虑。

第一，要认识到北京是一个服务业过剩的城市，1300万北京市户籍居民，2000万的北京市人口，其服务业消费、旅游消费和假期消费要在北京周边的城市体现。实现好与北京服务业的对接，应该是大厂发展战略的一个很重要的选择。

第二，调整农业结构。发展农业休闲度假旅游，对财政没有太大好处，但是对于富民，能起到重要的刺激作用，建议大厂县政府下大力气用于农业结构调整问题上。

第三，适度引进一些和大厂居民、农民就业能力相适应的工业企业。这一目标的实现需要好的土地政策、好的工业园区发展政策来支持。但也要注意到外来人口及过多的工业企业可能给城市带来的负担。

第四，不盲目模仿北京，不走土地扩张的老路。李铁认为，围绕大厂回族自治县的特殊性，从建筑风貌特点上体现伊斯兰教风光，发展与伊斯兰文化相关的产业，构建具有回族特色的风光小镇是一个值得考虑的方向。毕竟北京有相当数量的回族人口，对他们有一定的吸引力。

2011年11月

（中新网财经频道）

# 城市化与城乡统筹发展

根据我在推进城镇化、城乡统筹发展、城市和小城镇发展的研究过程中总结的一些经验，结合调研考察的经历，以及我国城镇化发展的有关问题，我将就南昌县的发展思路向在座的同志们做一个简要的介绍。

南昌县的“十一五”规划蓝图中显示：到蓝图末期，南昌县的城市化率达到45%，但实际统计数字仅为24%，其城市化率水平低于全国平均水平近一半，其原因并非外来农民工的问题，而是当地农民进入城市化进程的问题。

## 一、南昌县的城乡统筹发展问题

南昌县的发展相对其他县以至县级市是飞速的。全国百强县中双流县、长沙县和南昌县情况类似。南昌县的发展速度、项目引进趋势和增长速度是全国其他县市的榜样。工业立县，即引进投资，是一个非常正确的发展方向。20世纪80年代，广东省、浙江省、江苏省的发展方式均为工业立县。没有工业的发展，没有非农就业的发展，农民无法从农村转移到城市中来。

广东省土地价格奇高，已没有土地整理空间，一定要向中部地区转移，例如，向毗邻的湖南、江西、福建等省转移。土地优势决定着发展前景。要把项目引进作为首要要务，在此已经取得了非常明显的效果，这也是未来发展的中心任务之一。

没有项目引进、工业和非农产业的发展，城市化是无法实现的。所

---

在南昌县调研时的讲话。

以在城市发展、城乡统筹的问题上需从非常现实的角度来看待和考虑问题。发展非农就业、发展工业、发展服务业是南昌县城发展的一个必由之路。

南昌县的发展现状以及现有规划中，主要存在以下问题。

**1. 城市发展的定位不明确**

影响南昌县发展定位不明确的客观因素众多。

（1）南昌县与南昌市的关系。四川双流县和南昌县情况相同：双流县完全隶属于成都市，成都市限制双流县一定的发展自主权，使得双流县失去了很多发展的机遇。但是不能不考虑到，如果没有依赖于成都南扩（行政上把双流作为成都的副城）双流发展也可能没有这么快。但是又由于成都市的管理职能上的限制，使得双流城市发展的布局过于分散。

（2）南昌县面临着困难的选择。形成独立的城市或向南昌市靠拢。南昌县的发展方向是南昌的副城区或者划为南昌的一个管辖区并不明确，是相对于独立南昌的副中心城市，或依附于南昌市的副中心城市，同样不明确。

（3）独立的中等城市还是向大城市蜕变。

以上三个问题中，南昌县的发展战略根本就没有提及，然而正是城市发展定位决定着南昌县未来的发展走向。现阶段南昌县发展依附于南昌市，这是客观现实。现实的发展过程中，南昌县是走南昌未来的一个副城区或一个副中心城市的发展道路。定位不明确将导致发展的分割。

**2. 功能定位不清晰**

功能定位不清晰，体现在南昌县既定位为工业城市，同时又定位为宜居城市、生态城市和文化商业服务城市，政治经济文化中心。其实这里的很多定位都是自相矛盾的。

首先，工业城市的发展定位和生态宜居城市联系在一起，特别是在南昌县的发展阶段，并不合适。南昌市工业需要向外地转移，南昌县可以承载南昌市的工业城市的建设。所有的房地产开发都应向着生态宜居区发展，也是针对南昌市市民向南昌县扩散的需求。

关于政治经济文化中心，南昌县不能和南昌市形成同构和重复，应和南昌市形成互补城市，这样城市发展的前景将会更为广阔。

绝对不能动摇工业发展、项目引进这个主轴。因为没有工业，无法实现南昌县92万人口中70万农业人口向非农产业的转移。配合南昌市发展，最重要的是要有相对独立的商业中心，南昌县服务业的发展和城市化发展并没有相对吻合。

南昌县“十一五”期间统计数字中显示，农业比重逐年下降，服务业的比重逐年下降，唯有工业一家独大。工业区、居民区的改造和城市中心的确定、城市过度分散的问题无法解决。作为一个城市的发展，核心是商业和服务业。当一个城市只有工业发展，而商业发展的层次逐渐降低的时候，这个城市所面临的问题就愈发严重。所以导致现在的工业和地产业发展速度加快，但没有商业配套，城市失去生气，城市地产价格上涨缓慢，形成较高的房地产空置率。南昌县现在入住率不到30%。县城商业配套不完善，缺乏大型商场、超市、电影院。

**3. 产业结构不合理**

目前南昌县产业结构比例为：农业13%，服务业20%，工业67%，比重配置不合理。农业比重下降是必然趋势，不应坚持搞现代农业，城市形成一定规模，数十万人口居住于城市，农业结构自然会调整。城市化进程一旦完成，农民进城、农业服务业、休闲服务业等行业会形成规模效应，对南昌市以及南昌县形成重要的附加价值。但是城市规划，如何与服务业的发展相结合？南昌县分为四个发展区域昌南新区、莲塘城区、小蓝开发区和向塘开发区，一个好的城市规划并不仅仅是确定了四个区域发展。依靠昌南新区到莲塘城区的距离来决定围绕中心商业核心区来带动整个中心城市的发展，新增一个核心区而不是四个分散的区域，但是工业区和商业区必须要保持一定距离，商业配套一定要放在城市中心区附近才能发挥其作用。城市密集度越高，服务业的规模效应越高则发展力越强；城市密集越低，城市基础设施压力越大，道路、排水、电力等设施投入比重则大大减少。所有商业区和居住区一定要向中心城市靠近，不能分散是城市发展的关键。

南昌县提出的“要建设38万到60万人口的城市规模”的目标略微虚高。如果大型超市、Shopping Mall、文化电影院和体育中心等配套服务完善，其不仅对于南昌县和其他县城具有吸引力，甚至对南昌市部分低收入人群同样具有吸引力。当在城市建立了大型的商业中心之后，地产升值，在相对集中范围内，基础设施建设的规模效应会大幅度提高，成本会大幅度降低。

南昌县城的发展，必须逐渐靠近中心区域形成中心核心区的发展，所有居民包括新增居民务必围绕着核心城区发展，只有建设好核心区才能形成合理的产业结构。服务业的发展壮大是城市化水平提高的最有力证明，城市化发展到一定时期，服务业的就业比重将是工业就业比重的2～3倍，服务业的快速发展带动着城市化过程中农村人向城市人的身份和本质的转变。

服务业的发展一定要解决一项重要问题：城市的密集度要高，切勿过于分散。在与南昌市其他县市的竞争中，南昌县如果发展路线正确，将会呈现更为明显的竞争优势。

**4. 城市化率要有大幅度提高**

过多注重南昌市居民到南昌县购置房产而忽视了本地农民向城市转移是南昌县城市化率不高的原因之一。

南昌县领导不仅需要关注财政收入增加，同时要让南昌县内的居民享受到较高的公共服务水平，享受到城市化的服务水平。所以在未来5年内，如何提高城市化率是南昌县委、县政府面临的一项非常重要且迫切的任务。

提高城市化率有多项选择。首先，将南昌县城的发展与郊区、小城镇的发展统筹考虑；将南昌县的工业发展、服务业发展和城市化水平的提高统筹考虑，这是南昌县县委、县政府面临的一个非常重要而且艰巨的选择。我们要考虑到中心城市和周围的小城镇如何有机地结合来解决非农业产业的发展，解决我们城市化水平提高问题。

城市化率问题的解决需要大规模、高档次的企业向南昌县集中，形成中心城市和小城镇合理发展的规划体系，从而使整个城市化率在外来人口加大的基础上、本地农民转移的问题上提高。特别是外来、外出打工农民在小城镇镇区如何解决建房问题，让农民转化成城市户籍居民，这是党中央提出了一个非常重要的讯号：返乡农民在小城镇和县城创业，事实证明小商品城更应该和当地农民的土地增减挂钩政策有效地结合起来。

**5. 城市规划的空间过于分散**

自党中央的“十二五”规划开始，需要考虑如何才能使空间大幅度从莲塘老城区转移到莲塘新城，并将商业区结合在一起。

**6. 土地利用比较粗放**

中国城市发展依照世界发展的标准和世界发展的规律来看，特大城市（例如，东京）人均拥有土地面积80平方米，而人均80平方米用地中包括就业用地。中国规定大城市人均拥有土地面积为80平方米，中等城市为100平方米，小城镇为120平方米。大面积土地闲置情况要从根本上发生改变。

浙江省绍兴市的工业开发区整个工业区厂房均向高发展，厂房和厂房之间的联系通道设计紧密。浙江省招商引资的力度相比南昌县更大，但绍兴市对土地的使用率以及珍惜程度的认识得更为深刻。土地问题是我国在未来规划中一个非常重要的内容，也是政府招商引资项目中要重点考虑的因素。

**7. 农业结构的调整还有待改善**

加大休闲旅游业的发展是正确的势头。农业结构调整首先要避免急于实行大规模经营。中央强调土地政策长期不变，我们有更多更好的经验可以借鉴。首先，要结合南昌市的消费，居民消费向外扩张的需求和南昌县城发展需求，鼓励农民自主调整农业组织结构，不停留在“南昌农业第一大县”的名头上，要加快农业结构调整，发挥市场的力量。例如，北京、成都、南京、杭州郊区的“农家乐”的发展模式值得提倡，提倡休闲农业的同时也要提倡农业休闲观光服务业和旅游业的发展。

南昌县三面包围南昌市，发展农业观光休闲服务业是重点发展趋势之一。在此过程中，一项很重要的前提是不能单纯依靠农民，农民思想相对狭隘保守，也不能仅仅依靠政府，要把城市和农业要素的流转形成有机的结合。在北京郊区的农村休闲服务业中，城市人口与农村人口实施比例为1∶1，所以在农村的土地流转上和宅基地置换上有问题可寻。可否让南昌市、县城里的人民在农村开创部分服务业，而不要指望在狭隘的一个村、一个镇的空间里强行地推行所谓的规模经营。只要农业一旦和城市的观光旅游业、休闲服务业结合起来，农村居民的生活改善将会有更大发展。所以农业结构的改善要增强市场中的力量，要增加城乡要素，其交换通过改革来推动城乡互动。城乡统筹发展不是政府来统筹，而是要更多的发挥市场力量。

在公有制条件下，第一，农民的宅基地是相同的。第二，经政府许可，农民方可建房，通过规划和设计可以引导新农村新形象的出现。

在法律中规定，一部分制度并不适用于我国现代农业结构的调整、农村土地建设有效的利用等一系列农村发展的新形势和新趋势，这是实行几十年的土地公有制发展的一种趋势。

## 二、对南昌县未来发展的建议

（1）通过发展规划明确城市的功能定位，形成与南昌市互补的未来中心城市，甚至是大城市。

（2）功能明确。南昌县不要过早地被生态城市、低碳城市、宜居城市所困扰，这种定位不符合现在的发展阶段。作为一个工业城市和商业城市，在符合这个城市状态的前提下应该在工业城市、商业城市周围创造一定生态环境，适应南昌市民迁移的生态空间。有了商业配套和良好的生态环境的城市，房地产价值同时会上升。

（3）在巩固强化工业发展基础上同时提高服务业的比重。避免服务业比重逐年下降，服务业的发展比重应逐年提升，最少提高至30%。服务业是一个富民项目，是可刺激消费的项目，同时又能带动地产发展和农村产业结构的调整。

（4）大幅度提高城市化率。工业的大量引进一定会带动外来人口和本地人口的就业，通过对城市区域的调整，例如，与城市相连形成一定规模的农村，其居民可以转变成城市户口，土地性质不变。和乡镇连片的农村，其居民也可以转化为城市户口。加强返乡农民工进城创业，给予足够的发展空间，加大非农就业的补助标准。

（5）加快中心城市的塑造。加快商业区域的建设，核心商业区，有一定规模的商业区，并非单一一个五星级酒店或一个大型购物区，核心商业区是在城市的某一个地区划若干亩土地，通过建设形成一个核心的商业区、文化区。这对南昌县城未来的发展具有非常重要的历史价值和现实意义，核心商业区能够带动地产价值的提升，能够增加城市的吸引力和凝聚力。商业就像一个核心，它会吸引无数的产业和要素向核心地带集中，没有商业的发展，城市的发展就无法形成城市最具核心特点的凝聚力。

（6）加快土地利用制度改革。我国有三种土地形态，分别是：国有形态、集体建设用地形态和集体农地形态。中央提出加快土地整治力度，加大规范城乡建设用地增减挂钩政策。要推广南昌县补偿价格高的经验，加快以上两个政策落实的步伐。中央提出18.3亿亩耕地的红线保护政策，明确了未来城市发展的空间、新的发展机会只能从城乡集体建设用地中去寻求方向，在这个过程中要加大改革的力度。

城中村如何改造，拆迁如何解决？三种办法：面积足够，通过商业用地的改造，加大补偿力度；合股，允许参股经营；允许自行改造，引进投资和城市居民改造。

以上三种方式均可以实施，“二权相害取其轻，二权相利取其重”，不能仅围绕一种拆迁方式。

南昌县城需和南昌市形成互补，土地利用上要进行大幅度改革，所以远郊置换高补偿的方式可以推广，加大土地整治力度也可推广。县城中心的改造，除商业区的建成，也可在南昌的核心地段要建设些低矮的住房、仿古街之间形成有文化特色的商业街、酒吧街。当然要加大公共服务投资建设力度提高医院、学校、文化中心建设。

（7）城市发展、城镇发展要和新农村的建设有机地结合。新农村建设五句话是在一定历史背景和条件下提出的，新农村建设要与建设新房子的概念相区分。胡锦涛主席讲话中提到：“社会主义新农村建设是一个长期口号”，中央一号文件里面并没有提出“建设”这两个字，即是防止新农村建设与建设房屋概念相混淆。

在大幅度提高城市化水平，城乡挂钩及置换用地的基础之上，通过城市的发展，城市中心村的改造进行补助解决新农村的垃圾、污水处理、街道整洁问题，甚至通过补偿规划解决新农村建设问题。

小城镇的建设发展和中心城市的发展需走两条不同的道路，通过返乡农民创业，未来有关政策支持小城镇的镇区建设，基础设施的建设作为南昌县今后的工作任务之一。

中央文件里提出了与小城镇相关的问题，东部地区、沿海发达地区小城镇要完善职能，强化政权。中央同样也对地方特大城镇未来的改革提出了一系列的措施和建议，中西部地区的小城镇重点不是镇区改造，而是通过镇区这个载体完善对农村的公共服务，如何强化对农村、农民、农业的公共服务，这将是中西部地区小城镇发展工作的重点之一。在大城市郊区，如何结合城乡统筹发展、工业区的合理分布、农民进城来解决小城镇商业的发展，这也是我国现阶段需要探索的重要现实之一。

国家发改委小城镇中心从事城市和小城镇发展工作，必将竭尽全力支持全国城市和小城镇的发展建设，同时密切关注南昌市、南昌县城、县域的小城镇的发展状况并给予最大的支持。希望小城镇中心与南昌县城加强合作，加强联系，保持沟通，更好地推广南昌县的土地增减挂钩经验，同时把国内外较好的经验与南昌县共享，从而为南昌县未来发展做出更多的贡献。

（2010年8月14日）

# 关于张北县发展思路的几点看法

2013年2月15日~16日，应河北省张北县委、县政府邀请，国家发展改委城市和小城镇改革发展中心主任李铁对张北县发展情况进行了实地调研。在调研之后，就张北县发展思路等问题，与当地党委政府负责人进行了座谈。李铁指出了张北县发展存在的突出问题、机遇和发展方向，提出围绕环北京经济圈，以北京消费人群为目标，以旅游为产业发展突破口，努力打造“新避暑山庄”的发展思路。现将当地的基本情况和李铁讲话要点集中整理如下。

## 一、基本情况

张北县位于内蒙古高原南缘的坝上地区，距离北京220公里。全县总面积4185平方公里，辖18个乡镇，户籍人口37.2万人，农业人口29.1万人，其中有10万人常年在外务工；城区常住人口13万，其中有4万外来务工人员，城镇化率已达45%以上。2012年全县实现地区生产总值67.7亿元，全部财政收入完成8.22亿元，增长16.87%，全社会固定资产投资完成120.1亿元，城镇居民可支配收入为15197元，农民人均纯收入为5245元，并被张家口市列为推进城镇化的试点县。

## 二、张北县城市规划建设上存在的几个误区

### 1. 城市规划摊子铺得太大

张北城区只有13万多人，却规划了73平方公里的面积。居民出门只能靠汽车出行。如此小的县城，规划如此之大的城区面积，完全违

背城市发展规律。城区道路几乎全都是双向4~6车道加绿化带、自行车道和人行道，沿城区还修建了长达数公里的外环，所有道路都修建了豪华的路灯。投入之豪华暂不说，仅就一个小城市是否需要修建这么宽的道路网，就十分值得商榷。路上听县里领导说，县城一年有两次堵车，这也是按照超前设计的要求来建设的。但是仅为了堵两次车，就给予如此大规模的投入，带来的财政和资源的浪费该怎么算？我曾经和许多地方的领导讲过，小城市的规划不能盲目照抄照搬大城市，因为车的总容量是一定的。在大城市车的总数多，集中到某一点就会产生堵车。而小城市可以通过路网的合理设计来避免堵车问题，而不是要把所有的路都加宽。

**2. 小城市道路是否要修建绿化带**

在张北的冬天，绿化带堆满了积雪，由于污染已经变成了黑色。我问县长，张北一年有近半年的冬天，如果是为了好看，这黑色的积雪对景观是起到添彩的作用，还是美化的作用？张北县城外面的大草原，其生态和绿化效果要远优于小小的县城内部的绿化装饰。我曾经走过好多城市，国外的和国内的都有。国内很多城市政府为了好看，承担了大量绿化的责任，造成沉重的负担。而在国外，相当一大部分绿化的功能是由企业和居民自愿来负担的。他们采用了具有个性的绿化装置，从家庭到庭院街道两旁都有，一样能够达到整体的绿化效果。可是在中国的城市，好像绿化就是政府的责任，无论城市大小，钱都由政府花，大一统的绿化设计，既浪费资源，又忽视了城市绿化中的个性色彩。

**3. 工业区的路要多宽？要修绿化带吗**

在很多城市，工业开发区的道路都十分有气魄。我记得一些大城市工业开发区的主干线为双向八车道、外加绿化带、自行车道、行人道。张北在这方面虽然没达到双向八车道，但是气魄依然。我也问了县里领导，路修这么宽，目的是什么？回答是为了招商引资。当然土地资源稀缺是宏观政策的结果，但是对于一个县政府，拿出这么多的地来修路，已经够奢侈了。从实际出发，工业区有这么多车吗？有的地方政府官员回答，说是上下班的人多，可能会和运货车产生拥挤。我告诉他，运货车肯定是在上班以后，工人们都进了车间。路上不可能有太多的人。而工业区里的人主要是工人，他们不会开车上班的，怎么能产生交通拥堵呢？如此宽的路，本身就是浪费，浪费土地资源，浪费修路的投入，政府还要承担未来的维护成本。厂房那么宽阔，院子也很大，为什么不把绿化的责任交给企业呢？

**4. 由房地产商开发的城市严重影响服务业发展**

过多的地产商开发房地产已成为城市发展的一大弊病，阻碍了服务业的发展。我走过的众多城市政府津津乐道的都是招商引资，过去是招工业企业，现在是招房地产商。恨不得所有的街道和小区都要通过拆迁卖给地产商。好像这也是我们目前流行的“经营城市”的核心理念。当然卖地会有收入，政府可以有钱干政府的事情。但是很多地方政府并没有想到，这种卖地丢掉了什么，应该说是丢掉了服务业的发展空间。到目前为止，全国城市化率已经达到了52.6%，但服务业所占比重较世界上的下等收入水平国家低将近8个百分点，原因是什么？有关部门已经出台了一系列的政策，但是忽视了一个最大的问题，就是城市发展的模式已经严重地排斥了服务业的发展。例如，一个开发商将地块开发后，再将商铺卖出，卖出去的成本会转嫁为购买者经营店铺的成本，而这些成本要平摊到商品的价格上。因此，全国很多商业街区改造开发后就失去了原有的商业功能，如北京的隆福寺、大栅栏等地方，原来十几元就能吃一顿饭，现在需要好几百元，这样就抑制了居民消费，而未改造的内街老店仍生意兴隆。同样张北县正在打造的仿古明清街，商气和人气都不旺，就是因为门槛过高。我曾经生活的一个城市，有一条最好的商业街，但是由于政府的拆迁，几十年过去了，至今仍没有恢复原来的商业活力。很多城市管理者热衷于建新城，认为新城会改善城镇的面貌，老城的居民会被吸引到新城区，但事实正好相反。因为老城的生活成本很低，生活方便，物价便宜。

**5. 城市拆迁应考虑老百姓的生活成本**

张北县旧城改造过程中，尤其是水库移民区的拆迁，尽管给老百姓的还迁条件很优惠，居住条件大为改善，但老百姓还是不愿意搬迁，就是因为住新楼的成本费用高，取暖费、物业费等都需要自己负担。城市改造不能完全以城市美观为主导，大拆大建，改造的同时也要充分考虑低收入人群的就业方式和生活习惯，需要一个循序渐进的过程。记得曾经有一个中等城市的市长咨询我，要对当地的城郊农村进行改造，让他们搬上新楼，认为这是给农民带来的大好事。我告诉他，虽然农民原来住的房子比较差，但是生活成本低，日子还算过得去。如果搬到新楼里，搬迁的资金等于买房子的资金，可是装修要自己承担，还要负担每月的水电费、物业费等。原来可以自己种东西，可以自己养牲畜，现在所有的东西都要买，家里还要有电冰箱、洗衣机和电视等，这些都要花费，生活成本大大地增加。如果从这方面考虑，农民是否愿意搬迁，要尊重他们个人的意愿，而不能站在官员的角度认为应该怎么样。当然这个市长同意了我的意见，但并不是所有的市长都会考虑这些问题的。

**6. 要正确理解生态城市的内涵**

在张北考察时，当地政府认为已经做到了生态城市的样板，特别是经过新城的广场和河道两边的绿色走廊时，他们自豪地告诉我，这就是以生态和绿色城市作为样本的实验。我告诉他们，什么是生态城市，生态城市不是通过眼睛看到的，不是所谓的视觉城市。所谓生态城市就是人口高度密集的城市，也是土地高度集约和资源高效利用的城市。只有高度密集，才能节约能源、节省资源，节省成本费用，才能达到低碳、低排放、低耗能。若城市规划得太大，土地利用肯定不集约，甚至会严重浪费土地资源。而且居民只能以车代步，增加尾气排放。还有就是当城市摊子铺得太大，基础设施战线也就拉得越长，基础设施投入成本和维护成本也会飙升。仅拿北京和上海为例，北京人口比上海少，但是地铁的覆盖率比上海低接近一倍。上海修到400公里地铁线路的时候，基本可以做到全覆盖，而北京修到500公里的时候，覆盖率仍然很低，所以北京把目标调到2020年的1000公里。现在每年北京政府对地铁的补贴已经有100多亿元，当到1000公里的时候，补贴将成为政府财政的一大负担。虽然对张北来说，地铁是很遥远的事情，但是道路、地下设施的线路过长，肯定会造成严重的财政负担。新一届政府已经感受到了严重的压力，只是没有找到解套的方法，所以不得不走新城开发的路子，继续寻求土地出让金的支持。

## 三、未来张北县的发展如何与北京进行对接

一个城市的发展是一定要选择的，张北县未来到底是对接张家口发展，还是对接北京发展？这就要考虑哪种发展方式会带来更多的人口流量、更高端的消费、更有利于城镇要素资源的迅速积聚。张北县“十二五”规划提出的发展“坝上区域性中心城市”还是属于常规性发展的思路。发展的目光要放远，要跨越张家口对接北京，围绕北京做文章。

### 1. 承接环北京经济圈的服务业辐射

环北京经济圈不能只定位在与其接壤的14个县市，还要考虑经济要素的影响，应选择距北京2~3小时车程的区域范围。唐山的发展就是靠北京的工业溢出，北京的首钢带动了唐山钢铁产业的发展，崇礼冬季旅游的兴起同样也是靠北京人群的消费，北戴河的夏季旅游带动了秦皇岛发展。虽然这几个地方都没有与北京直接接壤，但都承接了北京服务业的辐射。

北京的对外辐射主要体现在服务业上。我们知道珠三角的发展得益于沿海开放，培育了一批以产业集群为组织特征的外向型产业，香港的辐射带动了深圳和广州，最后带动了整个珠三角地区的发展。长三角以上海为龙头，上海的工业辐射带动了浙江、江苏、安徽等省的企业发展。2012年北京市三产服务业占GDP比重有76.4%，工业所占比重逐年降低，未来北京向周边辐射最主要的就是服务业。

### 2. 吸引北京巨大的消费人口

北京的“周末经济”已经持续十年，每到周末出城游玩的人数众多，促进了郊区住宿、餐饮和农家乐等休闲参与式的旅游发展，拉动了当地农民致富。北京市规划到2020年常住人口将达到2500万，其中大概有1000万农民工，其余的这1500万人的消费潜力很大，他们蕴含巨大的经济潜力。驱车到北京郊区一般需要1~1.5个小时，而到张北只需再增加1个小时的车程，且高速公路全程贯通，和崇礼到北京的距离相当。张北县未来要考虑的是如何把北京的消费者吸引过来，坚定不移地站在环北京经济圈的角度上，把北京作为最大的产业消费地。

### 3. 把握申奥机遇，进一步缩短交通距离

借助张家口举办雪上项目的优势，河北省政府和北京市政府将共同申办2022年冬季奥运会。未来张家口交通基础设施建设将面临大发展，北京到张家口的高铁项目已经立项待批，建议设计时速达到300~350公里/小时，会使张家口和北京的联系更加紧密，未来40分钟就可到张家口，而从张家口到张北只需半小时车程，这样就把张北县纳入了“环北京1小时经济圈”的范围。交通设施的改变会进一步促进北京市消费人口向张北流动。目前，正在开展的支线机场规划建设是个好事情。我国有13.5亿人口，其中7.1亿城镇人口，全国机场仅有185个，虽然美国只有3亿人口，机场数量却为18000个，因此，支线机场发展很有市场。张北离北京有两个半小时的车程，因此在长远规划中应将支线机场列入发展的目标，这将更方便北京人到这里来，随后在当地置业投资。

### 4. 留足发展空间支撑未来产业发展

张北县和崇礼县具备同样的地理条件和交通区位，但崇礼山区较多，城镇沿着山间洼地发展，可利用空间有限，县城也就3万多人。虽然张北县有着广阔的发展空间，目前工业园区规划40平方公里，但这几年只引进13家企业，吸引投资能力有限，且造成很多土地的闲置，未来发展不宜再走粗放型工业化的老路。把坝上周边的人吸引过来发展工业，不但不会提升城市发展的形象和品质，还会带来解决外来人口公共服务供给压力，解决用水、环境污染和能耗等问题。所以工业园区的建设需要重新理清思路，调整园区存量土地的用途，在现有基础上提高城市建筑密度和土地利用效率，为未来旅游服务业的发展提供空间。20万人口的城市中心城区，道路没必要搞绿化带，况且维护成本也大，应将绿化带全部移除、填平，即使做停车场都可以，给店铺留下停车空间，解决停车难题，店铺也就能发展起来。

## 四、张北县发展应以夏季旅游为突破口

### 1. 有着独特的夏季避暑条件

张北县属于中温带大陆性季风气候，平均海拔1400~1600米，夏季

平均气温在10.8℃~23.4℃，而北京夏季平均气温是18.3℃~29.0℃，是距北京最近的原始草原观光区和理想的消夏避暑胜地。北戴河每年夏季旅游避暑人次已达1500万人，开发的旅游海岸线有限，接待能力几乎超负荷，这几年那里夏季气候逐渐升温，和北京郊区相差不大。东北也有长白山、五大连池等避暑胜地，但距离北京较远，需要坐火车、飞机前往，而夏季机票还很紧张，费用和时间成本都较高。所以相比较而言，张北县独特的凉爽气候使其具备了良好的夏季避暑旅游的优势。

**2. 与周边区域的错位发展**

张北的发展一定要从一个点上突破，才能全面开花。崇礼有着冬季旅游的优势，夏天只是山里气温低，县城也不凉快，而张北夏季整个县域都很凉快，所以可实现错位发展，把夏季旅游作为张北发展的突破口。农业只是政府强农惠农的一个必要环节，不会给张北发展带来根本性变化。二产中的新能源发展有既定的增长过程，开采是有尽头的，且占用大量的耕地和草场去建发电机组，虽是清洁能源，但会造成一定的生态危害。整个张家口市都是北京上风上水地区，生态环境脆弱，工业发展受到环境保护的制约。这几年张家口通过大力发展节水农业，水资源缺乏的难题得到了缓解，旅游业中水的问题也得到了解决，所以旅游业是和张北县“生态立县”理念结合最紧密的发展之路。

**3. 定位打造“新避暑山庄”**

老避暑山庄是古代皇帝避暑的地方，现在和外八庙等只能成为旅游参观的景点，游人看过一次即可，不会增加旅游往返次数。“新避暑山庄”口号的提出，用来吸引和承接北京的旅游消费人口，增加旅游消费品种和内容，吸引旅游者在此增加旅游消费时间和往返次数，促进旅游置业并带动资金和信息的汇聚。避暑产业该打出哪些牌，才能吸引更多人过来？可在草原音乐节的基础上再去深度挖掘，真正体现“新避暑山庄”应该有的内容。绝不能一边发展旅游服务业，一边还想着发展粗放型工业，如崇礼坚定冬季旅游的发展思路，如今已见到了很大的成效，这就是一个好的例子。

**4. 夏季旅游市场前景巨大**

北京学校暑期有两个月假期，中央国家机关还有半个月的休假。就

2012年北京市2069.3万常住人口而言，其中至少有800万人具有旅游消费潜力。张北每年夏季能吸引100万人次，把北京的白领、企业家、官员、老人、儿童吸引过来，足以支撑未来旅游业和相关配套产业的发展，足以改变张北发展的面貌。崇礼每年也就10万人次来滑雪，但这10万人次就给崇礼造成翻天覆地的变化，商品房价格从800元/平方米涨到现在6000元/平方米，带动了崇礼旅游地产的发展。当有大量北京精英人士到达张北后，还会带动高尖端产业、信息产业的发展。达沃斯就通过冬季旅游的汇聚效益，建成了世界最有名的骨科研究中心。旅游是有从众效应的，所以只要是把夏季旅游点确定好，把市场主体找好，以后让市场来发挥资源的配置作用，政府只要扶持和引导。

## 五、如何延长张北夏季旅游产业链

以北京的消费群体为目标，以旅游产业为途径，以夏季旅游为起点，研究如何延长旅游产业链条，如何改变消费者的旅游行为，如何改变旅游的消费方式，如何提供旅游的各种公共服务，如何为旅游置业地产来创造新的空间，这是以后非常重要的任务。

**1. 从观光参与性旅游向休闲度假式旅游转变**

以前，北京人来张北，就是看看坝上风光和草原景观，体验完骑马、烤全羊、篝火和蒙古包等后，一般不会再来了。所以要把自己当作北京游客来考虑张北的发展，如何能把北京人多留几天。张北要向休闲度假式旅游上发展，如果能使北京游客夏季在张北呆上十天半个月，如承接孩子们的寄宿夏令营、出租农田体验耕作、举办体育户外比赛等活动项目，且多次来避暑度假，就会产生置业行为，产生旅游地产和不同消费项目，就会通过信息流把高端产业吸引过来。同时游客休闲度假也会带动当地老百姓增收致富，崇礼万龙雪场山下的红花梁村，这几年借助冬季滑雪产业，家家都办起家庭小旅馆，为滑雪爱好者提供餐饮住宿，现在全村农民都非常富裕，村庄面貌焕然一新。其实张家口蔚县也有很好的夏季旅游资源，但是其发展定位却是挖掘文化遗产，这种思路值得商榷。

2. 积极发展旅游地产消费模式

对休闲度假式旅游质量和舒适程度的依赖，旅游地产已成为旅游产业发展中的重要环节。海南三亚的房地产就是因为旅游业的发展而兴起的，房价一路飙升。海南的房地产一大部分就是源于东北人的消费带动，因为冬天北方老人心血管发病率高。北京现在郊区的别墅都已经很贵很少了，张北就可以把原先闲置的工业用地转变成旅游用地，发展旅游地产，吸引北京游客置业。还可以建一些高标准的疗养院，发展养老产业，发展成为新的中央国家机关公务员避暑办公和休假区，把他们从北戴河吸引到张北。一旦这样，所有的市场要素都会向张北迅速集聚。发展旅游地产要注重山、林、草、水相结合，为游客提供多样的视觉景观，和其他避暑胜地形成差异化发展。另外，一些置业的方式还要依赖于县城，需要县城提供服务业支撑。

3. 充分挖掘草原文化

这几年张北草原音乐节的举办，吸引各地游客，很多人因此认识和了解了张北，也提升了张北旅游的接待能力。大批游客来了之后，要思考如何给他们提供具有草原特色的居住、娱乐等消费服务，同时充分利用媒体，加强宣传，形成品牌，进行招商，组成营销团队，进行市场化运作。还可以开辟某个区域，给聚集到此的音乐家和艺术家，发展类似于宋庄画家村的模式，建成诸多灵感交汇的酒吧，在此形成“草原艺术沙龙”。“草原艺术沙龙”从音乐向美术扩展，然后形成一批草原画家。走市场化发展模式，就可在张北形成聚集商业、娱乐、文化等多方面的多元化小镇，而不仅仅是建成一个个功能单一的度假村。

4. 努力拓展会议经济

未来随着交通条件的进一步改善，张北县可以建造配套设施更完善的酒店和度假村，发展专业化的会议服务机构和场所，具备举办大型会议的能力，形成对接北京的会议中心。把北京夏天的会议吸引到这里来举办，如企业订货会、产品上市会，这类会议都喜欢选择在旅游风景区召开，而张北独特的夏季避暑条件可以作为各企事业单位奖励旅游的选择。

5. 建立各种夏季户外运动基地

可以和国家体育总局联系，建立一些体育项目的夏季集训基地，如足球、自行车、马拉松等。还可邀请北京户外体育爱好者、越野旅游爱好者、山地自行车爱好者来张北，举行一些户外体育赛事。一旦体育产业链条形成，就会培育出各种夏季户外运动基地，吸引众多体育爱好者，就会像崇礼的滑雪产业一样，带来一系列连锁反应，给张北发展带来巨大机遇。还可以在马的身上做文章，北京马术爱好者逐渐增多，夏季可以在张北搞马术训练基地，搞马术比赛、马穿越大赛等各种活动。这些均为高消费群体进行的活动，还可以考虑修建一些马厩，吸引该群体来此置业。

吴斌、文辉 整理

（2013年2月）

# 关于金泽镇发展的几点看法和意见

2008年5月底，我到上海市郊区青浦区的金泽镇进行调研，该镇于2008年3月份，被国家发改委批准为全国小城镇发展改革试点。金泽镇位于上海远郊区的淀山湖畔，是上海市重点的水资源保护区，当地2007年政府可支配财政收入8000余万元，农民人均纯收入超过8000元。在上海市郊区属于中等发展水平。近些年，面临产业结构的调整，工业投资的环境约束，农民收入水平增长的缓慢，当地政府在未来发展思路上，提出了产业结构调整，发展休闲农业和旅游经济的发展思路。但是由于土地占用指标的限制，使得原来寄希望于大规模开发的思路受到了影响。因此在未来的发展趋势中，如何加快产业结构调整，促使农民增收，当地政府官员在座谈时，也表现出了一定的困惑。针对这些问题，结合全国各地城市郊区发展的经验，座谈结束后，我谈了一些观点和看法。

## 一、小城镇发展要避免的思路性问题

### 1. 不能依靠“等”的政策

听完你们的介绍，我觉得现在我们金泽的发展思路还存在一种“等”的倾向，等着上级政府给我们一些政策，等着上级政府给我们一些支持。上海周边有200多个乡镇，金泽镇离上海主城区又那么远，政府如何来支持你呢？ 事实上，依靠上级给予政策来发展带有很大的随机性，主动性完全不在我们地方政府手中。改革开放30年来，靠上级给予政策发展起来的也就是深圳、浦东和一些大型工业园区，比如，新加坡工业园、苏州工业园等，这是靠上级给政策发展起来的。

### 2. 在金泽无法复制房地产开发模式

在目前的宏观经济形势下，这条道路已经很难再走得通了。即使城镇大规模房地产开发的模式能够实现，这种模式能解决我们金泽发展中所面临的一系列问题吗？如何解决农民收入增长，如何解决当地农民享受城镇化的好处，可能并不是过去的房地产开发模式能够提供的。事实上，大规模的房地产开发甚至对服务业发展具有一定的阻碍作用。现在全国那么多城市进行了新城开发，但是老城的问题依然非常突出。大量的城市进行了新城开发，新城建设得很漂亮，比如，昨天去的松江区泰晤士小镇，多么漂亮，再看看老城呢，就在松江新城的边上，对比新城，农民的住房显得那么破旧，形成了强烈的视觉反差，你看了以后不觉得很不协调吗？实事求是地讲，我们这个地方如果继续去搞新城建设，新城的房子农民能买得起，住得下吗？农民是很难进得去的。这是一种发展思路的差异，也就是"发展要解决谁"的问题，是解决上海人到这居住，搞一个宜居城市，然后形成城乡分割的一个新的鸿沟；还是要解决当地6万本地居民的生活和就业条件改善的问题。应该说，按照科学发展观的指导思想，政府的公共服务是要解决本地6万居民的问题，是实现6万人收入增长，解决他们就业的问题。

## 二、金泽镇要围绕古镇做好服务业发展

### 1. 发展要对本地资源进行分析，确定未来的发展思路

通过你们的介绍，我觉得你们对未来发展分析还不透彻。一个地方的发展一定要有龙头，要抓住要害。要是在所有的方面都铺开，面面俱到，发展的难度是很大的。金泽的优势在哪里呢？就我个人而言，在于淀山湖和古镇，虽然我们这里处于生态水源保护区，工业不能增加，只能减少，但是服务业是这里未来发展的方向，没有问题。金泽要在古镇塑造上多下一些功夫，从古镇中心开始，加以规划和再造，把古镇风貌和古庙、小桥、河流以及淀山湖结合在一起，就有可能成为未来吸纳上海人休闲旅游的重点区域。上海人最熟悉周庄，可是周庄现在已经完全商业化，大量人造景观的出现，已经使周庄古镇的价值逐步地丧失。

过去，很多上海人都去过那里，因为那个时候古镇旅游的景点很少，上海周边可以旅游的地方也不多，所以，周庄古镇应运而生。但是，随着人们出行半径的扩大，全国可提供的古镇旅游景点在丰富，周庄的吸引力在下降、吸引旅客的内容也相对单一。现在周庄提供的仅仅是商业旅游的功能，价格偏高，而没有形成休闲方面的特点。参观者往往交了门票，参观完了就走。

**2. 金泽古镇将来可以承担休闲旅游场所的功能**

未来上海郊区一定会出现承担周末休闲旅游功能的场所，像金泽风格这么明显的小镇，是非常适合发展休闲旅游。我曾经参观过上海规划院在地下规划的一条街，把上海的老街放在里面，让人们到那里去看上海老城的景观。把过去上海的街道，规划到地下去，这对我们城市的历史记忆来说确实是非常好的一件事情。但这也说明上海空间已经很狭窄了，人们只能尽量合理利用老城狭小的空间。但是，上海的郊区还有足够的空间，上海的发展也一定会向外扩展。现在很多老上海的生活内容其实已经在很多地方展现了，比如，浙江横店的电影城里面就复制了很多老上海和老广州的街道，而且成为重要的旅游景点。既然如此，我们为什么不能充分利用上海郊区的一些古镇，来充分展现上海的历史，以及悠久传统文化特色呢？

**3. 金泽古镇具有发展优势**

金泽这里有特别好的古镇基础，可以非常容易地复制老上海的景观，过去江南农村和小镇的景观，然后和休闲旅游结合起来，必将会成为上海的新看点，就像当年青浦县的大观园一样。当然，我们要尽量去增加一些自然特色，减少人为色彩，来促进休闲旅游业的发展。政府要利用有限的公共资源把所有的公共街面规划好，做好修旧如旧工作，其实只要把墙上的马赛克去掉，然后刷白就可以了，现有建筑上的屋檐大多数都不需要整修，已经很好了。沿街面再按照古镇的方式整修一下，成本并不高。再把古镇内的小桥、流水以及沿街所有的铺面，政府花钱补贴整修一下，这个也要不了多少钱，先把古镇形态通过政府规划的方式进行重新修复，塑造古镇形象。

**4. 古镇旅游的发展能够带动服务业发展和产业结构调整**

这里已经有一个基础条件非常好的古镇，和周庄没有太大的差距，完全可以恢复起来，并在郊区的休闲度假游中发挥作用。因为，上海人要到郊区去度周末，要有不同的选择。有人可能要去农家乐，有人要去小镇，体验一下小镇的风光以及休闲娱乐旅游方式。现在这里还没有很高的成本，不像周庄光门票就上百。上海人要到周边去消费，要求物美价廉，因为上海人很会精打细算的。这是一个趋势，围绕古镇这一个点去做文章，为上海周边的消费人群提供一种选择。一旦古镇旅游消费的趋势形成，就可以带动人气，就会有人来这租房子或者买房子，经营酒吧、咖啡厅等消费场所。相对于朱家角，这里的房价现在还是非常低的，政府的投入也不大。人集中到这里以后，就会需要其他的服务，比如说，农产品的种植和养殖，会围绕古镇休闲游带来农业产业结构的调整。当古镇休闲旅游开展起来了，围绕着淀山湖的水产，饮食业也会有很好的发展机会，形成特色餐饮，特色风味的旅游。把这里的古镇和周边资源条件结合起来，在这里，游客也可以欣赏小镇风光，同时与周边有特色的餐饮农家乐，淀山湖的水上旅游结合在一起，就会形成上海郊区有特色的休闲景观。

围绕古镇这个中心，通过以点带面的方式，带动周边的开发，这是金泽镇与其他镇发展模式的区别 。

## 三、金泽镇如何利用古镇发展服务业

**1. 要促进外部要素的进入**

在政策上可以放活一点，允许古镇规划区内的农民和居民将他们的房屋出租、出让、出售转租、转让，允许他们利用房屋进行经营。要对古镇进行再塑造，依托古镇来发展服务业。但是政策上要有变化，不一定完全由本镇人来做这些事情，要吸引上海城里的人过来经营酒吧、餐馆、咖啡厅之类的小商业。

我举一个例子，就是北京什刹海的酒吧一条街的形成。原来那里很破，条件很差，一个四合院里面住了好多家。一直以来都是北京改造的难点，基础设施投不进去，老百姓也搬不出来，没人能付这个搬迁成本。因此，什刹海居民区的改造成为北京中心区的老大难。在前海、后海那么好的环境下，什刹海周边的居民的设施环境一直没有得到根本改善。非典期间，这里发生了翻天覆地的变化。因为，这里空气流通好，不会传染，很多人都聚集到这里来。这时开始有人在这经营了第一家酒吧，是个露天酒吧，面积也不大，但是生意很好，然后带动第二家、第三家，最后形成了酒吧一条街，各种有特色的小吃、咖啡厅、餐馆都被带动起来了。当然很多本地人是不会经营的，他没有这方面的能力。而住在外面有能力的人，比如商人、画家、艺术家等过来，要求租下或者买下房屋进行经营，最后的租金和房屋的交易价很高。本地居民从出租和出让房屋中，得到了合理的财产性收益。外来者通过经营，利用什刹海有利的环境条件获得了自己的经营收益。政府多年来发愁的什刹海景区的有效利用问题，通过市场得到了有效的解决。这个地方是北京最核心地带，在没有外部因素介入之前，并没有发展起来。外部要素的介入，彻底改变了面貌，成为北京的一个标志性区域，来北京的人都要去那里看一下。

从中我们可以得出，仅仅具备基础条件是不够的，关键是如何去利用这些条件。没有人会想到什刹海的老北京人会在这办酒吧，他自己确实也办不起来的，但是当这里集中了北京的一些画家、艺术家、一些商人，让他们来经营酒吧时，就彻底地改变了什刹海周围的人文景观。几年时间内，这个地方的面貌就发生了翻天覆地的变化，原来这个地方晚上静悄悄的，现在成为北京夜生活的一个重要场所。这说明在一个城镇发展进程中，外部因素的重要作用。

**2. 转变政府观念，让农民和居民成为城镇发展的市场主体**

要做到以古镇旅游带动相关服务业的发展，首先要改变政府的观念，那就是不能由政府来主导和操办一切。这么多年来，上海郊区的农村没有发生天翻地覆的变化，很重要的原因是缺乏外部要素的介入，缺乏城市市民力量的介入。因此要吸引上海城市人口到这个地方来经营，让他们参与到古镇的开发中，让他们主动地去经营。他们不但有本地居民和政府不具备的管理才能，还能带来资本。可能他们一家投入的资本量并不算很大，但是一旦进入的人多了，他们带来的资本并不比大规模开发商投入的少，而且能让这里的商业繁华。政府可以通过引导性的政策，把农村土地包括宅基地和承包地的使用权和经营权转让、转包给他们，让他们去开发，而不是政府去主导开发。政府所要做的是利用好有限的公共资源，打造好古镇的人文景观，做好规划、宣传和公共服务。

金泽发展的前提是对准大上海的消费市场，让市民到你这里进行小本投资。现在耕地管制越来越紧，大规模开发商的进入受到耕地占用指标的限制。而且大规模的投资，也不是地方政府可以左右的。比如，北京小汤山镇的试点，十多年过去了，以前规划的城镇中心区域变化不大，但是在城镇周边的培训中心、度假村、高档别墅群却不知不觉地起来了。这些大规模的开发，很多是小城镇政府不能左右的，他们要来投资的话，自有他们的途径。而这些小的、零散的投资是小城镇政府可以发挥作用的。分散的小规模的投资力量集中起来能量是非常大的。比如，什刹海的发展就那么几年，从2003～2008年，就5年时间，带来了后海面貌的整体改变。

我们考虑城镇的发展往往想通过政府来主导，想通过大规模开发的方式带动城镇形态的根本改变，那是计划经济的思维方式。如果回想一下中外城市的发展可以发现，几乎所有的有生机的城市都是在小商小铺、小门面的基础上发展起来的。老上海也是通过这种模式发展的。即使是在殖民地时期的上海，外国人进入上海也是通过一个一个门面逐渐扩张的。世界上的城市，包括中国的城市，中国皇城除外，都是从小开始，从一个个小门面逐渐做大的，这就是城市发展的规律。我们不能去违背这个规律。然而恰恰是这一个个小门面，蕴含了大量的市场能量，市场能量在哪里呢？当一百个人，开一百个店铺时，市场能量就迸发出来，人气也就聚起来了。人气形成以后，自然也就产生了一些新的公共需求，也就需要公共服务了，因为他们缴纳一些税收，这时候政府也就有能力来提供一些公共服务了。人气集中创造公共需求，公共需求是既创造了市场，也带来了新的公共服务的需求，并为地方创造了税收，因为服务业的税收都是留在地方的。

**3. 政府要做好公共服务，为古镇发展创造有利条件**

围绕着古镇的开发，政府去塑造，去培训，去加强管理，去宣传，政府还要负责把公共街面搞好。其实，欧美一些城市和小镇，沿街的公共墙面是由政府来投资，政府来补贴的，政府不管房屋里面怎么设计，但是沿街色彩、风格等都要符合政府的规划形态，政府还可以拿钱对居民进行补贴，其实也用不了多少钱。四川省的一些小城镇政府已经开始了公共街面的塑造。沿街公共墙面，许多门面房的窗户、房间的立柱都由政府来修缮，门前的石板也换成了青石板。

再就是还要塑造好一些小的环境，重视一些细节的塑造。小空间，几平方米或者几十平方米的废弃空间，政府应该花工夫去改造。虽然投入很少，但是随着城镇细节的改变，来增加城市整体的吸引力。比如，把河道进行修整，修整以后你突然就会发现，产生了另外一种变化。以前，河道可能是倒垃圾的地方，是民工住的地方，当政府把河道清理完以后，垃圾没了，环境也清洁干净了，农民工就搬走了，为什么呢？因为这里的房子已经升值了，他就住不起了，可能就会有人利用这个好的环境开办酒吧、餐馆了。当公共服务让一个地方发生变化以后，这个地方的功能也就发生变化了，而公共服务的提供正是由政府来完成的。

我们进行小城镇发展改革试点，不能仅仅为了改革而改革，为了要政策而要政策。必须首先把这个地方的优势分析清楚，优势分析清楚以后，再去寻找合适的方法、路线和途径。在这个条件下，我们才可以准确地找出发展过程中的障碍是什么，存在什么问题，还有什么样的观念在束缚着我们的发展。在城区的管理上，在公共街面的投入上，政府公共投入上，还有对农村集体用地的政策上，在规划管理的一些限制上，是不是可以通过改革进行突破？只有这样，所有的改革才能有的放矢。有了对象，发展就有了明确的主体，这个主体恰恰不是政府，是市场，是这个地方的居民、农民以及上海城区市民，那么政府服务的方向和职能的转换，目标也就非常清楚了。

我们要跳出原来的那种方式，将主动权掌握在自己的手中。而不再是一种“等”着发展的思路，而是针对我们发展的实际问题，正确地分析我们发展的自然条件和区位优势，也正确的分析我们所面临的大上海可能出现的各种机会，来确定好发展方针。在这一过程中，找好切入点，来制订符合发展的一些基本政策。当有了目标，有了问题，政府要做的事情基本上也就清楚了。金泽镇要认真地规划一下，规划公共资源的投入方向，要在古镇方面做好文章，对于其他方面的事情可以晚一点、缓一点去做，有重点的投入去带动未来的发展。

（2008年5月）

# 小城镇发展如何集聚人气

新丰镇隶属西安市临潼区，距西安市35公里，辖区44平方公里，耕地3.5万亩，人口4.4万（其中非农业人口1.1万）。新丰是1995年第一批“综合改革试点镇”，经过放权改革，建立了全省唯一一个镇级金库。试点以来新丰的城市建设和经济发展取得了显著的成效，镇区人口已达近万人。全口径财政收入也由试点之初的231万增加到2007年的9000多万。招商引资力度也在不断增强，目前落户新丰投资过亿元的项目有4个，过千万元的项目12个。

2008年4月17～18日小城镇中心主任李铁等人赴新丰镇进行调研。调研组先后参观了位于新丰西北的最大的铁路编组站、伊利泰普克饮品有限公司、陕西银河电力杆塔有限责任公司等，并与地方有关负责同志进行座谈，就新丰发展规划、思路和措施深入交换意见。

在座谈中，新丰镇负责人提出希望通过建设广场来带动商贸发展和房地产开发，进一步促进人口在城镇的集聚。就此问题，李铁主任提出了不同的意见，现整理如下。

## 一、广场建设有利于集聚城镇人口吗

首先要说明的是，新丰的农民人均纯收入为3968元，还没有达到全国的平均水平。绝大部分农民从事农业，镇区人口的60%是铁路西北编组站的员工、中技校教职工和驻军家属，本镇人口仅有4000余人住在镇区。由于西北编组站占用了镇里大量土地，还有4000失地农民安置问题

在西安新丰镇调查时的讲话。

尚未完全解决。

城市不是靠广场发展起来的。从中外城市发展的历史经验看，没有哪一个城市是靠广场带动起来的。什么是城市？在欧洲，可以说是先有市，有了商业，人口聚集起来，为了防止外族入侵，建立了城墙，这是一般意义上西方国家城市的起源。中国是先有城后有市，中国的城市是作为行政管理中心而起源的。比如，西安围着一圈城墙，在古代城墙内聚集着很多人口，一些官员、家族集中到这里来居住，由于集中的人群要求集中消费，商人就进来了，就形成了市。西安城墙内的路也不宽，两边是一些店铺。但是里面并没有什么大的广场。整个西安城就是在这个老城的基础上发展起来的。这是典型的中国城市，虽然现在逐渐向外拓展，也修建了好多开发区。但是基本上围绕着古城这个中心而展开。要特别注意的是，一个城市的发展，一定要有商业，而商业的发展和广场基本上没有任何必然的关系。

广场的建设并不利于商业的发展，也不利于集聚人气。如果我们认定新丰镇目前的发展阶段是要聚集人气，使商业和服务业发展起来，那修建广场正是走了一条相反的路子。首先的问题是，广场能带动人气聚集吗？广场是散人气的。广场越大，越散人气，修了广场以后，人就聚集不起来了。大空间，太阳底下晒着，你说谁到这里来？商铺也不是通过广场发展起来的。其次，广场修了以后，直接带来商铺之间距离过大，也就影响到消费者的消费半径，还要影响到商铺的经营成本。如果对于城市历史稍微有一点了解的话，没有哪一个古老城市的商业区，是围绕着广场周围而建立起来的。

修建广场带动房地产开发，不符合新丰的镇情。现在看来，修广场不可能带动房地产开发，一个小广场的建设不会改善整个大环境。新丰靠西安这么近，修了广场也不足以改善整体环境，事实上环境也并不是房地产开发和商贸发展的必要条件。比如，同样作为城市郊区的小城镇——灞桥区新筑镇，位于灞河沿岸，生态、绿化搞得很好，房地产开发也并没有完全带动起来，现在价格也仅2000多元/平方米。相比之下，环境和基础设施建设水平以及区位条件要差得很多的新丰，在这里开发房地产，谁来买这里的房子？还要考虑到新丰镇和西安市之间还隔着临潼区的城区。

开发房地产，面向谁来销售。按照镇里的介绍，应该是向来镇里投资的企业家和一部分城里来的移民。这就意味着，镇里最好的土地卖给了富人，还要搭上基础设施的投资成本。最大的受益者也一定是外来的有钱人。本镇的居民在广场的建设中能够得到什么收益？其实这样的开发思路在全国非常普遍。这也说明我们政府为了GDP的增长，不遗余力地费尽心思，但是忽略了镇政府的基本公共服务目标还应该是本地的居民和农民。如果他们在广场建设中和房地产开发中没有受益，那一定是政府的公共服务目标出现了问题。

广场建设是否符合当地居民的利益。镇里提出建广场的一个理由是，当地的居民可以到广场进行活动。新丰镇并不大，到广场休闲的人究竟有多少？毕竟新丰人口居住的还是十分分散，3万多当地人还是住在农村。而且，从镇区的实际休闲能力上看，居民更需要的是解决环境的卫生整洁，特别是住宅附近的环境卫生、垃圾和绿化问题，还有排水设施的建立。脱开了这些基本的需求，来建设所谓的休闲广场，确实是脱离了当地经济和社会的发展实际，更谈不上当地居民的收益，很可能是广场周边的待开发的外来移民收益更大。

广场的建设一定会造成公共资源的浪费。一个小城镇政府能投入的公共资源是有限的。虽然新丰镇的全口径财政收入是9000多万元，但是实际可支配能力才2000多万元。要解决失地农民的安置问题，要解决行政人员的开支问题，还要解决居民和农民的基本公共服务的需求问题，还要为未来的城镇发展和建设进行投入。面临这么多的公共服务的需求，资金严重短缺，而去投资广场，一旦投入下去，就收不回来了，还要考虑到未来的维护费用也需要政府财政来负担。所以在投资前，一定要分析清楚，政府现阶段的公共服务目标是什么。否则，决策失误将会造成严重地浪费。事实上，近些年来，全国各类城镇普遍兴起修建广场的现象，已经成为地方严重的财政负担，这种例子不胜枚举。

## 二、小城镇发展如何聚集人气

人气要靠人的聚集来形成，一个城镇的居住人口越密集，商业气氛就越浓厚。当前新丰镇的发展，关键就是要解决镇区人口的人气缺乏的问题。从这一点上说，新丰镇领导的目标是比较明确的，但是重点是怎么聚集人气。一个镇区仅仅1万人，目前这个发展阶段，人到这里来居住不是为了环境和房地产，他们需要的是解决就业，增加收入。农民进城只有在有工作干收入水平提高后，才能考虑住得好的问题。

如果想要聚集人气，就要把小城镇的规划搞得密集一点，不要着急修广场，建宽马路，这些对目前新丰镇没什么用处，反而浪费资金，浪费土地，还分散人气。也不要建造什么行政中心，行政色彩越浓，商业气氛就会越差。钱投到行政中心建设上，看起来很有品位，可是人气却聚集不起来，这是一些地方城镇建设中走过的弯路，足以给我们提供经验教训。

在发展中可以转换一下思路，结合失地农民补偿，促进人口集聚和商业发展。现在铁路编组站扩建带来4000多失地农民，政府要给他们补偿，是不是可以考虑在镇区规划一个地方，搞一些大棚市场，给每家一个摊位，让他们在那卖东西，只要不违法，卖什么都可以。政府先不收他们的摊位费，并在税收上给予减免，先养他们几年，让他们从经营中尝到甜头。等他们有本钱了，经商也有些门道了，他们就会从大棚退出，盖一些门面房。等到门面房越来越多的时候，商业就发展起来了，人气也带动起来了。实际上，全国各地的小城镇市场，基本上都有这么一个发展过程。现在新丰镇要从最初的阶段起步，不要想着一步跨到西安那个阶段，这里与西安近郊的灞桥区新筑镇、长安区郭杜镇有着本质的不同。西安市已经在那些地方规划了大项目的进入，而这里面临的还是聚集人气的过程。

千万不要在城市里修一些大空间，大空间最主要的问题是把城市的人气分割掉，在这个过程中一定要弱化行政形象，不要去规划一些视觉效应，提升品位之类的目标。现在品位再提升还能到什么地步？现在居民收入水平这么低，要充分利用好现有资源。比如，这里的地热资源，利用地热搞一些廉价的洗浴服务，针对中低消费阶层，与临潼区的这些高档温泉洗浴场所形成互补，农民工也有泡温泉的需求，要鼓励本地农民发展，充分发挥地方资源优势。

现在是低成本人口聚集的阶段，政府的关键是创造尽量低成本的进入门槛。重点要放在解决全镇4万多人的就业问题，特别是4000多失地农民如何进城，让城市慢慢形成旺盛的人气。现在北京郊区开发了那么多房地产项目，但是迁徙到那里的居民并不在那消费。真正在当地消费的还是本地居民和外来农民工。要把钱投入到真正与当地居民就业有关的事情上。摊位不收费就是投入，建大棚也是投入，哪怕是对失地农民建门面房进行补贴也应该是政府的一项服务性的投入。

## 三、政府的公共投入要与发展阶段相适应

政府要珍惜自己的财力。很多事情不是不该干，而是现在不是该干的时候。现在干了，钱投进去了，人气也还是起不来。比如，污水处理厂，现在水费，污水处理费是多少？居民和厂家对水费价格上涨的反映是什么？政府每年的维护费是多少？政府官员的脑子里要有清晰的概念。主观性太强，出发点是好的，但却忽视了城市发展的规律。政府要去做与自身发展阶段相适应的事情。当人均收入上万元以后，这时自然要去考虑污水处理等问题。比如，河北一个著名的皮毛市场，那里的居民经营皮毛生意，收入水平很高。当地居民将洗皮的水直接排放，政府不去管理，造成了地下水的污染，癌症发病率特别高。这时就要去解决污水处理的问题。因为居民和企业都能负担得起，这时就该去建污水处理厂。

欧洲的一些城市有着上百年的历史，也就从一条街发展起来的。我们现在的一些城市和小城镇，也就相当于城市发展的初期。为什么要搞得那么气派？为什么过去的老城、老镇都那么拥挤那么密集？商业就是在那种环境下才有利于发展，人口才会聚集得越多。人到这才能挣到钱。现在如果政府通过一些建设带来租金的提高，那么这些租金就均摊到每一件商品上，商品的价格就会上涨，势必会影响到商业发展成本。

现在地方上招商引资的力度非常大，这个发展思路是非常正确的。新丰镇招商引资成效已经开始显现，带来财政收入的增加。这些收入该怎么用，现在正处于一个关键时期。尽管镇政府也想了好多发展思路和模式，但是这些思路确实存在一些问题，不符合目前的发展阶段，需要进行调整。在新丰目前所处的这个发展阶段，政府的财政收入的投入方向特别重要，一旦投入方向出现偏差，人气就没了。如果投入的方向正确，有利于当地老百姓的就业，还能带动一部分社会资金投入。因此不能超越发展阶段，去搞一些好大喜功的房地产。要认真地调整思路，解决好人气聚集问题，这是当务之急。

## 四、政府公共投入要促进老镇区面貌改善

工业区在新丰镇发展得还是不错的。但是老镇区到底怎么发展，还需要我们认真地考虑。在老镇区要注重细节的改造，在城区和村庄连片的地方，所有的道路能硬化的要硬化，能够修排水沟的要将排水沟修好。进入到镇区以后，要重视一些细节的小环境的塑造，小空间，几平方米或者几十平米的废弃空间，政府应该花功夫去改造。虽然投入很少，但是这会随着城镇细节的改变，而增加城市整体的吸引力，而不是人为地去造一个大环境。

要让环境之间协调，这如同穿衣服的搭配，要协调。穿一身西服，再搭配一双运动鞋，这种搭配就很不协调。现在我们要塑造和我们的发展阶段相适应的一个环境，这就要以整洁干净为主，对一些死角进行重新塑造和修缮。比如，村镇连接处，这些都是城镇的组成部分。加大对小细节改造的力度，要让人们进入镇区以后，感觉到非常干净、明快。现在所谓的广场、高楼之类的建筑，与新丰这类城镇发展的水平并不协调。我们应该去参观一些著名的古镇，那里的街道都不宽，但是地面都硬化了，卫生、绿化都恰到好处，十分干净、整洁，体现出政府的管理水平。

政府在公共设施投入上，应多做引导性投入。如果农民想改造，他会自愿投入的。政府不能替代农民，做了引导性投入，剩下的事情，

市场力量就能解决。等人气聚集到一定规模以后，事情也就好做了。比如，这里有充足的地热资源，你们应该如何利用？是吸引投资大规模开发，搞大酒店，还是学习国外的先进经验，搞家庭经营的小旅馆。哪些有利于当地居民收入的提高？哪些符合当地居民的消费水平？哪些更能体现城镇发展的特点？特别是政府在这个过程中如何引导，如何制订好的政策，确实是需要我们认真地思考。

## 五、政府公共投入要促进本地人收入增长

发展小城镇，走工业化道路问题没有错。但是工业化形成了一定的规模以后，房地产开发仍然是带动不起来的。江苏、浙江、广东省的大部分小城镇，房地产在工业区的效果仍然十分有限。真正能够形成房地产规模的，主要是以市场起家的商业中心。因为打工的农民是不在就业地买房的：一是成本高，买不起；二是他们打工具有流动性的特点。在城镇能够沉淀的绝大部分都是小商小贩，因为他们个人的收入来自于开门面，开小商店、小饭馆等，这样赚的钱要远超过打工的收入，他们才买得起房。

乡镇企业发展有两类特点：一是家庭作坊式的，自己家开的；二是招商引资引过来的，引进大量外地资本，这些企业家也不在本地买房，他们会在大城市买房子。东部地区在搞工业化道路时，整个村的用地都变成了建设用地，土地收益归村庄，形成了村庄的福利，也是农民资产性收入的一部分，农民有钱后再把自己家的宅基地加盖成出租屋，再把房子租给外来打工的农民。拿着这两笔资产性收入，许多本地农民就到城里去买房子。

新丰的工业化道路，是“政府先征地后招商”这种模式。受益者主要是两部分，一是企业家，二是政府。老百姓主要是依靠就业增加收益，这块并不大，和外出打工收益差不多。工业化道路能够带来收益，但同时会带来治安、污染等问题，政府要去花钱弥补这些损失，这也是未来的负担。在新丰，工业化道路和农民的关系并不密切。因为镇政府操控着工业化进程，集体收益很少。集体没有福利，农民得到的二次分

配收益就小。

新丰下一步应当让本地老百姓从发展中受益更多，应当让当地百姓参与到商业发展中去，从而获得更多收益。要为在镇区就业的职工，为在编组站上班的铁路职工，创造消费的场所。现在的情况是，他们在这工作挣钱，但是不能在这花钱，要让在镇区就业的人口能够在这消费，就需要政府为商业的发展提供条件。只要政府能够为市场发展创造条件，那么它就会自动发展起来。人口和店铺聚在一起，相互之间就会形成新的需求，就会产生各种分工，市场就是在这个基础上发展起来的。旁边还有工业区，工业区也有需求，但是你没给提供的话，需求就对接不上。当你提供以后，消费也就产生了。为什么发展不起来呢？因为你没有创造这个空间。因此，政府现在应该考虑的是，要花钱引导，要提供商业、服务业发展的空间。而未来，新丰镇居民就业和收入的增长，更主要的依赖于三产的发展空间。

（2008年4月）

# 第三篇
# 城市发展与城乡统筹

# 都市圈发展要发挥市场配置资源的作用

2012年8月11日，由国家发改委城市和小城镇改革发展中心、财讯传媒集团、北京大学国家发展研究院三方发起主办的“中国城市发展论坛”在河北崇礼召开。国家部委有关领导、城市市长、专家学者、企业家、媒体人共200人参加了论坛研讨。在论坛上，李铁就相关议题发言。以下是根据本人在论坛各环节的发言稿整理。

## 一、中国都市圈具有特殊性

中国的都市圈目前来讲跟国外比还有一定的差距，6.9亿的城镇人口基数，这和世界任何国家都不一样。比如巴黎都市圈、英国伦敦都市圈等，中国有多个都市圈，这是区别于其他国家的特殊性。

中国都市圈处于增长中，我们比较关注城市群，其实关注的是城市群的“核”。假定一个主城区人口在400万以上的城市，我们认为它仍然处在内敛集聚的过程，这是中国城市群的“核”的发展方向。

中国现在的都市圈现象很大程度上受到行政干预。都市圈虽然形成了，但是它对外来人口是排斥的。世界上其他国家的都市圈从来不排斥外来人口。我国城市化过程中，城市发展越大，对外来人口的排斥越强，原因在于现行的户籍制度。不能把各种要素集中到都市圈了，却把人口排斥在外。所以在这种状况下谈中国都市圈的问题，一定要谈都市圈的城市、核心圈和周边的城市人口的合理配置问题。

我国都市圈的“核”都是行政等级特别高的城市，一般都动用大量行政资源来维持城市核心圈内原户籍人口及特殊群体利益。我们在讨论北京市未来的流动人口发展规划的时候，提出首都都市圈发展，有一个最大的限制因素就是“保稳定”。因为“保稳定”的压力，很多要素价格失真。

当城市要“保稳定”，把要素价格压得低，反而会导致人口大量流入。目前中国的都市圈核心城市一般都通过各种行政手段让资源向大城市集中，这和世界其他国家非常不一样。改革就是要在排斥行政干扰基础上形成合理的资源配置，使人口的迁徙不受行政的干扰。

从另一方面而言，中国已经形成了多个都市圈，郑州、武汉、西安、成都等，城市的核已经做大，但在都市圈人口扩张的时候，如何处理和周边城市的关系，形成合理的资源配置，是政策研究的难点和重点。

## 二、中国都市圈内的城市是竞争关系

中国无论是都市圈还是城市群，其内部的城市大多是竞争关系，而不是互补关系，行政力量的封闭大于市场力量的贯通。环北京经济圈很多县市召开有关研讨会的时候，各地都提出了和北京竞争的概念，同步竞争。而在一些较远的城市，市场力量在发挥着作用，像崇礼、张北、秦皇岛、廊坊等。

要研究都市圈“退二进三”的过程。大城市发展到一定程度就要经历第二产业退出，第三产业集聚的过程。现在北京服务业已经占到75%，它的工业是要外移的。第三产业经历到一定程度还有个释放过程，向周边城市释放。所以我们看到北京的旅游业在向周边释放，星期六相当多的车都往周边的城镇和乡村开。这种市场化作用，我们通过什么方式给它强化？我们对城市化的发展规律，对于整个城市之间的相互关系的理解，对于我们自己判断这种差异化的东西，确实还存在认识不足。河北很多的城市，特别是环都市圈的城市，都在提出和中心城市一样的发展路径，这会出现很多发展上的偏差，这种偏差会导致在竞争中出现问题。比如河北大厂，它跟北京搞一样绿色高档的住宅、房地产，怎么能搞过北京呢？肯定搞不过的。

在行政力量主导过程中，它仍有强大的市场潜力，这种市场潜力需要我们正确认识。真正的补偿在于交通设施的建立，就是在环北京经济圈里头，基本上不是以高速公路，而是以轻轨铁路为构架，使环北京经济圈形成一个合理的发展方式。

## 三、促进都市圈发展的几点建议

第一，要促进农民工的市民化和人口的自由迁徙。

第二，减少等级化的行政管理作用，减少过多的等级资源配置。

第三，促进更多政策支持人口流向的地方。现在大城市不让进，流动人口就去周边小城市，只要人口向那里去，政策应该更多的给予支持，包括运用所谓宏观调控的力量。

第四，城市化发展是一个三产集聚的过程，要注意促进服务业的发展。现在很多发达省如浙江、江苏、广东等，还在强调工业主导模式，应该进行反思，特别是中小城市。

（2012年8月）

# 环首都绿色经济圈值得商榷

河北的环首都地区存在大面积贫困，放弃发展、不让他们脱贫显然在政治上是不可行的。但如何发展环首都地区？河北目前的思路是否可行？《21世纪经济报》（以下简称《21世纪》）专访城市规划专家、国家发改委城市与小城镇发展研究中心主任李铁。

李铁认为，首都经济圈实质上是特大城市经济圈，环首都经济圈的概念并无不可，实际上它已经存在，只是不同于长三角的那种以工业为特征的经济圈，而非要界定为环首都绿色经济圈则是值得商榷的。他还强调，要遵循特大城市辐射扩散的规律，而不应用行政手段强行扩散，否则环首都经济圈只会与首都迎头相撞。

## 一、要区分经济圈和绿色经济圈

**《21世纪》：**目前，河北正大力推动环首都绿色经济圈建设，这个发展规划是否可行？为什么？

**李铁：**首都经济圈不一定非要界定成绿色经济圈。经济圈内容很广泛，只要和北京的产业形成互补、形成合理的资源配置，发挥好作为北京这个超大城市辐射效应和扩散的承接地的作用就行。因为各个城市、各个地方发展阶段不同。当然，我们现在强调低碳、生态、绿色，如果非要把它界定成绿色，就要分析环首都这个地带里面，哪儿是绿色的，哪儿不一定做绿色的保护。北京北部，河北承德、张家口，包括保定的一部分，这些可能会受绿色的保护，因为它是北京的上风上水地区。

---

本文是《21世纪经济报》记者刘玉海专访作者的一篇报道。

发展环首都经济圈没有问题，但环首都绿色经济圈，是可以商榷的。经济圈和绿色经济圈，这两个要区分。

**《21世纪》：**环首都绿色经济圈是作为首都经济圈的组成部分提出来的，理由就是，全球范围内存在广泛的首都经济圈现象。首都经济圈模式在中国是否适用?

**李铁：**所谓首都经济圈现象，实际上是特大城市经济圈现象。有的国家首都很小，比如美国的华盛顿；而有些国家的首都和经济中心结合得很紧，像法国的巴黎、日本的东京；而有些特大城市经济圈和首都毫无关系，如美国的纽约、芝加哥，都不是首都。世界上其他一些特大中心城市也不是首都。

而有的是首都，但不一定是经济圈，比如东京，虽然人口很多，但它是阪神工业区，是个工业带，而不是东京工业圈。

**《21世纪》：**对发展环首都经济圈的担忧之一是，北京目前的城市状况已经比较糟糕，如果再在它外面环一圈，会不会成为北京市内“摊大饼”的扩大版，并进一步恶化北京目前的形势?

**李铁：**不可能恶化。如果说“摊大饼”，北京16800平方公里，现在才1900万人，在这里面并没有环一个大圈。再者，北京这么大的城市，对周围相邻区域，一定要承担这个特大城市的产业、人口辐射作用和带动作用，这也是正常的。而且，这些临近区域的发展可能使整个区域或者城市群的资源配置更合理。当然，它一定要靠市场作用，而不是行政指令。所以，环首都经济圈不存在“摊大饼”的问题。

## 二、环北京经济圈应以服务业为特征

**《21世纪》：**河北省曾长期致力于环京津的区域发展战略，但与京津的合作一直没有能够拉动河北的发展，您认为原因是什么?

**李铁：**在中国提出环首都经济圈，有一个特殊的城市管理体制和发展环境问题要注意。我们现在的城市发展模式是以行政区划为中心，经济的增长、人均各种水平的提高，都是以户口为标准。环首都经济圈发展需要注意的一个最大问题是，各个城市的利益和区域利益可能是相互竞争的。所以，当河北提出环首都绿色经济圈，希望分摊北京的一些资源，或者希望把北京的一些产业能拿到河北来，就可能是一厢情愿的想法。

当然，并不是说有竞争就不会形成经济圈。北京和上海不同，它主要是第三产业，占75%。因此，它向周边扩散的主要是服务业，大量的消费要到周边去。北京人口旺盛的购买力和生活内容的变化，使旅游、度假、休闲、餐饮等带动了北京市周边和河北地区的服务业发展，这就形成自然的经济圈。此外，北京地价过高，这就使得离北京较近的地方房地产发展获得推动力量。环北京这个经济圈的特点跟长三角完全不一样，它是以服务业发展、旅游业发展为特征。

从河北来讲，它需要发展环北京经济圈，北京也希望把它的城市人口向外扩散。但是河北提出的环首都绿色经济圈，思路上有一定的问题，是跟北京同步竞争。如果河北换一种思路，按照市场化的原则形成互补，比如说，按照现有形成的这种产业格局、消费格局来确定规划、建设基础设施，就会是一个现实可行的选择。北京现在有将近上千万外来人口、流动人口，河北是不是可以在这方面独辟蹊径，给这些农民工和城市流动人口创造一些发展的空间？这有利于河北的城市发展，有利于要素流动。这是一个现实选择。那么在这个基础上河北可以和北京合作，这个合作是现实可行的。

（2011年12月12日）

# 关于北京郊区发展的几个问题

前些天我在北京参加了一个关于冯村郊区城市化的研讨会，会上许多专家都谈了自己的观点，认为冯村这些年依靠企业的发展带动了全村的致富，已经率先实现了郊区的城市化进程，应该被认为是郊区城市化值得推广经验的一个重要案例。我在会议上，就有关城市化的问题谈了自己的看法，结合冯村是否可以作为郊区城市化的典型，还想再多说两句，顺便也对北京城区向郊区消费的转移，对北京的城市化产生了什么样的影响，谈一下自己的看法。

## 一、什么是城市

为什么要提出这样的问题，可能还是很多人对于城市化并没有基本的认识，主要原因是对于城市的涵义并不了解，其次是对城市化的概念也不十分清楚。

先说城市，普遍认为城市最重要的特点是人口的集中度要达到一定的规模，美国的标准是人口在单位规模空间内达到3000人以上。所以美国的城市和小城镇有着明显的区别。在中国，对于城市的概念更为明确，5万人以上人口集中的居住规模才可以成为城市，不足的一概叫做乡镇，在统计上列为农村的范畴。这是不同国家对城市认定的方法的不同。但是这里有一个十分明确的概念，作为城市，人口集中度要高。但是仅有这一点是不是可以构成城市了呢？可能我们还要从另一个角度来考虑问题。

城市是开放而不是封闭的。所谓开放，意指人口的流动和要素的流动是开放的。对世界上其他国家而言，人口自由流动是基本条件，任何人都可以到城市里居住，即使是一个小镇。就更普遍的范围而言，城市的要素流动也是开放的，就是资本的进入和流出，土地产权的置换都应该是对城市居民和全社会进行开放的。在新中国成立初期，城市人口基本是开放的，人口的进入并没有严格的地域色彩，但是因为历史的原因，在一定的时期内，开始限制了新的人口的进入，并形成严格的户籍制度。但是城市在各种产业的进入、资金的投入以及土地的开放性的扩张等方面具有一定的开放性。改革开放以后，人口流动的开放性也在日益增强。

城市是具有辐射功能的。就是城市作为商业或者经济中心，一定会对周边地区的小城市、小城镇或者农村发生辐射作用。无论是在公共服务还是市场服务上，还是从经济的带动上，或是从市场的交易等方面都可以有所体现。在中国，无论是各级城市还是小城镇，无疑都具备了以上各种功能。

从以上三个条件来看，北京郊区一些经济十分富有、人民生活水平已经达到甚至超过城市居民的村庄，是不是可以作为城市来看待呢？恐怕还是应该有所质疑。因为这里的社区是封闭的，公共服务是自给自足的，产权和土地是严格限制在集体所有制下，而且严格限定在集体成员内分配，人口的进入条件比城市的条件还要严格。虽然基础设施、人均收入、公共服务水平等方面可能超过了城市的水准，但是由于其封闭性的特点，我们很难把它和城市或者城镇等同并论，我们只能把它作为一个高度发展的农村社区或者集体社区。说是农村社区，意指传统的农村集体经济组织。所谓集体社区，就是在就业方式上摆脱了农业的范畴，但是相当于一个高度发达的公有制基础下的特殊的类似于公社式的社区组织形式。还有，这个社区虽然它通过企业收购和兼并的形式扩展到全国各地，但是就社区本身的空间范畴来讲，并不存在着真正的辐射能力，社区的人口和设施也相对封闭，功能相对单一，还不符合城镇的各种条件。因此我们只能把它作为社会主义新农村建设的典范或者新集体经济社区建设的典范。

## 二、城市化的含义代表着什么

近些年，很多文章讲话都是在讲城市化，但是对城市化的理解却有很大的偏差。在国际上城市化的概念十分清楚，就是城市人口占总人口的比重增加的过程。也就是说多少农村人口通过工业化进程，转变成城市人口。在我国，情况比较特殊。一是人口众多；二是存在着城乡二元的户籍制度；三是土地的所有权区别了城乡人口的划分。前两个问题比较好理解，为什么土地所有权决定了城乡人口的划分？主要是因为，在集体土地公有制条件下，即使是就业方式发生了变化，只要是享有集体土地分配的份额，在很大程度上成为自己作为农民身份难以更改的前提。当然在很多大城市的郊区，已经通过行政手段强迫这部分农民改变身份成为城市市民。特别是第五次人口普查以后，在城市打工的农民工也被界定为城市人口，但是却不能享有与真正的城市人同样的公共服务标准。

所谓城市化，就是要使一部分农村人口转变为城市人口的过程。这里可能具有以下含义。一是从户籍上转变为城镇居民，这是我国特有的国情所决定的。二是能够同等权利的享受城市的公共服务水平。三是在原有的农村地域中，一部分村庄和小城镇直接地转变成为人口大规模集中的开放性的城市和城镇。

把农民的户籍身份改为城市市民，这是目前比较普遍的做法。例如，把镇和乡改成街道办事处，强制性地统一改变身份。有的地方为了提高城市化率，增加政绩。有的地方为了强制性征用农民土地。原因很多，但很少是农民自愿的。在我看来，其实最重要的是原来的农民是不是能够同等地享有和城市市民一样的公共服务，然而这也是在中国城市化进程中最为困难的选择。虽然统计上可以把在城镇就业的外来农村人口作为城镇居民，但是在公共服务上的差异和不公平仍然是显而易见的。

在一些原来的村庄，由于经济上发展较快，直接改行政体制为城镇，这样的例子也不少。例如，天津的大邱庄、北京的韩村河、河南巩义的竹林镇等。村改镇之后，原来的村庄的集体经济的建制被打破，一部分村庄的集体经济收益，除了部分的股份化外，还有一部分转变为税收，转而用于城镇的基础设施建设，人口也从原来的一个村的规模扩展到兼并了许多村，村庄的所在地成为了城镇所在地，村庄的基础设施的内容就发生了变化，一方面要考虑到人口的集中，另一方面还要有较强的公共辐射能力。这样的村庄通过自身的经济发展和行政体制的变迁，可以说完成了城市化进程。尽管在村庄原组织体系内部，还有着大量特殊的集体经济组织内部的权益，区别于外村和外来的人口，但是毕竟村庄已经向开放型的城镇发生了实质性的变化，可以说这就是自身完成城镇化进程的一个重要的特点。

## 三、北京市郊区的城市化该怎么搞

北京市郊区的城市化有几个特点。一是，城区摊大饼似的向外扩张，一定会把一些原来的农村纳入到城市建成区的范畴。虽然在这个过程中，还会在一定程度上保留着“城中村”，但是仍然改变不了这些村庄已经被城市化的现实。二是，一些近郊区的小城镇随着经济的发展和人口的扩张，特别是大量外来人口的进入，城镇的人口规模大幅度地增加，城市化的进程也大大加速。三是，一些城市的居民到郊区发展，带来了郊区村庄和小城镇人口结构和经济要素的变化，实际上也等于推进了郊区的城市化进程。

但是，是不是所有的经济发展到一定水平的村庄全部都要实施城市化进程呢，具体问题还是要具体分析。

### 1. 要尊重农民的意愿

农民是否愿意到城市和小城镇居住，应该尊重他们自身的选择。目前看，只有在得到足够的补偿之后，农民才有可能愿意实现这种身份的转变和空间的搬迁过程。因为转为市民是要付出成本的，由谁来付出这个成本呢？房地产开发可以带来成本的补偿，甚至还可以得到更高的补偿代价，农民在通过开发中获得补偿后完成城市化进程，这是符合自愿的原则的。可是在远离房地产开发的农村，即使农民已经通过非农产业致富，农民是否在得不到补偿的情况，愿意搬迁到城镇或者城市中去呢？如果有了足够的能力，可以有这样一批先富起来的农民进城居住。但是对于整村农民来讲，这样的成本不是每户都可以付得起的。所以，当农民没有自愿去进城或者整村搬迁，强制性地规划这样的搬迁可能是不合实际的。

**2. 谁来付出城市化的成本**

上面已经说过，房地产开发商可以付出成本来完成开发所在地农村的城市化进程。但是远离这些地方的农民如果要完成城市化进程，应该由谁来付出成本呢。例如像宋庄这样的村镇，城市居民可以到这里来购买住房，形成平等的交易，换取农民进城的成本。但也不是大面积的，只是村庄的原有组织体系被打破了，被动地实现了整体城市化的进程。但是在其他地方比如怀柔的官地村，那些村庄的村民是不是一定要实现城市化进程？这样的村庄在北京的远郊区比较普遍。其实，这里的就业条件如此之好，可谓借着北京人消费郊区化的特点，靠山吃山，靠水吃水，没有人为了所谓的城市化放弃自己如此好的经营环境。因为放弃了这个地方作为农民的特殊而又极为有利的身份，那就等于放弃了就业和致富的本钱，这样的成本没有人愿意承担。

**3. 搬迁了或者转户籍了不等于就完成了城市化进程**

在近郊的许多农村的农民已经从事了非农产业，城市的基础设施也在逐步地向这些村庄延伸。虽然他们仍然居住在原有的村落里，但是居住的边界已经和城市建成区混杂在一起，有的就是以“城中村”的形式存在。这些人和城市人的区别是什么？其实区别就在于，他们有着自己的一份公有的土地，因此就无法享受和城市人一样的社会保障。这仅仅是身份的差异以及由此而产生的公共福利的差异，并不意味着他们仍然是农民。实际上，在国外，当所有的土地都是私有的情况下，没有人会因为土地所有权，而界定为农民。在中国，我们虽然从土地所有权上判定他们是农民，但是实际上他们只不过是一种有着自己土地的城市市民，他们已经完成了自身的城市化进程，只是如何在认定他们享有自己土地收益的同时，考虑他们未来的社会保障和他们应有的城市市民的公共福利而已。

## 四、北京消费产业的郊区化会不会一定推进城市化

这里有一个如何认定产业的发展和城市化之间的相互关系问题。可以清楚地认定，消费产业向郊区扩展，给北京市郊区农民带来了通过服务业和休闲农业致富的机会，并且通过开展农家乐旅游休闲服务，给自己带来了财产性的收益。从就业角度的非农化来看，消费向郊区的扩张，确实给郊区特别是远郊区农民带来了实实在在的好处。但是，经济发展和就业机会的增加，并不一定伴随着城市化的出现。而且也没有必要一旦出现了这样的情况，我们就要往城市化方向进行引导。生活方式的选择是多样化的，选择城市生活只是一部分人或者大部分人的选择，但并不是所有人的选择。

还要说明的是，在中国这个人口众多的特殊国情条件下，即使是城市化率达到了一定的水准，我们还是要认同有相当大一部分农民仍然不得不生活在农村。因此，我们提出的农村经济发展要走两条路：一是稳步地推进城市化进程；二是要把加快社会主义新农村建设作为长期的战略目标来考虑。虽然在北京，农村可以享受到逆城市化进程带来的种种好处，例如，消费向农村的扩展，城市市民到农村的居住和购买住房，一些投资者到农村兴办各种规模的休闲产业等。但是，这些都不可能改变农村的既有形态，也不可能一定要把他们推进到城市化的浪潮中去。而且正是这样具有特色的农业产业，休闲性的农村服务业，散居的农村田园生活方式，不仅仅会使一部分农村人从这里得到生活和就业的乐趣，还会使一部分城市人向往着这样的生活。对于他们来说，作为政策的制订者既要尊重他们生活选择的自愿，同时又要尽可能更多地把社会的必要的公共服务设施向他们提供，使得北京市郊区的新农村建设得更好。

多少年来，我们很多政策制订者按照城市人的思维方式来改造农村，用城市人的视觉观点来塑造农村，在农村也多多少少地出现了一些形象工程。其实，我们应该反思的是，不应当要求农民做什么，而是想一想能够给他们提供什么。其实，只要是把路修好了，把卫生设施搞好了，饮水安全了，环境的污染减少了，垃圾有地方去处理了，能够提供

的各项公共服务尽可能地缩小和城市的差距。至于农村的未来到底是什么，农村的发展前景到底是新农村还是城市化，还是应该交给农民自己来决定。从这个观点来看，城市化不是北京市郊区农村发展的必然之路，也不是唯一的道路，因此规划的制订更应该尊重郊区农村发展的现实。只有这些思路明确了，尊重了农民的自愿选择，并且不失时机地给予他们更多的服务，我们规划城乡统筹的目标也就实现了。

（2010年11月8日）

# 北京市小城镇发展的几点看法和意见

支持北京小城镇的发展，应该注意到北京市小城镇发展的过程、现状以及特点和全国其他地区特别是沿海地区、其他特大城市郊区小城镇的区别，了解我们的小城镇和国外发达国家小城镇的差异，才有可能有针对性地制订各种支持政策，并取得良好的效果。

## 一、北京市小城镇发展的特点

如何看待北京小城镇的发展，可能要针对北京市郊区发展的独特进程来考虑。因为毕竟这些小城镇的发展，过于依赖北京市区的发展，在很大程度上，受到北京城区经济和社会发展的强烈的辐射和影响。

**1. 北京市小城镇的发展并不是建立在乡镇企业发展的基础之上**

这和全国其他沿海发达地区小城镇发展的路径明显不同。长期以来北京市作为行政和政治中心，工业发展的水平相比于上海和天津有着比较大的差距。在20世纪80至90年代，北京市对郊区的工业辐射能力不强，造成了北京市小城镇在发展工业上，相对滞后的局面，因此，小城镇的镇区人口和建设规模相对较小。虽然在90年代，曾经有过北京市城区的企业退二进三的发展过程，但是在城区退出的工业企业，一般都进入了县区的开发区，在小城镇落户的企业，并没有对小城镇的发展形成重要的支撑。

**2. 北京市小城镇的发展，更多地受到北京市城区第三产业向外扩张的影响**

这里包含了两个方面的因素。一是城区基础设施和房地产向郊区的扩展。近些年，北京市城区摊大饼式的向外发展模式，受到影响最大的莫过于北京市郊区周边的小城镇。房地产开发向郊区的扩张速度之快，已经把一部分近郊区的小城镇纳入了城区的范畴。还有一些小城镇由于独特的区位和自然景观优势，也被列入了房地产商开发的目标。在这些房地产进入的小城镇，原有的城镇人口结构发生了根本的变化，而房地产开发形成的巨额土地出让收入，也使得小城镇的财政能力有了较大的短期增长。二是城市居民旅游消费的向外扩张，在很大程度上改变了北京市郊区小城镇的产业结构，适应于城市消费群体的各种旅游业、餐饮业等应运而生。从某种程度上看城区消费向郊区的扩张，更多地改变了农民的收入结构，使得农民迅速地调整了农业的经营方式，发展了适应城区居民旅游和消费特点的一产和三产相结合的生态、采摘以及农家乐等经营模式。随着农民收入的较大幅度地提高，也在某种程度上，要求农民改变传统的居住模式。从目前看，这种影响还没有直接涉及人口向小城镇的集中，但是，已经在一些重点旅游区域改变了传统村庄的居住形态，围绕着这些旅游消费区域，有可能产生新的郊区居民的居住区。三是，城区人口自发地到郊区购买和兴建住房，改变了传统的农村区域的人口结构。而且由于城区人口向小城镇范围内选择性地独特的群体迁居行为，又带来了这些小城镇的产业特点的变化。比如，画家和其他艺术家相对集中的小城镇和村庄，也带动了郊区的文化产业的发展。

**3. 由于北京市城区辐射能力的差异，造成了北京市小城镇在发展水平上的不平衡**

近郊区，主要是受到房地产开发的影响，土地价格升值潜力较高，基础设施改善的预期较好，只要政策和时机得当，在一定的时间内，可以被城区所覆盖。中郊区，基本上在六环以外的小城镇，由于自然景观的特征和在一个小时到一个半小时的交通半径之内，旅游业的发展十分迅速，因此带动了农民收入水平的提高。如果未来规划合理，产业布局得当，小城镇的发展，也有较大的潜力。远郊区，从目前看来，受到旅游的影响有限，但是农业结构调整的幅度相对明显。对小城镇人口集聚和财政收入水平的提高不会产生太大的影响，但是应该注意到，这些小城镇和村庄基础设施改造和加强公共服务力度的需求还是十分迫切的。

### 4. 市场的力量在北京郊区的小城镇和农村发展中占主导地位

因为无论是从房地产开发还是消费性的扩张，对于北京市小城镇的影响基本上是遵循着市场规律的。虽然政府也发挥了重要的作用，积极改善了交通基础设施条件，减少了城市居民去郊区消费的一些瓶颈，并在最近几年加大了对郊区的交通设施的投资。但是，从北京市居民的消费需求看，这种到郊区消费和发展的动力还是十分强劲的。所以，面临着消费市场向外扩张的十分强劲的动力，政府的公共政策和投资导向还有很大可发挥的余地。如果注意一下数字的变化，北京市服务业的消费呈增长的趋势。但是从直觉上看，北京市居民向郊区扩张性的消费也在与日俱增。随着基础设施条件的改善和政策的逐步引导，城区的扩张性消费的潜力巨大，很可能在未来的一段时间内，继续给农村的发展带来重大的变化，也会直接影响到小城镇的发展。

## 二、当前应该注意的一些政策导向型的问题

针对北京市小城镇的发展，从1996年以来，北京市有关部门一直在探索，并针对北京市的实际情况进行了一些非常重要的改革的尝试。其中最主要的改革是在37个小城镇试点进行了户籍制度改革和土地出让金收益留成的改革，同时也允许一些小城镇自己成立了开发公司进行房地产开发。在这些改革措施中持续时间最长，效果最为显著的是户籍制度改革，试点小城镇政府，通过这项政策，积累了大量的资金用于小城镇的开发和建设。但是评价这项改革最重要的成果，并不是真正地解决了农村人口向城镇转移的问题，而是各个镇级政府通过户口的有偿出让，并配套购买住房，使得财政收入有了明显的增长。而进入小城镇落户大部分是高考移民，而其中一部分则是外来的城市流动人口。

评价这些改革的最重要的意义是，在探索和尝试过程中已经积累的经验，当然最重要的是，改革带来的收益，是不是转化为政府有效的公共服务。可以说，试点小城镇的城镇面貌有了很大的改善，基础设施建设水平有了明显的提高。但是，政府在获得了大量的收益之后，投入的导向也造成了一些严重的浪费，绝大部分小城镇，都不同程度地修建了

一些政绩工程，虽然产生了城镇面貌改善的视觉效应。但是从公共服务的角度上看，还是与城镇居民和管辖区农民的直接的公共需求有了较大的偏差。

小城镇的发展到底要解决什么，可能是自十五届三中全会提出“小城镇，大战略”以来，一直值得反思的问题。从制订政策的角度出发，在20世纪90年代中期，支持小城镇的发展，制订的有关改革政策，主要是为城镇化发展的政策出台破了题。也就是意味着，在小城镇开始进行与户籍制度有关的改革，就是要打破实施长达几十年的城乡分割政策，促进农村劳动力向城镇流动，最后完成农村人口向城镇人口的转移。这项政策的实施，就是要在稳定的前提下，逐步向各类大中城市过渡。所以在小城镇进行的各项有关改革的最终目标，是在小城镇创造集聚人口的有利条件，特别是创造产业发展的条件，以利于农民进城集中就业，开辟城镇化的进程。

但是，从改革的实施进程上看，近些年，有关部门在制订小城镇发展的政策中，一般是把建设城镇放在一个重要的位置。更多地注重了城镇形象的塑造。在这样的情况下，就使得公共资源的投向，更多地注重了城镇视觉目标的改善，使基础设施建设更有利于在城镇居住的人口的公共服务。结果是一方面浪费了公共资源，另一方面也抬高了城镇的就业和定居成本，使得农民在向城镇迁居的意愿下降。因为没有稳定的就业和方便便宜的居住条件，搬迁成本一定会使本地的农民望而却步。所以从北京郊区的小城镇改革实践的效果看，并没有从根本上改变城乡居民居住和就业分布的格局，除了一些房地产开发迅速推进的近郊小城镇之外。

如果说在北京，促进小城镇的发展，除了要考虑是不是有利于当地农民向城镇定居和就业之外，还应该考虑的问题是，在这里，能否为在北京市长期就业的大量的外来人口提供居住的空间。因为城市中心的高房价一定会使这些长期就业的打工者向定居成本较低的郊区转移。但是，从目前的限制性政策，以及小城镇政府对于高价出让土地的预期来看，这些打工者还会长期保持着所谓的低成本的流动居住状态，实际上也带来了严重的社会问题。因为流动性不稳定地居住加剧了管理的负担，也带来了社会的负面作用。但是，就从当前的政策导向上看，并没有引起有关部门的重视。在促进小城镇发展的政策上，也没有进行必要的合理的安排。因此，城区内大量流动人口的居住流向是按照市场的目标进行的，大量的低水平的出租屋，较差的公共设施条件，也使得城乡结合部出现了所谓的流动人口居住区域。而小城镇在自身的发展过程中，并没有充分地利用这些未来及其具有潜力的人口资源。

由此而引发的讨论是，促进小城镇发展的目标到底是什么？是改变小城镇的形态或者视觉形象还是促进农村人口向小城镇集中？是促进小城镇产业的发展带动财政收入的增长，以此来提升小城镇政府的公共服务能力，还是通过提高农民的收入水平，发展非农产业，为农民最终在城镇定居创造条件？是重点解决城市的人口分流还是促进当地农民的集中搬迁？如果是要促进城市人口合理分流，那么是重点解决户籍人口的分流还是要把外来流动人口分流考虑在内？很多问题都会直接影响到我们的政策导向，因为毕竟我们还是要制订促进小城镇发展的战略性政策。

## 三、一些想法和思路性建议

考虑到北京市小城镇发展面临着城区辐射的影响和不均衡的实际，因此在制订有关政策时，确实要注意多元化的导向，也就是公共政策目标的多元化，这样就可以因地制宜有针对性地提出各项发展和改革政策。

在政府的资金支持政策上，是要雪中送炭，而尽量减少锦上添花。就是说根据城区向外扩张的速度和范围，划分政策重点支持的区域和范畴。对近郊区，要通过政策，尽快地促进符合规划的开发，让当地居民尽快纳入城区的公共服务的范畴。要鼓励城市的基础设施加快向这里延伸，改变当地居民的居住和生活的基本条件。对城市消费的重点辐射区域，要加大投资力度，改善交通和基础设施条件，提高公共服务水平，增加对城市消费群体的吸引力。对边远郊区，要改善基本的公共服务条件，减少和城市中近郊区的公共服务的差距。

要转换观念，调整小城镇发展的思路，把政府的政策目标定位在对管辖区域居民的公共服务上，特别是要加强对农村居民的公共服务。要鼓励小城镇政府，争取把有限的资源重点用于改造当地居民和农民的生活和就业必需的公共品提供方面。要解决道路、给排水、垃圾转运和处理以及清洁卫生等方面的问题，杜绝搞形象工程和视觉工程。政府在提供公共服务时，要有助于改善服务业就业的基础设施条件，创造有利于人口密集和建设相对集中的居住区和商业区，提供服务业充分发展的空间条件。

要加大改革力度，吸引社会资金参与小城镇的发展。特别是要鼓励城市居民到小城镇来投资，兴办各种类型的企业。政府要制订有关政策，鼓励城镇居民到小城镇购买住房或者租赁住房，从事各种类型的经营活动。城市居民到小城镇范围内购买和租赁经营住房，应打破集体建设用地和农村宅基地的限制。

应制订有关政策，允许农民在自己的宅基地和建设用地上，获得财产性收益。已经从事非农产业并在城镇购买住宅的当地农民，应允许他们把自己的宅基地住房转让或者出租给城市居民。在旅游业发展条件比较好的地方，也应允许当地农民按照规划，自己建立各种服务业的小型经营场所。把农家乐的经营形式进一步扩展，发展小型的餐饮业、小旅馆、小酒店等适合大众低水平消费的各种服务业形式。

要引导小城镇政府，调整吸引大投资、办大型服务业的做法，把适合开展服务业的旅游资源，更多地让当地农民和居民分享。政府要在餐饮业、娱乐业、旅店业等方面，加大对农民的培训力度。让他们成为旅游服务业的经营主体。农民可以从旅游业的收益中，获得稳定长期的收入，为他们未来的身份转换和城镇化进程，创造有利条件。

要做好小城镇的各项规划。要在调整小城镇政府公共服务目标的基础上，做好小城镇经济社会发展规划，并引导其他各项规划的编制。要在规划中有效利用小城镇政府的各种公共资源，防止大搞形象视觉工程，要充分利用小城镇的现有空间和形态布局，顺势而为，制订有利于服务业充分发展的小城镇相对紧凑布局、节省土地的空间规划。

（2008年5月）

# 对上海市推进城乡统筹和小城镇发展的几点想法

我已有很多年没有到上海郊区了，原以为上海市的发展一定会带动郊区经济和社会的发展，但是这次明显感觉到上海市城乡经济社会发展的反差之巨大。毕竟二十年前，对上海郊区的了解主要是因为乡镇企业的发达，农民收入也是全国水平最高的。当时在一些高层的讨论会上，主要观点之一，就是上海农民翻建新房的速度之快。可是这次看到的完全超出了我的想象，在途经的几个镇的农村，农民住宅破旧，已经远远落后于广东、浙江和江苏的发达地区。城乡收入差距和北京相比，虽然略低，但是差距扩大幅度却大于北京。

在郊区基础建设的投资上，与北京相比也有较大的差距。通往城市郊区的高速公路和乡村道路水平不高，而且质量较差。甚至在高速公路主干线上，由于长期失修，造成的车辆颠簸也十分严重。

是什么原因造成了如此的结果？据我所知，上海市政府为郊区的发展、小城镇的发展，花费了很大的精力和投入，从每个村的公共服务中心，就可见一斑。但是只要把政府的投入和农民自身的住宅以及村庄的基础设施相对比较，差距仍然明显，值得进一步的反思。

## 一、是不是发展思路出现了问题

20世纪90年代末，我们试图在上海抓小城镇试点的时候，就注意到了上海市政府提出的“一城九镇”的规划。这次了解到了“一城九镇”的现状，发展的结果与当时的设计相距甚远。松江区的新城，已经完全发展成了一个现代城市，当地政府领着我们参观的泰晤士小镇，俨然是一个城市房地产开发的样板。

在调查中，从地方政府官员的座谈透露出来的发展思路中，我明显地感觉到，上海这些年对于郊区的发展，基本的出发点表现在三个方面。一是政府主导型的郊区发展思路，从市区到镇，制订发展规划的时候，一直在强调着政府的作用，政府的开发、政府的招商引资、政府的规范管理等等。二是城市主导型的郊区发展思路，把郊区作为城市的附属品，未来城市房地产开发和产业布局的预备空间。从“一城九镇”的发展思路上，清楚地可以看出，所有郊区小城镇的布局，要符合大上海的发展战略的要求。三是计划经济的主导思想，按照市政府有关部门提出的思路和计划性的投资和土地指标的安排，来解决郊区的经济社会发展和公共服务问题。

从区（县）镇两级政府看，地方政府的官员在上级主导下的开发思路上，也存在着等政策的现象。特别是强烈地依赖于建设用地指标的放松，来带动工业或者房地产业的开发。

从实际的发展趋势上看，上海仍然没有摆脱内敛式的发展趋势，投资的重点在城区和浦东新区。居民的消费趋向和住房投资选择，也在城区。从表面上看，上海似乎没有出现逆城市化的发展趋势，上海居民消费的郊区化现象，还没有大规模地出现。在这样的情况下，去理解城市和政府的主导型发展思路，可能也是造成上海市城市发展趋势过于内敛的结果。

## 二、是不是上海的内敛发展趋势会可持续呢

从一般的城市化发展规律看，像上海这样规模的城市，早就应该出现外延型扩张了，或者郊区化发展的趋势。也可以把这种发展趋势归结为逆城市化进程。例如，北京，在20世纪90年代中期，就已经出现了明显的逆城市化发展趋势，几个最明显的表现特征是：一是城市的退二进三政策，使得一大批原来处于城市中心的工业企业向郊区转移。二是城市房地产向郊区的扩展，虽然有摊大饼扩张的问题，但是，许多原来作为郊区的小城镇，随着房地产的开发，逐渐地被纳入了北京市的城市化进程。三是消费的郊区扩张趋势，影响到郊区休闲旅游业的发展。

国内城市发展向郊区扩张的趋势，在广州和成都也十分明显。广州

的房地产开发，明显地向郊区延伸。而同时，外来人口郊区化的特征也比较突出。成都虽然房地产郊区化相比于北京和广州没有那么明显，但是成都居民郊区消费的热潮从20世纪90年代开始，一直影响到了全国。最为著名的就是“农家乐”，给农民带来了收入的大幅度增长。

从国外的经验看，城市向郊区的发展，也比较突出。东京向郊外发展，带动了郊区的房地产业的发展，也有利于城市人口的分流，降低了城市居民住房价格居高不下的压力。都市圈向郊区的休闲式消费扩展，也开展得十分火热。东京一个小时交通半径内的各种郊外休闲旅游发展也十分旺盛。城市发展到一定阶段，郊区化是一个必然过程。这已经被发达国家城市化的历史所证明。

上海会不会出现郊区化的浪潮，我想可能也不会违背城市化发展的基本规律。但是，是适时推进，还是在进行着各种政策限制，也是影响到上海逆城市化进程的一些重要原因。从上海本身的动力来讲，原来的城市发展导向的郊区模式，也似乎要推动郊区化的发展进程。从另一方面看，最近几年，上海郊区农家乐的兴起，也说明上海居民的消费也在逐步由城区向郊区转换。另外，上海城区内高楼林立，房价畸高，从居住和消费环境上，也迫使市民化社会，开始寻求多样性的居住和消费形式，郊区从房价、空气和环境上，无疑是最好的选择之一。

从以上经验和分析出发，上海市的发展一定会出现逆城市化的趋向，城市郊区化的趋势是不可避免的。如果站在城乡统筹的角度上看，内敛式发展的不可持续性，促使各种消费的动力必然向周边农村扩展，可能为将来的城乡统筹的发展和小城镇的发展带来最好的契机。

## 三、应注意到市场力量在逆城市化进程中的作用

改革已经进行了这么多年，我们应该清楚地看到，市场所占有的资源已经成为经济社会发展的主导力量，在上海也不例外。因此在推进地区经济发展中，应该重视市场自身的调节作用，充分认识到市场的要素自发流动的方向。有一部分可以通过政府宏观资源的有效配置加以引导，很大一部分市场资源和要素的流动，是按照市场的规则来流动，政

府只能顺势而为。

首先，是上海市房地产开发的导向，虽然政府可以通过规划来引导，但是房地产商因为和市场需求联系的比较紧密，所以开发的选择和政府的目标不一定完全一致，甚至开发行为和导向，可能完全超出了政府的预期。国际上城市的发展由于每个城市相对的独立自治，政府干预的力量并不是很强。比如，在日本，政府和房地产开发商的关系在于政府对开发前置的投资和公共服务设施配套有强制性的要求。政府的规划要求只是明确界定了哪里不能开发，并没有特别指定房地产开发区开发什么地方。而且政府的引导性投资往往是先行，例如地铁、公共交通、高速公路等。上海向郊区扩展，一定要注意房地产商针对于住房消费市场的选择。在这个基础上，才能制订合理的发展规划，政府的政策导向。

其次，是上海的市民消费也不是按照政府的要求来进行的。市民会根据自己的选择，到郊区或者更远的地方进行休闲消费。以往市民在假期选择在家里休闲，或者在长假期到外省去旅游。但是随着长假期时间的调整，城市居民收入的增长以及消费方式的改变，郊区未来的吸引力可能会大大增加。市民到郊区去消费如果是根据自己的意愿，那么意味着我们原来选择的小城镇的发展方向和我们制订的产业结构调整的规划，是不是也应该进行调整。

再次，郊区的资源也是应该按照市场来配置的。我们只知道郊区产业分布的现状。但是对于可能兴起的各种适合城市休闲消费的市场，我们还没有足够的认识。过去习惯于政府安排或者政府所有的投资，可能在市场面前经营上不一定有竞争力，潜在的农民身上的潜力，或者民营投资者的潜力，在未来一定会发挥更大的作用。在这种情况下，政府应该做什么，是继续限制，还是积极引导。继续相信政府的规划，还是给市场留下足够的政策空间。

还有，就是未来发展的主体，也就是市场的主体，应该是依靠社会，或者民营的企业，或者外来的投资者，或者愿意到郊区投资的城市居民，或者正在郊区生存的农民。面对这些市场的力量和分散的市场经营主体，政府该做什么，应该是我们在政策制订上引起深刻反思的内容。

## 四、应该调整上海市城乡统筹和小城镇发展的思路

调整上海市城乡统筹的发展思路其实并不复杂，因为政府职能转换就是要针对市场的选择，合理地调整政府职能的定位。如果按照这个思路下去，以下几个方面可能是我们重点调整的内容。

要从政府主导型转向政府引导型。从过去政府包办的所有发展规划和思路上调整到，政府通过基础设施投入的导向，来引导市场投入资源的配置。这里最重要的是，要加大对郊区的基础设施的投入，特别是要把通往郊区或者其他省的交通设施进一步完善。要发挥交通设施的沟通和引导作用，比如说，加大向郊区延伸的城市轻轨和高速公路的建设，使得市民的出行更加方便。还有诸如教育、卫生和其他社会资源向郊区的扩展和延伸，允许一些教育卫生单位自主到郊区办学或者开办附属医院等。政府在鼓励市场要素进入农村的时候，更多的是要鼓励和允许，而少一些管理上的限制。

要从城市主导型转向城乡互惠型转变。这样才能真正实现城乡统筹的经济和社会的发展目标。要鼓励城市居民到郊区消费，要允许农村居民到城市定居，这是双向要素流动的市场型选择。郊区的资源配置和产业经营的主体，有着郊区和农村的特点，这里不仅仅是为了城市服务，更多的是要通过吸引城市的要素到这里发展，来带动郊区产业的发展，带动农民收入的增长。当郊区的农民人均收入水平达到或者接近城市居民人均收入水平时，上海城乡实现了同步发展，城乡经济和社会的统筹就会自然实现，上海市资源总体配置的空间、上海市发展的未来潜力和社会资源整合能力就会大幅度地增加。

要从计划经济的思维模式向市场经济转变。一是，要充分尊重市场主体，认清市场的力量，而不是要政府统揽一切，按照政府的计划和方针办事情。从“一城九镇”规划没有完全落实，到自上而下地制订所谓的产业发展规划和对地方政府提出的投资增长目标的要求，实际上都体现出对于市场认识的缺位。过去政府可以通过土地垄断来控制开发，当耕地占用受到严格限制，影响了发展目标的实现时，政府计划或者规划就遇到了严重的挑战。因此要特别注意到，在当前的形势下，要把郊区

未来发展的思路交给市场，要尽可能地调动所有的市场要素，来发展郊区和农村。要充分发挥农民、城市居民、外来投资多元化主体的作用。要给郊区未来的产业发展目标留有充足的空间。要让规划中尚没有认识到的小城镇和市场主体，在未来的发展中受惠，而不是通过规定动作，限制一些地方的发展，而忽视了这里潜在的市场资源。

## 五、几点粗浅的不成熟的建议

按照以上思路，我考虑为了推动郊区的发展，可能要在以下几个方面，进行政策的调整。

增加未来几年对郊区基础设施投资的力度，重点解决交通、水电和给排水的设施建设问题，特别是对村庄整洁提出明确的具体的要求。可以学习北京的经验，要求所有有关部门的一把手带队去郊区调研，让他们了解上海城乡差距的现实，由各部门自己制订支持郊区的发展规划。把各部门的资源调动起来。

学习天津经验，在郊区开展农村建设用地减少和城市建设用地挂钩。上海郊区的耕地占用已经遇到了刚性限制。但是集体建设用地的整理还有很大的空间。以往占地都是仅仅落实对农民的各项补偿，很少对农民的就业和定居进行通盘考虑。采用土地挂钩政策，就是让农民在城市开发中增加财产性收益。占用城市耕地不仅仅要解决耕地补偿问题，还要解决农民进入新居和搬迁问题。在上海，有条件实施土地挂钩政策，是因为上海的房价高，补得起，农民有需求。通过挂钩政策，既解决了新城开发用地短缺的问题，又推动了社会主义新农村建设，一举两得。

应鼓励郊区的农民利用自己的承包地和宅基地，发展第三产业，大胆进行种植业结构调整。也应允许，农民在自己的土地上，通过转让、租赁或者承包等方式获得财产性收益。应鼓励城市居民到农村投入，参与农业的经营和开发，参与各种农家乐的经营方式，允许城市居民在和农民平等交换的原则上，租赁农村的耕地和建设用地，发展第三产业。

要减少对郊区农村发展的各项限制性政策，要清理各类遗留文件，对那些有利于农民收入增加，有利于城乡经济和社会发展，有利于城乡统筹和推进城镇化进程，有利于上海社会主义新农村建设的做法和尝试，无论是居民还是农民，无论是地方政府还是外来的多元投资者，都应该予以鼓励和支持。

要给予农民在自己的土地上经营和发展的长期预期。对于已经编制但是无法实施的规划，应该重新编制。要减少笼罩在农民头上的规划限制的枷锁，允许农民在自己的土地上通过自身的合理规划，来调整产业结构，发展适应城市休闲消费的服务业。在农民使用自己的宅基地建房上，只要是符合政府规划的形态特点，允许农民增加空间来开办服务业，也应该允许城市居民到这里租赁农村用房开办旅游休闲服务业。

要采取措施鼓励城市居民到郊区消费，把城区居民向外省的消费，通过短假期的调整，吸引到上海周边来。要发展上海的周末经济，搞好基础设施建设的同时，逐步放开居民购车政策。使城市居民能迅速便捷地在上海郊区休闲消费。

要理顺市、区县和乡镇三级关系，要进一步下放权限，把发展的自主权交给基层政府。实行管理的责任和权限的一致。要允许地方根据自己的发展条件和资源配置，制订符合自己发展需要的规划，并有能力统筹资金和调配资源，针对性地进行基础设施投入和建设，吸引上海市的要素向郊区扩展。

开展试点工作，学习各地先进经验，在郊区选择小城镇试点大胆试验。要根据自己的实际情况制订改革方案，针对不利于经济和社会发展的一些限制性措施，进行改革的试验和尝试。各有关部门也要下放权限，并充分支持试点的改革政策。

改革开放三十年来，上海市在经济和社会的发展上已经起到了带头作用，并把自己的经济和社会发展的方式辐射到了整个长三角地区，带动了全国经济和社会的发展。在当今城市化快速发展的今天，上海市如何适应形势，率先实现城乡统筹，实现上海城乡经济一体化，把城市化带来的好处，分享给郊区的农民，带动周边小城镇和农村的发展，真正实现“大珠小珠落玉盘”的卫星城发展模式，重要的是敢于改革实践，敢于发挥市场的作用，敢于让农民分享到城市发展的好处。

（2008年6月3日）

# 中小城市发展要更新理念、转变方式

## ——从诸暨市发展战略规划谈起

2010年2月，胡锦涛总书记在中央省部级主要领导干部研讨班强调指出，转变经济发展方式刻不容缓，加快转变经济发展方式是我国新时期的重要战略任务。中小城市在我国经济社会发展中扮演着极为重要的角色，也是加快我国经济发展方式转变的主战场，从现实看，资源配置低效、服务业发展滞后、环境治理任务加重、贫富不均、自主创新能力不足等在中小城市普遍存在，这些“短板”制约了中小城市经济社会健康发展，也是转变经济发展方式的重要着力点。本文希望通过诸暨案例，为我国中小城市通过规划促进经济发展方式转变，提供些许建议和思考。

对于一个中等城市（发达的县级市）的规划，如果规划中找不到亮点，这就是一个失败的规划。规划的价值应该体现在什么地方，怎么体现这个价值，是用图片还是用思想体现价值，这都是非常重要的。因此，对于中小城市规划来说一定要注意一下几个方面。

## 一、站位要高，要从区域角度谋划地方发展

在诸暨市目前的规划中，该说的全都说到了。但是，我们要认真地想一想，诸暨市规划的亮点在什么地方？诸暨市的优势在什么地方？和其他规划的区别在什么地方？不要仅仅简单地讲经济社会发展和体制改革，提出一些似是而非的东西，也不是说地方主要领导说了什么、写了什么我们就认同什么。如果这样的话，那么我们的规划还分析什么？我觉得这是一个核心的问题。如何体现出我们的研究水平，如何从宏观

政策上去分析一个地区经济社会发展，如何特别说明一个城市发展的理念，一个中等城市未来的发展战略应该是什么样子，我们脑子里都应该想一想。尽管去了以后一看才发现跟其他发达城市都一样，无从下手，但是，我们首先要从整个宏观经济形势和宏观政策走向方面分析，会给未来诸暨市的发展带来什么样的影响。

最近，我国的宏观政策发生了很大的变化，影响到房地产、土地的发展。同时中央提出要求实现经济增长方式的转变等。这些政策会对城市产生什么影响？另外发达国家的城市发展理念和解决城市发展问题的办法，是不是也值得我们重视？他们是如何通过规划来体现城市发展理念，解决城市发展中存在的问题？只有从这样的高度，来判断城市未来发展的可能性，并提出问题，结合诸暨市的具体条件，才有可能制订出有前瞻性和高度的发展战略。

一个大的规划项目，不要仅突出图纸，突出形式，用一大堆图，把什么都写得很具体，这是表面文章。要突出地方特点，要对城市发展有指导意义。我觉得我们现在的规划做的还不到位，需要下大力气完善。

## 二、围绕人口，不能脱离人口谈地方发展

战略首先是人口战略。例如，我在成都金堂开会的时候，当地是一个22万人口三条河流穿城而过的水城，要规划在10年之内人口增加到50万。论坛我只有15分钟的发言时间。首先，我讲金堂位于成都郊区，虽然没有开发，但是也还没有被破坏，相当于在一张白纸上画画，这是发展旅游城市的最好机遇，这个观点他们非常同意。其次，我讲到在5到10年内人口从20万人增加到50万人，增加30万人。要进什么人？进什么产业？进高端产业不可能带来这么多的劳动力和就业。如果进中低端产业，基本上以外来人口就业为主。那政府如何解决这30万新增外来人口的公共服务问题？我讲到，旅游城市要增加人口流量，这是国际旅游城市的规律，而增加城市人口，只能增加政府的公共服务负担，加大财政支出。他们接受了我的意见，当场表示要修改规划，特别是要修改人口目标，不再一味地追求扩大人口规模。

回过头来看诸暨市。诸暨市主城区现有人口35万，到2020年要增加到50万人口。这个速度增长是不是过快？从战略规划上来讲，就要对这50万人口做出客观的分析。如果说规划的50万人口是主城区人口，从现在到2020年增加15万人口，意味着每年增加1.5万人。这新增人口是以外来人口为主还是以本地人为主？是通过扩张性地增加企业的投资来增加外来人口，并把这部分外来人口转化为城市人口，还是把一些当地户籍农民转化为城市人口？同时还要分析涉及增加人口，相应的公共服务能力和水准是不是也要相应提高。我们做的战略规划是不是要对这些给予明确的解答。

此外，如果想让当地农民转化为城市人口，那是让他们去主城区还是去其他五个辅城区？向主城区转移就涉及地的问题，未来15万人口的用地问题怎么解决？每年需要增加多少占用耕地指标？政府要增加多少公共投入，解决这15万人口的就业和公共服务问题？作为规划研究人员，我们必须系统地考虑人口的来源和需求，考虑人口和公共服务能力以及就业的相关关系，不能仅提出一个空的城市发展战略而不去解决这些事关民生的实质性问题。

“以人为本”的规划是以人为主线，也就是说，规划是以人口的迁移、就业、公共服务以及土地的规划为主线。我们的规划可以提出这些问题：首先，是50万的人口目标能不能达到？其次，是增加15万人口要增加相应的公共服务和就业问题怎么解决？诸暨市全域的城镇化水平到2020年怎么提高？新增城市人口在中心市区和各个乡镇间怎么样分布？我们都去过店口，从这里可以看到外来人口问题还没有解决。在新型城镇化下，结合店口地方实际，他们也提出了要解决一部分外来人口问题。那我们怎么样在诸暨的规划中提出整个市域的人口发展战略和城市化发展战略，并给出具体的途径和走向。

## 三、就业导向，不能抛开就业谈产业

我不想过多地去谈地方的产业问题，这是研究空间规划和经济社会发展战略规划的一个重大的区别。产业的进入随机性很强，即使现有资源十分明确，但未来产业投资的变化也是不确定的，规划的大忌是给人一个明确的产业导向。例如，明确引进什么样的企业，现实中根本做不到。但是，可以从产业结构调整，加强服务业比重，从就业导向出发研究结果调整问题。现有人口的就业和居民收入的增加是地区发展战略十分重要的内容。例如，农民收入水平如何增加？每年的增长率是多少？非农产业和农业的收入比重是多少？至少要了解到农民收入状况，才可以了解未来农民是否具备可以转为城市市民的能力。据我了解，其他类的规划很少分析这些因素。

未来就业的增长空间在什么地方？在诸暨市，一个35万近40万人口的城市，加上周边有几个十几万或几万人口的五六个小城市。是增加投资发展劳动力密集型产业，还是高附加值的产业？每一类的产业能吸引什么样的人口进来？发达地区曾经走过的产业进入途径是劳动密集型、粗放型地增长，大量吸引外来劳动力。当我们看到一个中等城市、大城市大量吸引这种企业的时候，最大的问题就是外来人口大幅度增加所带来的公共服务成本都要由城市政府来承担，给环境造成的破坏也得由他们承担。现在，对于诸暨市来说，那种廉价劳动力、廉价土地和牺牲环境换来经济增长的时代已经过去了，老百姓已经对这种方式反感了，因为已经直接影响到他们生活和生存环境了。因此，我们要提出转变经济增长方式，我们也强调诸暨市已经到了新的增长阶段。所以，未来诸暨可能面临的工业就业形势并不乐观，因为提高附加价值、提高企业技术能力的代价就是牺牲劳动力就业。因此，诸暨市未来的产业发展导向，应该是在现有土地资源承受能力的条件下，在有选择地招商投资的条件下，如何积极支持服务业的发展，这就是未来可能的就业增长空间。在调整结构的时候，置换原来粗放型企业很大的代价就是牺牲劳动力就业，但是我不认为这是一个长期并存的状况，可以逐步通过服务业发展来替换传统产业，增加就业。

在这里还需要对诸暨市的资源有清晰地了解，如生态资源、农业资源、区位资源等。诸暨距杭州90公里，诸暨湿地资源会在未来的旅游业发展上起什么作用？旅游业对于未来的服务业就业有什么样的促进作用？诸暨到底要定位于一个旅游城市，还是一个宜居宜业的中等城市？

从现在看，仅仅做一个西施故里是撑不起旅游的，如何充分利用诸暨市的湿地、五泄、汤江岩、斗岩等几个景区塑造“旅游诸暨”，需要认真地研究。

## 四、结合产业，塑造适合产业的城市形态

提到服务业置换传统工业企业，也就涉及城市形态、城市规模、城市人口结构、包括现有的资源和增加服务业就业的关系问题。虽然诸暨市主城区的城市集中度高一些，但还是要通过提高城市的容积率，提高城市的人口密度，为服务业的发展释放空间。因此，要对空间发展的格局进行明确的规划，未来人口转移、包括增减挂钩主要的置换方向有哪些选择。选择之一，增减挂钩要尽可能使一些产业向诸暨主城区集中，尽量不分散在乡镇，这样有利于实现人口增长，但是难度不小。因为要涉及大量的拆迁和较大区域的居民搬迁，有可能引发一些社会矛盾。选择之二，诸暨保持现有的规模，35万~40万人口。中国城市不是越大越好，越大问题越多，这也是区域城市功能分工很重要的特点。发展成大城市，公共负担也过大。诸暨就是在绍兴、杭州之间的一个中等城市。我们要的是城市更好，而不是让城市更大。在这个前提下，主城区规划为40万人口，其他几个中心镇区或小城市的当地农村人口可以就地转移，这样社会矛盾较少，操作相对容易。逐步提高公共服务水平，形成有差别、有层次的城镇化格局。在一些外来人口就业集中的小城镇和小城市，就让他们就地强化公共服务，逐步缩小和主城区的差别。当前的重点是提升主城区的就业和公共服务质量。实际上所谓政绩观，就是让现有的居民生活得更美好。如果这条线明晰了，我们再进一步研究诸暨的空间形态问题。

## 五、优化空间，倡导绿色文化理念

空间格局方面，对诸暨市新区的开发要提高容积率，对旧城的开发要慎重。既然是35万人口的城市，就不要搞大格局。要通过街道、各种

布局的紧凑来提高服务业的就业效率，促进服务业发展。因为城市空间越大，服务业的规模效益就越低。

我们要提出绿色城市的新概念。传统上一些专家和政府官员把绿色生态城市理解为视觉的绿色和生态，所以我们看到很多城市的规划和建设，提倡大空间、大格局、大山水、大花园。而现代的绿色生态理念，是强调低碳、降低能耗、基础设施配置有规模效益。前些天，美国发展协会主席乔纳斯来京参加我们举办的绿色城市论坛时的发言，纠正了很多中国人对绿色生态城市的错误理解。诸暨市实际上就是一个大的天然绿色空间，它有特别大的湿地公园，诸暨市内山水相间，都是生态空间。在这样得天独厚的自然景观条件下，如何提高城市容积率，减少由于空间过度扩张而产生的汽车交通等能源消耗问题，形成真正的低排放、节省能源、减少消耗的绿色生态空间，这是中国绿色生态城市要提出的一个方向。这一观点在我们的规划中还没有贯彻进去。在我国的很多城市，都热衷于建设的生态空间，形成粗放的空间扩张格局。这些城市的管理者只考虑了一个生态需求，而忽视了城市的经济生活和社会生活的需求，导致居民生活严重不便。因此要在诸暨市的规划中，充分利用有现成的绿色生态资源和山水交映的空间，在城市建设区内适度提高容积率，为服务业的发展创造条件，形成真正的低排放的城市，使之成为中国绿色城市发展的典型和样板，这是真正的绿色城市，也是给其他的大中城市诠释一种全新的绿色城市理念。

在城市发展的战略中，我们也要提出文化城市理念。开展便于全民参与的多层次文化活动，提高居民的文明素质，提升城市文化品位，塑造城市文化形象，打造城市文化品牌。文化的城市，不是通过几次大型的活动，来形成一种城市的文化形象，因为这是远离提高全民文化素质的活动。一个所谓的大型歌舞，一次综合性文艺表演，甚至是所谓的“印象城市”的活动，在某种意义上背离了文化发展的大众精神，只是为外来人开展的旅游活动。诸暨市并没有那么多的外来旅游人口，因此也没有必要塑造这样的人造文化形象景观。怎么样形成全民的文化理念、提高全民的文化素质？怎么开展全民的文化体育生活？最重要的就是把活动贯穿于全民的日常生活中。例如诸暨市是篮球之乡，把篮球活动开展到社区，就是要在每个社区中提供充足的篮球活动空间。我们现在动不动就搞大型的活动，用它涵盖成全民活动的内容，但事实不应该是这样。我们不是要通过某一项活动、政绩性宣传来提升文化品位，而是要扎扎实实地通过政府公共服务的方式来灌输文化理念，提高文化素质。

诸暨市有悠久的历史，是文化之乡、体育之乡，那就涉及公共设施的配备，要如何深入到全民、深入到社区。诸暨市的文化社会事业发展要和诸暨市经济发展水平相适应。看一个城市不能只看经济，只看GDP，还要了解这个城市的文化历史民俗。如果不看县志，不看历史，不看文化的传承，不看历史的任务，怎么能做好一个地方的战略发展规划。我们可以提出在诸暨市建一些博物馆，它的作用可能要超过西施故居。诸暨市有着悠久的历史，也曾经出过许多将军和名人，怎样把这些人文故事利用起来，在诸暨市形成一种活动，让诸暨市的人民通过历史和文化的宣传，形成热爱诸暨市的活动。要把诸暨人的文化素质提高，这些活动不是为所谓塑造形象而开展的，而是为诸暨人自己的日常文化生活开展的活动。在规划中也可以结合诸暨市地形地貌开展适合全民运动的各种体育活动。最终就是要以发展绿色诸暨、文化诸暨作为诸暨市发展战略规划的一个重要内容。

## 六、创新管理，推进智慧城市建设

现在全国都在搞智慧城市，对于诸暨市这样发达的中等城市也不能回避这个问题。过去的智慧城市叫智能城市，搞政绩、智能交通、智能教育、智能社区，各种智能，大型硬件配备。我们提出的概念不是这样的，我们强调的是：政府决策智慧与社会智慧对接的智慧城市；是一个公共参与决策、大众参与监督的智慧城市；是从政府的公共理念和管理理念出发提出的，新型并用现代技术来实现的所谓的智慧城市。不是仅强调技术设施、硬件设施，我们要求的是软的管理理念和公共服务的智慧城市。不是增加电脑和先进的智能软件，而是用已经普及的微博来传递公共信息，这一方法要快过目前的媒体、电话以及现有的通讯工具。

现在各地利用微博，只是作为公共信息发布平台，我们要求的是反馈平台。例如，北京东三环着火，一分钟之后，照片就从微博里出来了，全国人都可以看到。如果发生治安事件，人们打110后警方没有及时出警，被发到微博之后，后台系统可以看见，确保信息不会受到人为的屏蔽。微博的信息删不掉，还能配图片。地址也可以查得到，防止人为捣乱。我们倡导的智慧城市，就是运用已经逐步普及的现代媒体和现代信息手段，从便民开始，从怎么样反映社会的舆论对政府决策的参与开始，来强化政府的公共服务和大众的需求的对接。我们从这个角度来提智慧城市，既符合未来的发展和管理理念，也是中国特色下最大限度地反映民意的重要手段。诸暨市要做智慧城市，就要从这个方面入手，不要把智慧城市搞成另一类形象工程。在我们做的战略规划里，我们要强调全新的符合科学发展的智慧城市理念，这种智慧城市符合未来社会的发展趋势，也符合中央倡导的以"民生"与"社会"为本。这些新的发展理念和智慧还反映了城市发展的一种正确的导向。

对于发达地区的中等城市人均收入、硬件设施、公共服务能力的配备能力实际上已经接近高收入国家的水平。但是我们不仅仅要在硬件设施上向发达国家学习，更要调整政府管理和服务的思维方式，改变政府决策理念。从加强公共服务出发，提高全民素质、文化和收入水平，是实现和谐社会发展的一个很重要的目标。因此也要求我们必须以"人口布局、就业和社会发展"这样一条主线来做战略规划。

总之，"绿色诸暨、文化诸暨、旅游诸暨、宜居诸暨、智慧诸暨"，这些都是新的概念，要和传统的概念区别开来，这是我们对过去一些城市发展所走的弯路的一种否定。同时也说明我们现在运用的是一种先进的、符合科学发展理念的、吸收国际先进经验并融于地方实际的一种规划思维方式。我们自己也要通过一个中等城市和发达地区城市的战略规划，不断学习，不断总结经验，来提升我们自己的规划能力和规划水准。

（2011年5月）

# 小城镇建设要立足"三农"

小城镇是我国农村经济发展的龙头，是中国经济中最有活力的组成部分之一，是转移农村剩余劳动力的重要途径。发展小城镇对于推进社会主义新农村建设，全面建设小康社会具有重要意义。

近年来，我国小城镇数量不断增多，规模不断扩大，对推进我国城镇化进程发挥积极作用。在城市群中，小城镇已成为连接大中城市的重要载体，在长三角、珠三角，星罗棋布的小城镇把各中心城市连成一片。

尽管如此，我国小城镇仍普遍规模较小，产业水平较低，区域发展不平衡，特别是中西部小城镇发展明显滞后。要促进小城镇健康发展，必须加强经济社会发展规划对小城镇发展的指导；通过规划，确定符合当地经济发展水平和公共资源能力的发展目标，合理安排政府公共资源，在工业发展的基础上，及时调整产业结构，加大第三产业的发展比重，特别是要提高城区的密集程度。进一步促进政府和市场的合理分工，营造适宜投资环境，实现多元化发展主体。

小城镇建设应坚持"以人为本"原则。小城镇的发展要以提高城乡居民就业和生活状况为目标，重点解决小城镇辖区内城镇低收入者、农业人口及外来务工人员等弱势群体的生活和就业问题。发挥小城镇连接城乡的纽带作用，通过小城镇加强公共基础设施对农村的服务，改善农村生活环境，带动农村社会事业发展。在小城镇建设中避免高标准、高投入的大马路、大广场等形象工程和景观工程的建设，要以方便和改善小城镇居民生活、扩大就业、促进人口集聚为根本出发点，让小城镇居民享受更多发展所带来的成果。

小城镇建设要落实"全面协调可持续"的基本要求。小城镇在发展中要建立人与自然相协调的机制，避免城镇发展所带来的环境污染、生态破坏的现象。严格限制高污染企业的建立，特别是在经济发展水平低、环境承载能力差的中西部地区小城镇。要节约利用和保护耕地，最大限度地发挥土地效应。通过小城镇带动农村地区公共卫生环境的改善。深入贯彻落实国务院关于节能减排的政策，促进小城镇企业产业结构调整，使用清洁能源，实现节能降耗。

小城镇建设还要促进城乡统筹，立足于服务和带动“三农”，小城镇政府在分配公共资源时，要兼顾城乡，避免发展过程中重城轻乡倾向，要将小城镇发展与农村和农民发展紧密结合在一起。重视小城镇区域内外来人口的生活居住、医疗卫生、劳动保障、工资拖欠、子女教育等问题的解决。在城市建设中，要降低企业和农民进入小城镇的门槛，促进农村劳动力以较低的成本进镇投资经商和就业定居。

（本文刊登于2007年12月2日《人民日报》）

# 对城市生态保护的几点看法

美国自然资源保护委员会在技术方面做了特别多的工作。我感兴趣的是城市的可持续发展问题。大家都知道，中国的城市化率已经超过50%，也就是6.9亿人口生活在城市里。如果增长到60%的话，城市里将会有7.8亿人口，相当于美国人口的2倍以上。这么大量的人口生活在城市，城市将面临生态破坏、能源消耗等问题。即使生活水平达到和美国一样，我们对世界能源供给也会产生很大的威胁。所以，研究中国的城市问题，就要研究如何进行生态保护，如何进行低碳发展，这具有重要的意义。

我主要想谈谈以下几方面问题。

**1. 应从宏观和综合的角度看待生态问题**

国家发改委城市和小城镇改革和发展中心和美国自然资源保护委员会一同邀请了美国房地产协会的主席就生态城市发展的理解做了一个开放性的论坛。这个开放性的论坛确实对我们整体理解生态城市产生了非常重要的影响。它不是一个单一领域的技术问题，而是城市发展、规划的综合性问题。这方面的政策制定和颁布具有非常重要的意义。举个例子，刚刚提到很多关于欧美企业发展和就业的问题，可是我国的服务业是全球最落后的。中国服务业发展的比重不仅仅低于发达国家，还低于下等收入国家。也就是说，我们的服务业发展和城镇化水平是不相适应的。发达国家的城市化与服务业的比重达到70%以上，中等收入国家都在50%以上，我国才40%以上。实际上在城市发展的过程中，服务业的发展是低污染，低能耗的。但在我们城市发展的模式上、规划上、发展政策

---

在美国自然资源保护委员会（NRDC）中国高级顾问组第五次会议上的发言。

上并没有给服务业留下充分的发展空间。甚至在东部地区的城镇化率达到60%以上的时候，还在强调以工业为主导。当我们还在强调以工业为主导的发展模式时，实际上服务业已经远远滞后于国际上的发展水平了。所以在确定政策发展导向的时候，我们就应该考虑如何解决生态保护的问题，而不是单从生态保护谈生态保护。

**2. 应降低城市发展成本**

最近国家发改委城市和小城镇改革和发展中心去了全国八个省几十个城市进行调研。我们看到了许多城市抬高城市发展成本，强调所谓的绿色城市理念和我们实际的低耗能城市是完全不一样的。你到所有的城市去看这些城市的发展模式，大量的发展视觉的绿色小区，这和我们倡导的节能城市的理念完全相悖。产生这些问题的原因，主要是许多城市管理者不懂生态城市理念的真谛。我们在强调规划，强调保护生态城市发展的时候，塑造的其实是一个所谓的耗能城市。所谓生态概念、大量的绿地、大量空间的耗费，使得出门不得不开车。所以，服务业在这种空间上发展不起来。这是一种严重的资源耗费的城市。这种城市和我们所强调的生态城市恐怕不是一个概念。我们在这方面的工作没有做得太多，宣传上、理念上根本不清楚。所以导致我们很多中小城市在仿照北京、上海模式的同时（如上海浦东发展模式），使城市走上了耗费能源、高成本、扩张的发展模式。对于这种城市发展模式，我们如何在政策上加以矫正？

**3. 城市发展中的经济利益问题**

从经济利益的角度来研究城市发展的趋势，这不是简单的技术问题。比如说我们在和欧盟以及很多国家谈节能材料，可是我们在城市发展公共选择时，这个节能的成本中，如何使建筑材料更适用于广大的消费者？在哪些方面以及如何与城市发展政策相结合才能使我们在经济利益上有更好的选择，从而促进这种模式的产生？这不是单纯的技术问题。例如，节能材料问题，需要通过税收政策、土地政策，甚至包括我们供给方的政策等等来解决。

**4. 制度改革问题**

我们研究城市的发展不是强调某一项功能或突出某项功能，而是强调各个功能的连接。例如，我们在解决城市发展问题，如城市交通问题时，大量地修路，把城市所有的服务业都切割了，使整个城市发展背离了方便、自然、简洁的准则。过多地强调了城市发展某一方面的功能，切割了城市功能相联系的自然空间。再如强调了生态技术，我们就建设一个个样板的小区，而这些样板小区与城市的整个功能没有具体的联系。

**5. 如何把事情做实**

我们看到很多在技术上、环节上做得非常实的政策，但我们希望这里的“实”能表现在以下几个方面。第一，是否能针对某个城市，做一个试点，来集中各项资源和各类专家对某一个城市进行整治。或者，借鉴美国、欧洲的某个城市来进行结对子，对这个城市发展的理念进行矫正。这样做得会更实一点。第二，开展合作的方式。是否可以引进更多的专家，把更好的理念和方法、想法、思路和技术的路线介绍给中国的城市管理者。或者邀请专家以培训的方式或像我们去年采用的开放性论坛的方式那样，对如何从城市发展的综合政策和经济利益的角度上提出一个生态城市理念进行讨论，这个很重要，也需要我们进一步地与美国自然资源保护委员会合作。第三，加强宣传，如何利用媒体来进行宣传。我们上次举办开放性论坛时，邀请了好多媒体参加，还使用了微博。我们可以把活动从以往技术性的、封闭性的内容转化成开放性的内容。这个可以借鉴经验，通过我们之间的合作（包括宣传）城市发展理念矫正的效果更为直接了。

（2012年11月）

# 从城市化发展战略和市场化的进程看待城市工作问题

2002年4月16日，中国小城镇改革发展中心主任李铁同志应邀参加建设部主办的“城市发展与城市工作高层座谈会”，为正在筹备的第四次全国城市工作会议需解决的问题提供参考意见和建议，内容如下。

## 一、城市工作思维方式的转换

城市工作应考虑到未来几十年我国推进城镇化发展战略的需要。城镇化也就是我国特殊的城市化进程，重点要解决的不是城市建设水平和质量提高的问题，是针对我们实行了几十年的城乡分割政策导致的国民经济内需萎缩，城乡差距日益扩大的社会矛盾，而提出在未来一段时期内，根据我国国情最大限度地解决农村人口逐步向城市或城镇集中的问题。因此，城市工作应在宏观的城市化战略前提下，促进人口向城市的集中，并制订人口转移过程中的政策导向。例如，在城市建设和发展过程中，是提高城市成本，抬高城市门槛，还是采取积极的促进就业的政策，尽可能降低城市进入门槛。再如，促进什么样的城市或城镇发展，有可能最大限度地吸引农民进城就业，哪些城市或城镇最有可能吸引农民的集聚，我们应该创造什么样的体制条件促进这些城镇的发展。

过去几十年，我们在很大程度上按照计划经济的方式理解城市工作，认为城市工作基本上是城市建设问题和城市规划问题，但这在目前的实际工作中遇到了严重的困难。一是，建设的资源分配主体不再是由政府垄断了，除了大型基础设施和政府办公项目外，其他的建设主体基本是市场的投资者。二是，按照传统计划经济的资源分配方式决定的建设规划，在实际运行过程中受到了严重的挑战，造成了规划实施的难度增大，很难得到落实。三是，城市工作的内容发生了实质性的变化。就业问题、环境问题、社会保障问题、社区管理问题、外来人口问题、城市和郊区的关系问题、产业发展定位和导向问题，以及目前众所周知的基础设施建设问题等等，这些问题都是城市问题，可是这并不是能由某一个部门独立协调和管理的。四是，城市化发展的趋势已经决定了城市开放的概念，而不是封闭的概念，是针对城乡的所有社会群体，而不仅仅是现有的城市居民。城市化的发展也包括了新兴城市的发展，如沿海地区一些拥有几十万外来人口的小城镇，实际上已经成为大城市，我们如何解决在这些城镇中存在的体制问题。

在如此纷杂的城市工作内容中，研究城市问题应该具有战略前瞻性，要有新思路，应该跳出传统的城市概念，跳出计划经济的范畴。要运用综合的手段，按照改革的思路，从更宏观的视野上认识和研究当前的城市工作问题。

## 二、当前城市工作存在的主要问题

### 1. 忽视我国国情进行高标准的城市建设引发的城市成本和城市债务问题

改革开放二十年来，我国的城市建设速度日新月异，成绩是有目共睹的。但是一个不可忽视的倾向正在引导许多城市政府官员，把城市工作的重点放在城市基础设施建设上。为了追求政绩，大兴土木搞城市广场、花园、大规模的中心绿地等。有的城市资金不足，不惜举债。从有关调查显示，20个世纪90年代以来，我国银行的债务结构逐渐从国企向城市建设债务过渡。这种城市建设之风自上而下蔓延，超越了我国城市发展的具体现实。花园、广场和绿地建设以及高水平的办公楼的修建，是否适应城市发展的实际水平？城市成本的提高是否有利于投资的进入和农村人口的转移，是否在人为拉大城乡差距？目前形成的城市债务由谁来偿还？城市公共基础设施建设的成本应该由土地出让收入和公共财政支出承担。只有有收益的公共设施才可以交付市场的投资主体。由于政府公共设施超前投入，要求必然要求增加企业税收和土地出让金，以增加公共支出的来源，结果会导致企业负担增加、成本上升，投资兴趣下降，同时，消费者成本增加，会引起资金和人才外移。城市债务增加，政府无力偿还也会影响政府信誉，等等。当前一些城市解决这些问题的方法主要是靠资金的平调，要求下级政府的财政无偿上缴，解决城市建设资金不足，这种做法会压抑下级城市政府促进投资增长的动力，最终使负担转嫁给农民，因为基层的城市或城镇政府因经济增长缺乏活力，刺激就业能力不足，会使农业人口转移的速度下降。

**2. 关于城市的就业问题**

许多城市都在盲目追求高新科技园区的建设，提升企业的技术含量和资本含量，忽视了城市自身人口素质的特点，往往以牺牲就业为代价。未来时期内，城市面临的就业问题会导致城市经济增长乏力，消费需求不足，三产发育不良。由于就业减少造成的经济和社会压力将是城市管理者面对的首要问题。因此，应针对城市的弱势群体和贫困人口的存在，适应未来国企改革会造成大量下岗人员的状况，适应采取相应的降低就业成本政策，劳动就业人口老龄化的趋势，制订促进劳动密集型企业投资的优惠政策和进一步开放的城市就业政策。

**3. 城市政府投资的服务主体问题**

近些年城市建设速度十分迅速，在许多城市兴起了修广场、花园、绿地热，修建办公楼之风屡刹不禁。相对照的是，在居民小区的改造速度却十分缓慢。在许多城市管理者心中，只要修建了花园、广场、绿地，就标志着城市现代化水平的提高，城市就有了美好的形象。正是这种观念的引导，导致了全国自上而下，从大城市到小城镇形成了浮华奢侈之风，造成了严重的资金浪费。这种观念的误区关键在于城市的建设是给人或者上级领导看的，还是要实实在在解决城市居民的生活质量改善问题。举例，在城市的边缘地带，居民社区的小区基础设施建设是否得到了根本改善，城市主要街道两旁是店铺林立还是以政府办公楼为主，城市的供水排水问题是否得到了根本解决，在城市是否还存在着污水沟和泥土路等等。举例，建设北京站广场，从外观上看是漂亮了，但每个上下火车的人平均行走距离却大大增加。“以人为本”的城市公共设施建设的方针在许多城市并没有得到根本体现，而许多管理者不惜增加企事业单位的负担搞所谓的“亮丽工程”，超越了我们自己的实际国情。

**4 城市基础设施建设市场化问题**

目前，城市基础设施建设资金短缺已经成为制约城市发展的主要因素。原因在于市场化程度较低，不利于吸引多元化的投资主体进入。例如，城市轻轨、地铁，供水设施和一些有收益的公共设施基本都被政府垄断。看起来，政府掌握了这些资源，维持了国有企业的生存，但实际上，降低了城市发展的效率，牺牲了城市居民的利益，也牺牲了一部分消费市场。例如，在一些特大城市放开对城市地铁或轻轨的建设和经营权，或加快城市郊区的发展，有效地分离城市人口，减少高度密集区的环境、噪音和交通压力，也有助于住房价格的下降。如仍严格按照计划经济的办法来垄断，实际损害的还是城市居民的利益。

**5. 城市规划观念严重滞后的问题**

目前我国的城市总体规划基本上没有摆脱计划经济的模式。因为城市规划的制订者大多是建筑规划专业人员，由于专业局限，在制订规划过程中，很少考虑到政府公共投资能力、市场化的产业导向对于资源空间分布的影响。目前的总体规划中对于地价的评估、环境和生态的作用、居民区的社会分层现象以及独特的城镇景观设计等内容，并没有放在十分恰当的位置。更多的规划只是按照一种公式化的规则来制订。由于规划制订的观念落后，在城市政府管理过程中很少能得到有效地执行。许多规划单位由于利益的关系，更多地关心规划的规模，按规模收费，小城市的规划往大规模做，造成了城市管理者过早地在城市建设中铺摊子，形成了严重的资金浪费。

从现行体制上看，我国的政府决策体制是有利于城市发展的。自上而下的等级化行政管理体制，可以平调基层或下级政府的资源进行城市建设。问题在于，城市管理以及建设和发展应该按照什么样的模式，是继续按照传统模式拉大城乡差距，造成严重的资源浪费，还是寻求新的符合市场经济体制、符合公共投资理念、以人为服务主体的开放性的新型管理模式。

城市工作问题是改革问题，要改革现行的管理体制，突破城乡分割的制度，转换观念，站在正视国情的基础上认识问题，才能有新思路，好办法。

## 三、改革城市管理体制，制订新型的城市发展政策

要把城市工作的重点放到促进城市就业上。这是以人为主体的城市工作思路，城市发展和建设要以提升就业机会为主要目标。选择合理的产业导向，实行较低成本的城市基础设施建设方针，降低城市的门槛，开放城乡劳动力市场，提供劳动密集型产业投资的宽松的政策环境，建立促进城市贫民的就业培训机制，等等。

应加快城市基础设施建设的市场化进程。政府应逐步放开对有收益的公共基础设施的垄断，促进多元化的投资主体进入。应逐步建立基础设施有偿服务的合理价格机制，通过基础设施的价格浮动政策调节城市短缺公共资源的分配，合理配置资源。

应及早研究改革现行的城市规划体制。要在城市规划内容中，注入以产业导向、公共资源有效分配、促进资源空间合理配置、注重人文环境和社会生活的空间活动、有利于生态环境可持续发展的、新型的综合规划观念。要建立规划的多学科评价机制，改变现有规划院所的人才结构，强调经济学、社会学、环境生态学、各人文学科在城市总体发展规划中的引导作用。

要注重城市居民实际生活的质量改善。城市政府应根据自身的实际投资能力，优先解决城市居民身边的生活质量和生活环境问题。减少“花架子”的形象工程。应注重小区建设，解决道路、引水和排水、垃圾站点的管理、基础性的文体场所的建设。城市绿化也应因地制宜，在缺水地区多搞涵养水源的绿化，少搞耗水工程的草坪建设。

要重视城市的经营和管理工作。这是调整城市工作思路的一个重要内容。所谓经营和管理就是要有效地利用城镇资源，减少浪费，使城镇的投入能在近期内获得最大社会效益，同时提高城镇资源的可预期收益。城市政府的支出与公司不同的是，要以社会收益为主，政府经营的主要内容是如何使社会收益最大化。与公司经营类似的内容是，城市政

府在城市内还有自己所控制的资源，作为政府的资产，政府经营的内容之一，是充分发挥这些资产的效益，防止流失，使资产增值。在预算不能平衡时，通过资产的运作，弥补政府财政的赤字，促进收支平衡。但是，政府经营的最终目标，都是使社会收益最大化，通过有效的经营和管理，会防止由于短期行为造成的政府资产的流失和浪费。

要统筹考虑城市和郊区的发展问题。当前在全国比较普遍的现象是“重城轻乡”，城市工作重点是在城区内，郊区工作很难摆上工作日程。随着城市化的发展，城市内涵的变化，城市的扩展，产业的空间配置的变化，使得传统的城市区域已经不能满足城市生活的需要，特别是近些年在一些超大型城市出现的“逆城市化”现象，郊区的发展已经逐渐和城市发展纳为一体。但是，目前在城市工作的决策思路中，郊区仍然在很大程度上作为基础农业的服务地位，满足城市的副食品供应。而实际上，房地产业的发展，城市第二产业的外移，一部分人口在追求环境质量或追求低价格住房的推动下向郊区迁移，要求对郊区的产业政策、基础设施的配置政策以及发展思路做根本的调整。因此城市工作的内容中要在经济社会发展总体规划中及早考虑郊区发展的新思路问题，避免在一些城市由于政策滞后而导致的一系列问题。

（2002年4月）

# 立足现实，低成本改造和发展小城镇

2007年12月6~8日，应山东省济宁市任城区区委、区政府和南张镇党委、政府的邀请，我对南张镇经济社会发展状况进行全面调研。其间，在济宁市、任城区和南张镇政府有关负责同志的陪同下先后对南张镇骨干企业、蔬菜和茶叶批发市场、特色农业生产基地等产业发展基本状况进行考察，同时对南张镇废弃窑坑土地整理项目、北陈村秸秆气化站、南张镇中学、镇敬老院等基础设施建设和社会发展事业进行考察，并与地方有关负责同志进行了座谈，就南张镇经济社会发展思路和战略深入交换了意见，提出按照十七大报告精神要求，立足现实，低成本城镇改造和发展的思路。

## 一、客观分析镇情，寻求城镇发展的突破点

城镇规划必须客观分析经济发展水平，对城镇规模作出客观判断，不能盲目扩大城镇规模。要发展，总得选择一个突破点。目前来看，南张镇在运河文化景观旅游、煤炭和电力资源、城区房地产开发、镇中心区和镇工业区这五个方面具有一定优势，哪一个可以作为下一步发展的突破点呢？必须进行客观分析。从房地产开发来看，这一方面主要由济宁市和任城区来开发和带动。凤凰台旅游现在还不具备构成一个增长极的基本条件。未来发展必须依赖镇区和工业区，镇区的改善和工业区的发展能够直接带来城镇形态的改善和经济实力的增强。因为，现在从南张镇的基本情况来看，目前还处于经济起步和积累阶段。虽然相对于类似乡镇，南张镇农业具有一定优势，但是仅仅依靠农业，未来是不能够实现城镇形态的根本改变的。第二产业基本上是一些传统行业，城镇

密集区并没有形成，镇区道路很宽，三产素质较低。城镇形态还非常落后，仅仅处于刚刚起步的阶段。虽然目前全镇的财政收入有2000多万元，但是镇区形态和基础设施建设和全国的小城镇相比，还基本处于中等偏下一点的水平。

在目前情况下，南张镇处于两个收入增长的阶段，一个是百姓收入，一个是镇政府财政收入。没有这两个收入增长，老百姓的生活就改善不了，镇区基础设施也得不到改善。目前来说，南张镇还是应该把较大的精力放在吸引投资上，这样未来发展主要包括三个方面基本内容：第一，如何促进两个收入的增长，即居民人均收入和财政收入的增长。第二，如何完成城镇形态的改变。第三，如何来满足老百姓公共服务需求。

## 二、调整产业结构，促进经济增长

经济增长的实现，关键在于如何利用各种资源优势来促进结构调整，促进工业要素的集聚，促进服务业发展，带动财政和农民收入的双双增长。目前来看，南张经济增长中存在两个方面的主要优势。第一，土地资源优势，有1000多亩的废弃窑坑可以利用，现在很多地方发展已经没有用地空间，所以这是一个非常重要的优势。第二，南张与城市建成区接壤，部分已经进入城市规划区，可以带来土地增值，起码可以增加土地出让金收入。辅助优势就是有一个电厂，两个煤矿，它会带来相关产业的发展，但是这些产业的发展带有很大的随机性、不确定性，当然这也与镇的服务管理水平直接相关。产业结构调整的核心问题是利用好土地，完成招商引资和促进工业的集聚。另外就是利用好济宁市市区的扩张，土地出让金的增长带来政府收入的增加。这两个方面都可以带来大量的产业转移，然后围绕着两个煤矿、一个电厂以及旅游业发展，带动三产就业。

## 三、立足于现实，不拆不迁，只进行改造，低成本促进城镇形态变化

从目前南张镇的实际情况来看，城镇形态的变化在近五年或十年之

内，只能围绕着镇域，对镇驻地中心区进行改造，实现低成本的改造。通过这几天的调研可以看出，南张镇有能力来完成这件事情。南张镇形态的改造，绝不是建造大规模建筑，而是重点从清洁环境和形态修缮入手，镇区要有步骤地对街道和街区进行修缮，这是很重要的内容。小街道、小景区的改造成本低，效果明显。比如，从前一个四处乱放垃圾的地方，经过清洁卫生的改造，基本面貌就会发生彻底变化，而且投资并不多。

南张城镇形态的塑造，要摆脱遍地开花的方式，甩开城市边缘区，从镇中心或者凤凰台景区周边村庄开始做。现在我们的房子是“坐北朝南，一面山墙，一面院墙，中间胡同”，只有居住一个功能。而凤凰台要去改变这种方式，把沿街的一面山墙，一面院墙都改造成店铺，让农民自己改造，政府来做设计。这样旅客可以在这消费，也就可以在这多待一会，周边人来人往，这会成为一个商业消费的地方，三产自然也就发展起来了，这样凤凰台周边村庄的就业环境就会发生根本的变化。城镇形态的改变，要从一两条街的变化开始，发挥示范效应。花一年做一两个街区，然后再花一年再做一两个街区，发挥以点带面的示范效应，带动其他街区向改造过的街道方向努力。在资金投入方面，可以政府补贴一点，个人拿一部分。试想一下，改造一条街总比拆迁要容易得多，经济成本低，社会成本也很低，而且效果非常明显。然后再就着凤凰台的景观，把周边的门房和墙改造成为一个文化景点，这样周边村庄老百姓就业问题也就得到解决，这一带的景观自然也就发生了根本的变化，和旅游景观相融洽、配合，构成一个相对开放、完整的旅游设施，成为一个有参观、有消费的地方。

镇区的改造，并不一定要做成商业区，但最起码外形要发生根本的变化。一条街改造了，其他街区的老百姓就会效仿，自发地要求政府帮助改造。因此，政府只要有意识的去引导，就会起到一个示范带动作用，起到以点带面的作用。按照房屋功能多样化的方式去改造街道，在这一点，曲阜做得非常好，曲阜是一个文化气氛非常浓厚的小城市，但是你看曲阜沿街都是商铺。按照这种方式，先改两条街道试一试，再改两条。只要功能发生变化了，从单纯的居住成为一个集中居住和消费的中心区，城镇形态也就会发生根本的变化。

实质上，城市的演化基本就是这么一个过程，什么是城市，就是人们集中居住在一起，通过各种不同的分工，促进就业和消费。城镇形态的问题，绝不能去搞大广场、宽马路。要通过小街区、小景观的塑造，不但成本低，而且能够满足公共需求，实现城镇形态的根本改变。

## 四、深入贯彻“以人为本”原则，完善基础设施供给，满足群众公共需求，发展宜居和就业相结合的小城镇

在满足群众的公共需求方面，南张镇有很多优势，这是大多数小城镇所不具备的。比如，在热力供应方面，可以充分利用电厂的热力资源，政府通过工作牵线搭桥，将电厂的热力资源引过来，热力问题也就得到解决。在燃气供应方面，目前南张秸秆气化工作已经起步，可以进一步推广，而且还有充足的煤炭资源以及煤化工企业，这些都可以解决生活用气问题。热、气、电都能得到很好的解决，而政府的核心问题就是排水系统、清洁卫生和垃圾处理。这么做的一个关键，能够创造一个清洁卫生的生活环境，为什么现在很多小城镇存在“脏、乱、差”的问题呢？跟长期以来，我们村一级集体土地所有制有关。镇政府在集体建设用地上的基础设施建设没有明确思路。过去只有将农村土地征为国有以后，大市政才开始进入。在村一级，基础设施的问题好像并不归政府管。按照未来我国城镇化政策要求来看，要实现城乡统筹发展，市政设施必须向农村辐射，当然首先不是向边远农村辐射，而是应先向靠近城镇的农村辐射。城市化进程有两个方面，一个是农民进城，农民转换成为市民；另外一个是基础设施向农村延伸，同样能够把农民转化为市民。城市基础设施向农村延伸以后，转不转换身份都无所谓，因为所有的基础设施都已经覆盖农民，自然就完成向市民的转换。但是，目前这个问题一直没有解决，只要是农村土地，大市政建设就不进去，等转换为国有土地后再进去。身份的转化要比基础设施的延伸先完成，这种现象必须改变。完成城市化进程，要打破村一级相对封闭的基础设施供给的局面，现在我们南张的水、路、气、电供给都是以村为单位，单独供

给。未来排水系统、垃圾清运等基础设施建设一定要打破以村为单位的界限。只有打破村一级的行政界限，镇区城镇化进程才会加快，而是否改变土地所有制就已经不重要了。

当镇驻地几个村的基础设施配套问题得到解决，就相当于把未来的隐患都清除掉。城镇干净了，城镇街区街道也改好了，自然就会带动市场要素的进入。其实很多事情并不需要政府来做，完全可以由市场来做。在国际和国内好多地方都有先进的经验，政府先把规划做好，农民可以按照规划自由地建造饭店、旅馆等，政府并不去限制他们做什么，让农民的房屋居住和就业功能结合在一起，这样很快就可以发展起来。西方大多数小城市，并没有太多由政府和大投资商建造的房屋，但是很多地方都很漂亮，主要是因为这些建筑大多由土地所有者自主建造，也形成了西方特有的民居，这些民居大多也具有多重功能，比如，居住和商铺结合，居住和出租相结合等。南张镇政府下一步要做的是允许农民在自己的宅基地上，在沿街街面上，自己建造，但是必须通过规划的审批，或者政府提供图纸。通过规划预留未来发展空间和基础设施建设空间。当小城镇的环境得到根本改善，基础设施完善以后，通过住宅和店铺有机的结合，有店铺就能够形成商业气氛，也就形成了南张镇发展的一大优势，会成为南张镇吸引投资和人口定居的一个非常重要因素。南张镇未来发展的方向应当是将宜居和就业有机的结合，发展就业和定居双重功能的城镇。

## 附：南张镇的基本情况

南张镇位于济宁市西北近郊，距济宁市区1公里，辖区内部分区域已经进入到济宁市城市规划区内，总面积55平方公里，辖54个行政村，总人口5万人。交通便利，105国道、327国道、济（济宁）梁（梁山）公路、济宁市北外环交织成网，京杭大运河穿境而过。农业结构调整效果显著，是“中国甜叶菊之乡”、济宁市“十大特色农业产业化”基地。工业基础较好，资源优势明显。全镇建有煤矿2座，以及一座1240MW的现代化发电厂；依托资源优势，目前全镇工业已经形成煤化工、甜叶菊加工和食品加工等支柱产业，规模以上企业已达29家。另外从2005年开始，在1000亩废弃窑坑基础上兴建的南张镇经济服务区已经起步，为南张未来工业发展提供广阔空间。第三产业发展开始起步。依托煤矿发展了交通运输业，建有2座专业批发市场；凤凰台景区和京杭运河文化旅游产业开始起步。2006年全镇实现财政收入2763万元，农民人均纯收入5159元。

（2007年12月）